市民法学の新たな地平を求めて
―― 法哲学・市民法学・法解釈学に関する諸問題 ――

篠原敏雄先生追悼論文集

［編集委員］
酒匂一郎
新谷眞人
福永清貴

成文堂

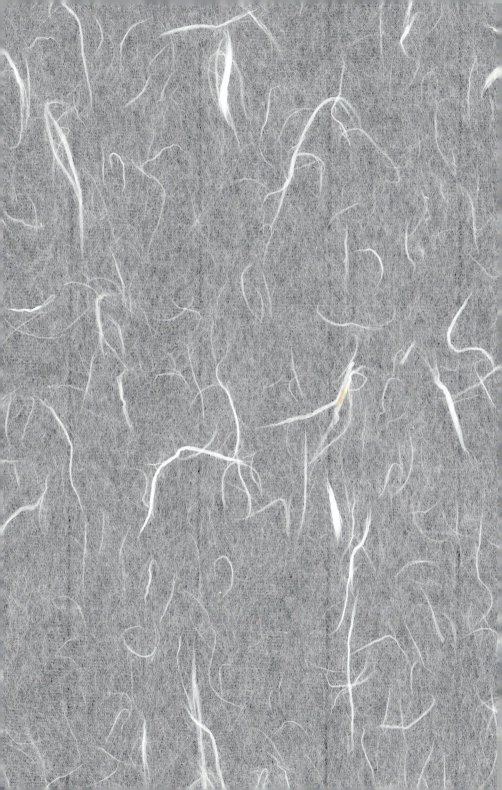

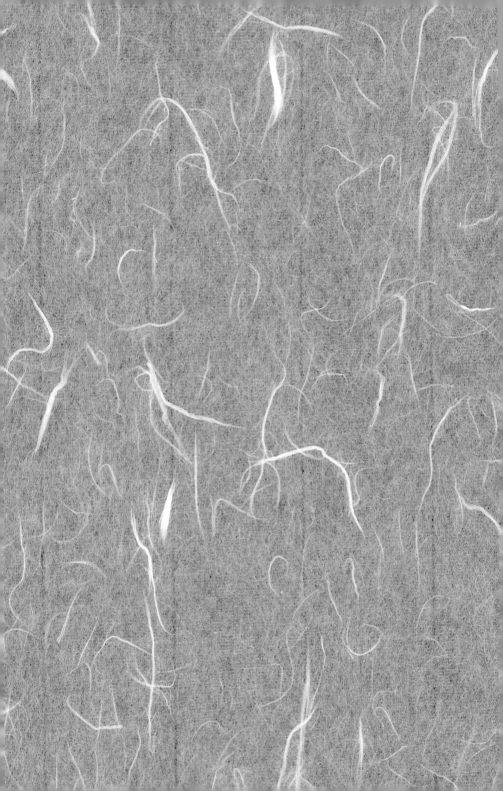

篠原敏雄先生

謹んで

　　故 篠 原 敏 雄 先生

　　　　の御霊前に捧げます

執筆者一同

はしがき

　本論集はもともと2017年に「篠原敏雄先生古稀祝賀論文集」として計画されたものである。竹下賢・関西大学名誉教授、新谷眞人・日本大学教授、福永清貴・国士舘大学教授が発起人であった。筆者にも同年９月に寄稿の依頼が届いたが、その依頼には篠原先生自筆の依頼も添えてあった。日付は９月５日となっていた。篠原先生の逝去を知ったのは、同年11月19日の日本法哲学会役員会の席においてである。まさに「耳を疑う」話だったが、事実と知り呆然とせざるをえなかったことを覚えている。

　その後、発起人の先生方により、本論文集は急遽「篠原敏雄先生追悼論文集」と計画を改めて進めることになった。ところが、翌2018年１月に竹下賢先生も、まるで篠原先生の後を追うかのようにして急逝された。篠原先生の主たる専門が法哲学であったことから、福永先生の依頼により、竹下先生の代わりに筆者が発起人の一人に加わることになった。発起人の一人とは言え名ばかりで、実質的な編集の労をとられたのは福永先生である。心より感謝申し上げたい。

　かくて、ここにようやく篠原先生追悼論文集を刊行する運びとなった。お寄せいただいた論稿は総計23本に上り、法哲学関係者が多数を占めるとはいえ、分野を越えて多くの方々と親しみ深く交流してこられた篠原先生のお人柄を如実に示している。論稿をお寄せくださった方々（また、多用等によりお寄せいただけなかった方々）においても、喪失の惜情は尽きないものと推察する。これらの方々とともに、篠原先生および竹下先生のご冥福を心よりお祈り申し上げ、謹んで本論文集を篠原先生のご霊前に捧げたい。

　篠原先生は学究の道に入られてから一貫して、市民法学の基礎理論と市民法の基礎構造を研究してこられた。基礎理論や基礎構造の面では、主にヘーゲルと若きマルクスを中心に、平田清明、望月清司氏らの市民社会論、ルソ

ーやカントの道徳的および政治的な自律の思想などに依拠し、市民法学のわが国における展開については、恩師の清水誠・東京都立大学（旧）教授のほか、戒能通孝、川島武宜、川村泰啓教授などの研究をときに批判的に検討する中で、篠原先生独自の市民法学の基礎理論の構想を提示してこられた。その構想は市民法の主体である人間（個人および市民）についての根源的な理解に基づいている。すなわち、私法の分野では、「自制的、自律的、自主的、自存的な個人・人格」と「そのような自由な個人・人格の共同による自由な、連帯的な共同性」という二面を、そして公法とくに憲法の分野では、「国家（統治機構）に対抗する市民」（立憲主義的側面）と「国家（国家共同体）に忠誠を誓う市民」（共和主義的側面）という二面を、立体的に見据える人間理解である。篠原先生の市民法学はこの根源的な人間理解に徹底して貫かれていたといえる。

　篠原先生と（おそらく故三島淑臣九州大学名誉教授を介して）知己を得てしばらくの頃、筆者は篠原先生からの依頼により先生の『市民法学の基礎理論』（1995年）の書評を書かせていただいたことがある（『国士舘法学』30号、1998年）。まだ若かった筆者が先生の市民法学を十分に理解できていたとは思えないが、書評の最後にグローバルな「市民社会」概念への展開も必要ではないかというようなことを書いている。篠原先生がこれをどう受け止められたか、残念ながら確かめることなく今日にいたった。先生が「世界市民」について語られることはほとんどなかったが、先生自身は広い「世界市民」的な視点をもって生きておられたように思う。コルベ神父が身代りに亡くなったアウシュヴィッツの監房を訪ねられたことにも、また「市民法学は、理論水準を低めることなく、他方、世間に生きる普通の人々（学生も含む）の魂に浸み渡って行くものでなければならない」（『市民法学の輪郭』23頁）という言葉にも、それは現れているように思われる。

　本論文集の法哲学関係の寄稿者の多くは、篠原先生の発意で始まった「ドイツ法哲学研究会」のメンバーである。10年ほど前から毎年「日本法哲学会」の大会前日の夕方に集まるのであったが、会の案内はいつも篠原先生から封書で届けられ、全体の司会もつねに篠原先生が担当された。途中から法

哲学会のワークショップに申請する母体ともなったが、会に統一的な思想的方向が設けられるわけではなく、ドイツ法哲学研究者の純粋な交流と懇親の場であった。メンバーは篠原先生の静かで温和で包容力のあるホスピタリティに甘えていたといえるかもしれない。

　そのようなホスピタリティは日本シャンソン協会正会員でもあった篠原先生の歌唱にも窺える（残念ながら、研究会で歌声を聞かせていただくことはなかったが）。先生のリリカルな歌声を集めたCDの表題は「愛と自由と正義と…」である。そのVol. 2に収められたある曲から、感謝と哀悼の言葉となるものを拾い集めて、篠原先生に贈る言葉としよう。「さようなら　すてきな人　ありがとう……静かに　さようなら」。

　最後に、本論文集の刊行を快くお引き受けいただいた成文堂の阿部成一氏、また編集でお世話になった飯村晃弘氏と松田智香子氏に、この場を借りて感謝申し上げたい。

2019年7月

発起人代表　酒匂　一郎

目　次

はしがき　iii

グローバル化の中の市民社会と法 ……………………… 青山治城　*1*

篠原市民法学と労働法学の交錯 ………………………… 新谷眞人　*13*

優先主義の解剖学 ………………………………………… 宇佐美誠　*23*

篠原市民法学の基本構造 ………………………………… 江﨑一朗　*35*

市民法学と共和主義
　　──その体系的位置づけをめぐって── ………… 神原和宏　*47*

グローバリズムをどう解釈するか？
　　──カントの歴史哲学から── ……………………… 木原　淳　*61*

篠原敏雄市民法学とヘーゲル国家論 …………………… 小林正士　*71*

法の概念と理念について
　　──ラートブルフとカントおよびヘーゲル── ……… 酒匂一郎　*83*

ヘーゲル『法の哲学』における不法の問題
　　──承認論と論理学との関連から── ……………… 重松博之　*95*

ヘーゲル法哲学と犯罪者処遇に関する一考察 ………… 宍倉悠太　*107*

「市民」概念の再検討 …………………………………… 陶久利彦　*123*

第2次世界大戦時・戦後直後のドイツにおける
　　「尊厳」概念に関する覚書 ………………………… 服部　寛　*135*

法の概念と性質について ················· 濱真一郎 163

「第三者委員会」の法社会学
　——「市民法学」との関係で—— ············ 福井康太 175

篠原市民法学と民事訴訟法学の交錯
　——民事訴訟目的論に関する一試論—— ········ 福永清貴 187

中世ローマ法学における解釈概念の諸相
　—— C. 6. 28. 3 への Baldus の註解を中心に—— ····· 松島裕一 199

法教義学の社会的役割
　——『法システムと法解釈学』（ルーマン、1974年）と
　　　『社会の法』（ルーマン、1993年）の間で—— ······· 毛利康俊 209

Hegel とドイツ刑法学
　——近時の「Hegel-Renaissance」に寄せて—— ······· 矢田陽一 221

裁判員裁判と「市民」の参加 ················· 吉開多一 237

「文明の裁き」に応えようとした法哲学者
　——東京裁判弁護団長 鵜澤總明—— ············ 牛村　圭 251

自然科学者から観た市民法学 ················· 大西直毅 263

原爆投下の残虐性を中和するための東京裁判と、
　その効果を持続させる日本国憲法に関する論考 ······ 関野通夫 275

WGIP を実証する対日占領文書 ················· 髙橋史朗 289

篠原敏雄先生　略歴　　305
篠原敏雄先生　主要業績目録　　306

グローバル化の中の市民社会と法

青山治城

- I　はじめに
- II　「市民法学」とは何か？
- III　全体社会と市民社会
- IV　市民社会の市民とは？
- V　おわりに　市民社会と国民国家

I　はじめに

　篠原敏雄氏逝去の知らせは非常な驚きをもって受けとった。お弟子さんたちの企画による記念論文集への執筆依頼をご本人からも受けたばかりであったからである。氏とは80年代の初め頃、私の師である阿南成一教授の下で開かれた法哲学会（南山大学）の折りにお会いしたのが最初であったと記憶している。それ以来、学会の折りにお会いして少々話す程度であったが、10年ほど前からは氏の主催で始まった「ドイツ法哲学研究会」でほぼ毎年学会の前日にお会いしていた。それらの折りに氏の研究テーマが「市民法学」であることは伺っていたし、御著書も頂いていたが、今回の執筆依頼を受けるまで、正直なところ、きちんと読んでいなかったし、そのテーマにそれほどの関心を引かれてもいなかった。

　論文の執筆を依頼されて、折々に伺っていた氏の主張に関する漠然とした

私の疑問をぶつけて見るべく、まずは著書に目を通してみた。だが、追悼論文集となると、応答を頂く機会がもはやないことになり、どのような方針で書いたらよいのか苦慮するばかりとなった。そのうちようやくたどりついた結論は、氏の主張に直接疑問や異論をぶつけるという当初の目論見を変更して、私自身の問題関心に即して、テーマを設定することであった。とはいえ、篠原氏の年来の問題関心と主張の基本に触れざるをえないが、それが的を得たものになっているかどうかは自信がない。少しでも重なるところがあれば幸いである。

Ⅱ 「市民法学」とは何か？

　篠原氏の一連の著作のタイトルには「市民法学」という言葉が使われている。このような表現に出会うと、まず連想されるのは、「歴史法学」とか「利益法学」といった特定の学派であろう。これらは法の中核を歴史や利益として捉える法学の提唱であるが、「市民」の「法学」としてではなく、「市民法」の「学」と解すれば、civil law すなわち民法学のことかと考えられ、民法を法学の中心において法全体の体系構築を目指すものと思われる。この理解もあながち間違いではなさそうだが、刑法や憲法などの所謂「公法」と区別される意味での「私法」としての「民法」ではないことは明らかである。ここで考えられている「市民法」とは、「全ての人の自由・平等・友愛」という理念が規範的性質を帯びて発現したときにすべての法領域全体に具現化される法体系だとされているからである[1]。

　だが、そのように法全体に関する理論構成の試みは、「一般法学」とか「法理学」と表現されるのが普通であろう。そこに敢えて「市民」という言葉を添えるのは、理想的な「市民社会」が想定されているからである。その意味で、「市民法学」には、法実証主義的な「一般法学」とは異なる、ある

1）　篠原敏雄「清水法学の継承と発展―『マルクス主義法学』でもなく『近代主義市民法学』でもなく」(『日本社会と市民法学――清水誠先生追悼論集』日本評論社 2013年) 93頁。

種の政治的主張が含まれている。「マルクス主義市民法学」でも「近代主義市民法学」でもない「市民法学」という構想と主張には、そうした政治的含意が見て取れる。一言で言えば、「市民社会は国境を超えうるか」と言い表すことができそうな私自身の問題関心と繋げるためにも、ここではまず否定（必ずしも全面否定されているわけではないが）される 2 つの「市民法学」とはどのようなものかを確認しておこう。

とはいえ、ここで直ちにある困難にぶつかる。否定的に捉えられた 2 つの市民法学はいずれもカッコ付きであって、「所謂」という留保的な意味が付されており、マルクスの弁証法的唯物論にしても近代社会契約論にしても、一般的、教科書的理解を超えた読み直しが求められている。したがって、「……でもなく、……でもなく」という要請に対応しようとすれば、ヘーゲルやマルクス、ホッブズ、ロック、ルソーらのオリジナル・テキストに即した読み直しを行わなければならず、とても本小論で行えるものではない。

したがって、ここでは私の理解し得た限りでの篠原「市民法学」に対する 2 つの疑問を、特に重要と思われる点に絞って整理しておくにとどめざるをえない。

所謂（教科書的理解に基づく）「マルクス主義市民法学」における問題点とは、商品の生産・交換・消費の過程における資本主義的生産様式にのみ注目してその欠陥を説く点にある。マルクスの原典（特に『ドイツ・イデオロギー』）に着目するならば、「生産諸関係を規定し返す交通形態としての市民社会 bürgerliche Gesellschaft」が「全歴史のかまど Herd」という舞台だとの記述があり、決して資本主義的経済関係だけを市民社会として捉えているのではない、ということが強調される[2]。こうしたマルクスの議論は篠原氏の構想する市民社会の「歴史貫通的」（歴史的変化を超える普遍的な）深層に相即する。これは要するに、市民社会とは全体社会のうちのある特殊な一面のみを意味するのではないという主張であろう。

この点に関する疑問は、市民社会とは何らかの資格ないし意識を持った

---

2) 篠原敏雄『市民法学の輪郭』（勁草書房 2016 年）99 頁。

「市民」が構成員だと思われるが、そうだとすると、そうした資格や意識を持たない他の人々は市民社会の一員ではないのか、ということである。市民社会と全体社会との関係はどのように考えたらよいのだろうか。歴史貫通的とされる普遍的な市民社会の層としては個々の人間の生存に関わる対面的な関係が想定されているように見えるが、具体的には生存共同体としての家族がイメージされるこの層と他の契約関係や国家との関係はどのように捉えたらよいのか。3つの層がどのような関係にあるのか、最下層が上部の層を基づけているということなのかが問題となる（Ⅲ）。

他方、所謂「近代主義市民法学」とは、リバタリアン的な自由至上主義的な市民社会論に基づいて、もっぱら国家権力の干渉から個々人の自由権を強調する法学のことである。このように理解される「市民法学」に対しては、その源流の1つと見なされるルソー（『社会契約論』）を引きながら、社会的義務を果たすべき「市民的徳 civil virtue」ばかりか、法によって求められた時には命さえ捧げなければならないという議論を肯定的にとりあげ「士民社会」という造語さえ提出している[3]。これは、近代ヨーロッパにおける市民革命の思想的基盤には国家との対抗ばかりでなく、国家の存在意義が十分に捉えられていたという主張であり、市民社会から国家への弁証法的発展を説くヘーゲル評価に繋がる視点と言えよう。

これはすでに幾重にも論じられてきた社会と国家との関係に関する問題である。国家的政治共同体や市民的徳を重視する共和主義的見解と、個人の自由を基底に据えるリバタリアン的な市民社会論とは両立しるのだろうか。少なくとも、近代的な市民社会の歴史は新しく、歴史貫通的な場面で近代的な共和主義国家と同様の機能を担ってきたものがあるのだろうか。特にグローバル化の進展する現代から考えると、すべての人がいずれか1つの国家のみに属する成員と考えることはできないのではないか、市民であるための資格は一切不要なのかといった疑問が残る（Ⅳ）。

---

3) 前掲、88頁。この言葉は、佐伯啓思『「市民」とは誰か』（PHP新書 1977年）が、一国の存亡の危険においてはたとえ敗北することがわかっていても死を賭した抵抗をする気風を『士風』と呼んでいるのに呼応したものである。

Ⅲ　全体社会と市民社会

　「市民社会」概念の多様性と多次元性については、すでに多くの論者によって確認されている。ただし、管見の限りでは、多数の論者が３つの局面ないし層を上げる点で共通する。例えば、吉田克己は、市場経済社会（市民社会 α）、政治共同体（市民社会 β）、非国家的・非経済的公共圏（市民社会 γ）を区別し[4]、遠藤乾は、平等な市民の権利を保障するリベラルな側面とアイデンティティの共有を柱とする共同体的な側面、能動的に政治に参加する市民に重点をおく共和主義的な側面の３つを上げている[5]。篠原氏も、市民社会について、歴史観通的次元として自然と人間の関わりの層、市民同士の関係の層、資本主義的階級闘争の層という３層構造を繰り返し強調されている。

　これに対して、より複雑な多次元性を指摘するのが、中村浩爾[6]であり、植村邦彦[7]である。植村は、アリストテレスの最も包括的な共同体を意味するポリティケー・コイノニアからそのラテン語訳コムニタス・ポリティカ、ソキエタス・シヴィリスを経て、戦争における国民的協力体制としてのシヴィル・ソサエティ、文明化した体制を意味するシヴィライズド・ソサエティに至る概念史を丁寧に跡づけた後、これまでの政治や経済のあり方を批判し、それらのオルタナティヴを提示するために提起された日本的な市民社会論は一種のユートピア論であり、どのような局面を市民社会の名で呼ぼうとも、政治や経済と別の領域のものではないと論じている。

　これらの議論に深入りすることは避けて、私自身の関心に照らして論じるとすれば、３層構造としてであれ、より多元的なものとしてであれ、それらを統合する全体社会として市民社会を概念的に把握することができるのか、

---

[4]　吉田克己『現代市民社会と民法学』日本評論社 1999年。
[5]　遠藤乾「国境を超える市民・社会？――欧州連合（EU）を事例として――」（法哲学年報 2010年）
[6]　中村浩爾「多元的・重層的な市民社会における社会規範の存在様式――法律・道徳・慣習の協働――」（社会科学研究 60, 2009年）
[7]　植村邦彦『市民社会とは何か』平凡社新書 2010年。

という問題である。ヘーゲル的な論理では、家族と市民社会、国家は論理必然的な展開であると同時に歴史的な発展過程を表すものであり、国家が自然と歴史の最終的完結体となる体系である。もちろん、周知のように、ヘーゲルにおいては歴史的説明と概念的把握は区別され（『法の哲学』3節）、国家は総じて第1のものであり、……国家の理念こそ、自らを家族と市民社会の両契機に分裂させるものであって、概念的には先行すると捉えられている（同256節）。

このような、人間の歴史を発展過程と見ると同時に自然と歴史の完結したシステムに包括するヘーゲルに対するマルクスの批判（エンゲルスによる要約）にあるように、〈配列のシステム〉と〈発展のシステム〉の統合態を概念化することは、弁証法的思考法とは矛盾する[8]。要するに、側面とか層として捉えられた諸次元はどのような関係にあり、市民社会のなかでどのように統合されうるのか、そうした統合態を概念的に捉えうるためにはどのような学的方法が考えられるのか、という問題である。

女性や奴隷を含まない（古代ポリス的）政治社会、（古代ポリスにおいて）家政の領域とされていたものが近代以降脱政治化された経済人によって営まれる経済領域、プロレタリアと区別された排他的な有産者階級社会としてのブルジョア社会、これら3つの意味をもつ市民社会に共通のものとして、「血縁的・地縁的なタテ社会としての共同体関係を解体し、〈ヒラの人間個人〉同士の対等な関係を通して編成される点」が上げられる[9]。このような、「全体社会が具体化されるのは個人の行動を通してである」とする仮定から出発して「人間を全体社会システムの一部とみなそうとすれば、人間を階層、民族、エスニシティ集団などへ分割する理論とならざるをえなくなり、とりわけ平等の構想と明らかに矛盾してしまう。この種の〈人間中心主義〉は自分自身の表象に乗り上げて難破する結果となる」[10]のではないか。

8） M. リーデル『市民社会の概念史』（以文社1990年）第4章（364頁）参照。
9） 今井弘道「『市民社会』と現代法哲学・社会哲学の課題——第1次『市民社会』派の批判の継承のために」（今井弘道編『新・市民社会論』風光社2001年）365頁。
10） N. ルーマン『社会の社会』1（法政大学出版局2009年）15〜16頁。ルーマンは、同じ箇所で、全体社会を領域別に考えるという構想に対しても、現代における世界規模

市民社会の概念史を詳しく論じたリーデルの結論によれば、弁証法的な総体性の立場とディルタイ以降の解釈学的立場（部分と全体との循環関係に定位する態度）とは対照的であり、時代に相応しい学問理論は、基礎づけの理念を指向する単数の学問ではなく、相対的な知識連関でしかない[11]。

　このように、市民社会をある種の全体社会として捉えようとする限り、そこには自己言及的あるいは循環論法的な要素が入り込んでしまう。また、市民社会とは、「自由で独立した諸人格の間で自発的に取り結ばれた平等な関係によって編成される社会」[12]という、いまだどこにも実現されたことのない「理念」であって、市民社会論とはその理念に向かって無限に接近すべきとする規範理論だとしても、その理念の実現を垣間見せてくれる3次元のいずれにも、それぞれの間に基本的な理念（自由・平等）を裏切る契機があることをどのように扱うべきかという難問から逃れることはできないであろう。要するに、ここでの問題は、「多元性と統一性の両立不可能性」である[13]。

Ⅳ　市民社会の市民とは？

　そうした難問の1つが、先の定義に見られる言葉を使えば「自由で独立していて自発的に平等な関係を取り結ぶ」個人ないし人格とは何か、端的に言えば市民社会を構成する「市民」とは何か、という問題である。ここではこの問題について、現在の日本でも問題となっている「移民」問題に即して考

　　での相互依存関係は無視できず、敢えてそれを無視しようとすれば、支配によって定義される全体社会概念へと、あるいは文化へのノスタルジーにまみれた全体社会概念へと逆戻りせざるをえなくなるであろう、と述べている。

11）　M. リーデル、前掲、370〜372頁。

12）　今井、前掲、364頁。これは、内田義彦の用いる「市民社会」という言葉についての今井による理解を述べたものであるが、一般的な市民社会のイメージを適切に表現したものと言えよう。

13）　酒井隆史「リベラリズムの批判のために」（『現代思想』1995年5月号）参照。なお、E. バリバールによれば、フランス人権宣言に言う「人」と「市民」との間に外延的差異はなく、自由と平等も対立しあうものではない。両者の歴史的（事実上の）条件は同じであって、「平由 égaliberté 平等＝自由」として観念されていると言う（『『人権』と『市民権』』『現代思想』1999年5月号）。

えてみたい。

　まず上記のような理念に最も忠実な理論の提唱者としては自由至上主義者と言われるノージックが上げられよう。彼の理論によれば、国家が保障すべきは個人の財産権だけであって「市民権」ではないのだから、国家も個人も外国人の移入を妨げる理由はないはずである[14]。ロールズ的リベラリズムでも、社会的偶然性を排除するための無知のベールの下における原初状態を認める限り、移民制限を許容できない。功利主義的立場をとれば、移民を受け入れることによって現在の市民に経済的コストをかけさせることを理由に移民制限を許容できそうだが、（老齢化や少子化を考えれば、積極的移民政策がコストを拡大させるとは必ずしも言えず＝筆者補足）制限を正当化するために十分適切な立場とは言えない。民族的同質性への選好も、功利計算における平等算入原則に組み込まれるべきものではない。

　これに対して共同体論者ならどう考えるか。M. ウォルツアーは、配分的正義の理論は、まず第一に成員権 membership rights の考察から始めなければならないとして、見知らぬ者たちを受け入れるかどうかは単に諸国家 states の自由であるとしている。その理由として、移民政策と排除政策とは共同体的独立の核心にあるものであり、この2つは最も深い意味での自己決定に関わるとしている[15]。彼は、政治的共同体の特徴を説明するためのアナロジーとして、隣人関係とクラブ、そして家族をあげている。

　彼によれば、人々が自由に移動し合うことで形成される隣人関係とは、最も開かれた共同体のアナロジーであるが、隣人関係が開かれたものでありうるのは、諸国家 countries が潜在的に閉鎖的である場合だけである。政治や文化が適切に発展するためには、現在の隣人関係における政治や文化を擁護する必要がない場合であって、そのためには国家が提供するより大きな枠組み、ある種の有限性が必要ある。文化や集団が特徴あるものであるためには

14）　以下の議論は、Joseph H. Carens, "Aliens and Citizens: The Case for Open Borders"（1987）in: Thomas Pogge & Darrel Moellendorf ed., *Global Justice*, Paragon House, 2008. による。
15）　以下の議論は、Michael Walzer, "The Distribution of Membership"（1981）, in: op. cit., *Global Justice*, (p. 174.) による。

閉鎖性が必要であって、そうした閉鎖性をもたない安定的な人間生活など考えられない。こうしたことから、ウォルツァーは、移民を制限する国家の権利は、転出制限の権利を含まないと言う。

　クラブ同様国家にも移民政策を担う部署があり、誰をメンバーとするかはその設立者だけが決められるクラブ同様、国家の場合も外部にある者にはそうした決定権がない。その意味で、国家は主権によってメンバーの選択権をもつ完全なクラブとみることができる。だが、市民達は自分たちとエスニックな関係をもつ者達に対しては国家のドアを開いておくべきだと信じる場合も少なくないため、この意味で国家はクラブよりも家族に近い。

　国民的同一性原理 nationality principle には重要な限界があることについて、ウォルツァーは、植民地支配から脱して新たに成立した国家や政府が旧支配者達を排除しようとする事例に則して次のように述べている (p. 157)。国民的同質性があることが移民としての流入を許容する理由になるとしても、同質性がないということは（すでに居住している者を）排除する理由にはならない、と。この場合には、メンバーになる権利を外部のものに認めないクラブや家族のアナロジーは成り立たず、ある種の領域ないし地域に対する権利を語ることはできるからである。特定の国民（クラブや家族を含む）によって支配されていた閉鎖的な領域を形成する国家は、つねにそれらを排除することが不正となるような異邦人を含んでいる。

　このように領域的共同体の自由な自己決定権を主張するウォルツァーも、いわゆるゲスト・ワーカー体制については批判的である。この体制を擁護しようとする者は、国家は経済的には隣人関係だが政治的にはクラブないし家族だと主張するであろうが、隣人関係としての開かれたアソシエーションとクラブないし家族としての国家は両立しえない、と。それは、国家の自己決定権は、その領域に住むすべての人に開かれていなければならず、ゲスト・ワーカーは通常の意味でのゲストではなく、年季奉公をしている者でもない。彼らには潜在的市民権が認めなければならない。それが「政治的正義」の要請である。

　このような議論は、現在外国人受け入れ問題に揺れる日本の政治状況を考

える際にも有益な示唆を与えてくれる。ただし、すでに受け入れた人々に対してはメンバーシップを与えなければならないが、受け入れるかどうかはなお国家の自由な決定によるとしている点で、リベラルな議論とは対照的である。これに対して、カレンズは、すでにメンバーとなっている者だけに市民権を認めるウォルツアーに対して、アメリカもかつてはすでに内部にいたはずの黒人や女性を対等な市民として扱ってこなかったことを指摘しつつ、リベラリズムがすでにわれわれの中心的な文化となっている点をあげて、特定の共同体文化に移民制限の根拠を求めるアプローチには方法論的パラドクスがあると批判している[16]。

V おわりに 市民社会と国民国家

　グローバリズムとナショナリズムの間で揺れ動く国際社会の現状からみると、理念としての「市民社会」が維持されるかどうかは、「世界市民」が少なくとも理念として許容されるかどうかにかかっていると言えるのではないか。と同時に、「理念」が明確に現実と区別されたものに止まるものかどうかも問題となろう。実際、移民、難民、外国出身者の子孫等々、その形は異なっても、従来「国民」と同一視されてきた「市民」とは異なる多数の「住民 denizen」を抱える国家は多数にのぼる現実がある。

　ウォルツァーのような共同体論者は、普遍的な法原理によって構成される制度には還元できない各共同体に特有の生活様式がもつ倫理的・文化的重要性を強調する。例えば、自由な制度を生かすことができるのは自由に慣れた人々だけであって、普遍的な原理が実際に機能するのはそうした生活様式が構成する政治文化なのだというのである。こうした理由から、それぞれ特定の生活様式の一致を守るという共同体の権利が移民の権利を制約するのであり、市民の自己決定の権利は自己主張の権利を含むのだ、と主張する。

　このような主張に対して、ハーバーマスは、特定の共同体の生活様式への

---

[16] Joseph H. Carens, op. cit., p. 227〜228.

忠誠といった構想は複合化の度合いが増大している現在の社会には適合しないこと、変化のない共同体などありえないことを指摘し、法の支配という普遍的、立憲的な枠内でのみ異なる生活様式が共存しうるのであり、特殊な生活様式に縛られない民主的な市民権だけが世界市民への道を固めることができる、と主張する[17]。しかも、この論文が書かれた1992年時点ですでに、「国家市民 state citizenship に対する世界市民 world citizenship の形は見えるようになっている」と述べている。

この文章が論文の最後に来ているので、具体的に何を想定してこのように述べているのかは必ずしも明らかではないが、おそらくこの頃からドイツで始まった再統一とそれにともなう国籍法の改正の動きなどを背景としているものと想像される。現に94年には基本法の改正が行われ、それまで各州に認められていた国籍制度の立法権限がドイツ国籍に一元化され、「『ドイツ国民』という過去に向いたアイデンティティから離れて、EU連合市民権をシンボルとする新しい国民アイデンティティの模索に向かう」流れが生まれていた[18]。2014年のドイツ国籍法の改正により重国籍者の国籍選択強制制度が廃止され、一定年限の居住といったいくつかの条件はあるものの重国籍が認められるようになった。

EU市民権という現実は国境を超える市民社会の広がりを予感させるものであったが、2019年現在、イギリスの離脱問題を始めEU圏内の各国でナショナリズムの高まりが見られ、今後の推移については予断を許さない状況となっている。すでに見たように、すべての個人が自由で対等な関係を取り結ぶという市民社会の理念は、現実がどのようになろうとも、理念としてのみ維持されるということではないはずである。規範的要素と現実的要素とは2項対立的に排他的なものではなく、現実のなかに全くその契機がなければ規範としても機能しえないであろう[19]。その意味で、グローバル化にともなう

---

17) Jürgen Habermas, "Citizenship and National Identity: Some Reflection on the Future of Europe" (1992) in: op. cit., *Global Justice*, p. 305.
18) こうした経緯については、広渡清吾「国籍・市民権・民族所属性――『人と国家との関係』の法的形象をめぐって――」(専修法学論集 第120号 2014年) 参照。
19) 記述的主張と規範的主張が2項対立的に対立しあうものではなく、それぞれが相互

移民受け入れ、2重国籍許容の流れが今後どのように推移するかは、市民社会論にとっても注目すべき重要な問題であろう[20]。

すでに紙幅も尽きているが、私の問題関心から一点付け加えるならば、篠原氏がマルクス（『経済学・哲学草稿』）を評価しつつ「歴史貫通的次元」として語る人間と自然との関係について、さらなる哲学的探求が要請されよう。法的・政治的制度の問題や民族的・文化的集団以前に、「共にある」ことを存在論的にどのように捉えるかが問題となるからである[21]。

浸透的なものであり、両者の関係を程度問題として取り扱う試みとして、Masaki Ichinose, "Normativity, probability, and meta-vagueness" in: SYNTHESE Vol. 192, No. 9, 2015. 参照。

[20] 世界市民 cosmopolitan の可能性については、なお懐疑的な見解が多いようだが、積極的な見方として、Thomas Pogge, "Cosmopolitanism and Sovereignty", in: op. cit., *Global Justice*, M. ヌスバウム編『国を愛するということ』（人文書院 2000年）等参照。国家内部における市民と非市民との包摂と排除の関係について、例えば、J. デリダ「正義の法への違背／法・権利から正義へ（それにしても「サン・パピェ」たちには何が欠けているのだろう？）」『情況』1998年10月号、E. バリバール『市民権の哲学』青土社2000年等参照。

[21] このような試みとして、松葉祥一『哲学的なものと政治的なもの』（青土社 2010年）、江藤祥平『近代立憲主義と他者』（岩波書店 2018年）等参照。

篠原市民法学と労働法学の交錯

新谷眞人

Ⅰ　篠原市民法学の思想圏
Ⅱ　篠原市民法学の概念
Ⅲ　沼田『序説』の検討と批判
Ⅳ　結びにかえて

Ⅰ　篠原市民法学の思想圏

1　本稿の目的

　本稿では、篠原敏雄『市民法学の輪郭─「市民的徳」と「人権」の法哲学』（勁草書房、2016年、以下『輪郭』）の中の第1部第8章「沼田稲次郎『労働法論序説─労働法原理の論理的構造』（以下『序説』─筆者注）を読む─市民法学の視座から」（172頁、初出は横井芳弘・篠原敏雄・辻村昌昭編『市民社会の変容と労働法』1頁、信山社、2005年）を取り上げて、市民法学と労働法学の接点ないし両者の交錯を検討する。沼田先生は、戦後労働法学の第一世代に属する碩学である。篠原先生は、東京都立大学大学院基礎法学専攻の時期に沼田ゼミに所属し「その謦咳に直接接することになった」（172頁）。
　篠原先生は、筆者の恩師である故横井芳弘中央大学名誉教授（労働法）を中心とした理論法学研究会（平成4年発足）の中心的メンバーであった。筆者を含めて他の会員のほとんどが労働法の研究者であるが、篠原先生はヘーゲ

ル法哲学の専門家であり、研究会の中で異彩を放っておられた。じつは、筆者もまた中央大学3年生の時（昭和48年）、横井ゼミでヘーゲル法哲学を学んだ、というよりかじったのである。研究会でのヘーゲルに関する篠原先生のご発言は、筆者にとって興味深いものであった。

本稿の対象は、篠原先生のご業績のうちのほんの一部であるが、労働法学とのかかわりを検討することによって、篠原先生の追悼の意を表したい。なお、『輪郭』第2部第14章には「戦後法学の再検討（1）―沼田法学を取り上げて」（251頁）が収められており、あわせて参照されたい。

2　篠原市民法学の「思想圏」

『輪郭』は、篠原先生の著作としては4冊目にあたり、直近のご遺作である。本書のねらいは、篠原先生が研究対象とされてきた「市民法学」を「更に一層明確化し、発展させて」その輪郭を明らかにすることを目指しているとされる（ⅰ頁）。

『輪郭』の構成は、第1部「市民法学の輪郭」では、ルソー、カント、ヘーゲル、マルクスに及ぶいわゆる「基礎法学」の思想が取り上げられ、また第2部「市民法学講義」では、ホロコーストから東京裁判まできわめて広範なテーマが論じられており、わが国の現代法学が直面している課題への指針が示されているといっても過言ではない。もちろん、『輪郭』全体がヘーゲルの思想で貫かれているといってよい。

そればかりではない。『輪郭』「はじめに」では、篠原先生の学問遍歴が、簡潔に振り返られている。そのなかで、沼田先生以外に、加古祐次郎、橋本文雄、三木清、恒藤恭、梯明秀、戸坂潤などわが国思想界の大家があげられている。また、マルクス・エンゲルス『ドイツ・イデオロギー』も十分読み込まれている。

Ⅱ 篠原市民法学の概念

1 市民法学の原理と領域

『輪郭』では、沼田『序説』の検討に入る前に、市民法学とは何かが整理されている（175-185頁）。この部分は、篠原説の「まとめ」ということができる（254頁）。我われは、まず篠原「市民法学」の内容を理解し、それを前提として、『輪郭』を読み進める必要がある。

まず、市民法学とは、2つの原理に基づいて現代法を再構成する学問である。2つの原理とは、①自由・平等・独立の諸個人の確立、②友愛的、連帯的な国家共同体の形成である。①は、近代法の基本原理でもあるから、どなたも異論はないであろう。②こそ、ヘーゲル法哲学の真骨頂を示すものと思われる。友愛（愛）と連帯は、家族を支える基本理念（テーゼ）であるが、これが市民社会を経て（アンチテーゼ）国家共同体の原理（ジンテーゼ）として再統合されるにいたる。愛（友愛）と連帯は、ヘーゲル法哲学の重要なキーワードである（仲正昌樹『ヘーゲルを越えるヘーゲル』174頁、講談社現代新書、2018年）。『輪郭』の副題に「市民的徳」（Sittlichkeit）とあるのは、このことを示していると解される。

続けて、市民法学は2つの分野から成ることが指摘される。それは、①法解釈学（実用法学）と②基礎法学（理論法学）である。労働法もまた例外ではなく「市民労働法」として、二つの学問分野を形成する。労働法学においては、近年、基礎法学の領域が手薄になっていることが大きな課題である。

2 市民法学を基礎づけるもの

市民法学は、現実世界の「法現象、市民社会現象、国家現象の共同主観的存在様式」（176頁）に基礎づけられている。筆者の理解では、市民法もまたいわゆる上部構造であり、経済社会の下部構造の変化に対応して、法の変容が不可避であるということであろう。法解釈は一つではありえず、時代の変化によりメタモルフォーゼしていかざるをえない。重要な指摘と思われる。

3　市民社会の構造

　現代において我々が日常生活で体験している市民社会は、どのような構造をしているか。『輪郭』は、経済的次元での構造に限定して次のように分析する。

　第1に「歴史貫通的規定・要素」がある。これは、人間労働の本質、すなわち人間は、社会的関係を保ちながら、外界の自然に働きかけて「労働」し、その成果を「所有」するという要素である。人類は、原始時代からこのような営みを継続してきたのであり、高度に発展した現代資本主義社会においても、この本質は変わるものではない。

　第2に「私的所有制的規定・要素」として、現代社会は商品交換の社会であり「歴史貫通的規定・要素」はそのままでは適合しなくなっている。あらゆる商品は私的所有の対象であり、これをささえる法思想が契約の自由である。この第2の要素もまた、現代社会において維持されていることはいうまでもない。

　第3は「資本主義独自的規定・要素」である。ここでは「労働力という商品の私的所有者」すなわち労働者という「生産手段の私的非所有者」に着目する。現代市民社会をこのようにとらえることによって、私的所有の構造が矛盾なく理解されることになる。労働力商品こそ「近代社会の成立の経済的基礎」(178頁)である。そして、市民法原理としての契約社会が「水平的関係」とすれば、資本家による労働過程は支配―服従関係という「垂直的関係」として現れる。労働法学でいう従属労働（労働の従属性）の登場である。

4　国家の構造

　篠原理論の最大の特徴は、その国家論にある。ここでも、市民社会論と同じ三つの規定・要素に基づいて分析される。

　第1に、国家における歴史貫通的規定・要素とは、人間社会を維持、形成、まとめるための「共同諸事務」(マルクスの用語であるという。254頁参照)をとり行うことである。特に「秩序維持」と「防衛」の事務が重要とされる。

　第2に、国家における私的所有制的規定・要素とは「身分から契約へ」と

いう歴史的事実を通じて形成された、自由・平等・独立した市民による社会を政治的に保障することであり、そのために必要とされる民主主義制度ないし民主主義国家のことをいう。これは「市民国家」といってもよい。これによって、国民は、自由・平等（価値原理）、権力分立制度（機構原理）、討論と説得、参加と抵抗（方法原理）などの諸原理を享受することができるのである。

第3に、国家における資本主義独自的規定・要素とは「資本主義国家」としての側面を指す。1990年代以降の経済のグローバル化の中で、国際競争における国家の役割、貿易摩擦に対する国家間の攻防などをみれば、現代国家はまさに資本主義国家であることが理解される。古典的な夜警国家とは異なり、現代国家は、積極的な役割を担っているということである。

5　法のあり方

次に、いよいよ現代社会における法のあり方が分析される。これについても、上記と同様の三つの概念が用いられている。

第1に、現在の法的諸関係における歴史貫通的規定・要素が検討される。人間は社会的動物であり「社会あるところ法あり」という法ことわざが、どの歴史段階においても妥当する。法における歴史貫通的規定・要素とは、善良の風俗といわれる「習俗」「習律」であり、さらには公の秩序として警察、裁判所によって強制可能性が担保されている国家法である。

第2に、法における私的所有制的規定・要素とは何か。ここでは、前述の近代市民法原理がストレートに妥当する。すなわち、①市民的な自由・平等の尊重と、②「友愛的、連帯的な国家共同体の形成」である。これにより、第1の歴史貫通的規定・要素が具体化される。それと同時に、この二つの理念が、現代国家をささえる原理へと止揚するための萌芽となっていることが示されている。

第3は、法における資本主義独自的規定・要素についてである。資本―賃労働関係を直接支える役割をもつ法領域として、商法、経済法、労働法がある。これらの社会法は、資本主義の初期からすでにその発展の萌芽がみられ

るのである。高度に発達した現代資本主義国家においては、それぞれの法領域において精緻な立法化が実現している。とりわけ労働法は、他の法領域とは異なり、労働者による「法＝権利のための闘争」によって獲得されたものである。なぜなら「資本関係と労働関係との力関係は、等しいものではありえない」(180頁) のであり、資本主義社会の中で生存を確保するために、労働者集団による不断の闘争が必要となるからである。現代国家は、このような労働者の闘争を法秩序の一環に組み込んだものとして成立しているのである。現代労働法の理解にとって、極めて重要な指摘というべきである。

Ⅲ　沼田『序説』の検討と批判

1　『序説』の意義

　篠原先生は、上述の3つの分析概念、すなわち①歴史貫通的規定・要素、②私的所有制的規定・要素、③資本主義独自的規定・要素を駆使して、沼田『序説』の検討・批判を行っている。その際、学問的批判をきびしく展開しながらも、沼田先生に対するリスペクトを失ってはいない。学者が他人を批判するときの態度として、見習うべきことである。

　沼田先生が労働法学会で活躍されたのは戦後直後から昭和50年代ころまでの時期であるが、ソ連、東欧の社会主義国家が崩壊した歴史的事実にてらせば、当時の中ソの社会主義を擁護する立場は誤りであることは明白である。しかし、現状把握（現状分析）がまちがっていたからといって、沼田先生の提示した「基礎理論それ自体がすべて誤謬であるとは決して言えない」し、沼田理論を畏敬の念をもって受け継ぐ労働法学者がいたとしても「それは学問的に正しいことなのである」(184頁) と書かれている。筆者もそのような労働法学者の一人であり、篠原先生のこの言葉に大変勇気づけられる思いがする。

　篠原先生は、このような研究態度を保持されながら『序説』の市民社会論、法理論、国家論を検討される。その結論は『序説』の市民社会論、法理論については、篠原市民法学の論理・構想と一致する点が見出されるが、国

家論においては必ずしもそうではなかったとされている（184頁）。

　篠原先生のヘーゲル研究の重点は、国家論にこそ置かれており、市民社会は、強力な国家の庇護のもとに存在しているととらえられる。したがって、篠原先生の『序説』に対する検討・批判も、主として沼田国家論に向けられている。一方、沼田理論においては、市民社会ないし市民法における労働法の位置づけが重要課題であった。本稿では「労働法学との交錯」というテーマにてらし、市民社会論および法理論の批判を中心に取り上げ、国家論の部分については省略することとしたい。

2　『序説』の市民社会論批判

　篠原『輪郭』では『序説』を十分に読み込んだうえで、次の箇所を引用している（185頁）。

　①「価値法則一般の妥当する社会は打算的個人の自由意思による商品交換社会であり、個人の打算にも拘らず等価交換が支配し（価値関係）総行程において予定調和を現出する（価値法則の支配）市民社会である」。

　②「労働力の不等価交換が、等価交換形式を以て行われるところに、市民社会の特質が存しているのである。等価交換形式こそ近代市民社会の謎を生む関係である」。

　以上の『序説』の立場は、篠原市民社会論の、特に私的所有制的規定・要素と資本主義独自的規定・要素に適合しており、沼田市民社会論は「労働法学界においても、簡単に捨て去っていいような内容ではない」と指摘する（186頁）。近代市民社会においては、ヘーゲルのいう「欲望の体系」が支配しており、個人の欲望が社会に渦巻いているが、それはけっしてバラバラに存在するのではなく、価値法則という普遍性の形式をとって貫徹される。上記①はそのことを言い表しているのであり、篠原理論と一致するのは当然である。②は、次の法理論批判とも関連するので後述する。

3　『序説』の法理論
（1）自由意思の尊重　　篠原先生は『序説』の中の次の記述に着目され

る。

「私法の原理を範型とした政治社会の法秩序」「近代国家＝政治社会をも含めた、全体社会としての資本制社会の法秩序」「全体社会の法としての市民法」「公法私法を包摂する概念」としての「市民法」「社会法化と商法化との２側面の分離と統合との過程」「自由意思の形成を否定するのではない」。

『序説』におけるこれらの表現は、篠原先生の第２の分析概念である私的所有制的規定・要素に「ぴたりと当てはまる」(187頁)。

まず、市民法とは、私法だけではなく公法を含めた全体社会の法であるととらえている点で、篠原、沼田両先生は共通している。「市民刑法」という言葉を想起すれば、このことの意味が理解されよう。また、私法領域における社会法と商法の分離は、篠原説にいう商法、経済法、労働法に対応するといえる。つまり、沼田説は、私法の原理、とりわけ自由意思の尊重の原理をしっかり維持したうえで、労働法などの社会法をとらえているのであり、この点において「いわゆるマルクス主義法学者という人たちの論理と肌合いが違う」(189頁)とされる。

労働法学を含めた社会法領域では、しばしば、市民法原理の修正という表現を使う。篠原先生は、研究会でのご発言で「市民法原理は維持されおり、修正ではなく具体化である」と強調される。市民法原理の維持か修正か。労働法学は、修正の方を重視してきたように思われ、改めて反省すべきかもしれない。

（2）法の「虚偽性」　前記②の引用部分に関連して、いわゆる近代法の虚偽性についても一言しておく。労働法学では、疎外された労働＝従属労働というとらえ方の延長として、近代法は自由・平等・独立という法的表現のもとに、その不都合な事実を覆い隠しているという意味で、法の虚偽性と称している。

これについても篠原先生は「私は虚偽性という言葉は使わない」と発言されたことがある。なるほど、ヘーゲルは『法の哲学』序文の中で「理性的であるものこそ現実的であり、現実的であるものこそ理性的である」という有名な言葉を残しており(『世界の名著ヘーゲル』169頁、中央公論社、1967年)、この

立場からは、現実が「虚偽」であると簡単に認めるわけにはいかないであろう。何よりも「虚偽性」の概念があいまいである。何が真実であり、何が虚偽であるかは、明確な解答が与えられているわけではない。この点もまた、労働法学に対する問題提起の一つと受け止めたい。

4 沼田市民社会論・法理論批判

　篠原先生は、沼田市民社会論および法理論においては、篠原分析概念の第1の歴史貫通的規定・要素に関する考察が欠けていると批判される（189頁）。特に「労働法における『労働』概念の原理的・根源的意義の確定なしには、労働法の持つ現代的意味を捉える射程は短いものとならざるを得ない」（189頁）とされる。

　労働概念の根源的意義の検討が欠けているという点については、労働法学の立場から、少々弁解させていただくとすれば、次のようにいえよう。労働とは、万物の霊長である人類にとって本質的かつ普遍的な要素であり、これこそ人間社会を歴史的に発展させてきた原動力である。しかし、資本主義社会においては、労働力が商品化されている賃労働関係のもとで、本来あるべき人間労働のあり方が疎外（Entfremdung）されている。これは、おおむねマルクス『経済学・哲学草稿』に即した理解である（長谷川宏訳・光文社古典新訳文庫、2010年ほか）。労働法学では、資本主義における労働を従属労働（abhängige Arbeit）とよんでいる。したがって、かならずしも労働法学が労働概念の根源的考察をしてこなかったというわけではないのである。しかし、労働の本質をどうとらえるか、従属労働とは何かという点については、現在でも難解であるばかりでなく、いまなおホットな労働法学上の争点の一つであり、いっそうの研究が求められていることは確かである。

Ⅳ 結びにかえて

　『輪郭』第8章は、沼田理論と篠原市民法学との「共通認識、共通了解が得られるのかどうか、次に、得られるとしたらどの点であろうか」という問

題意識で執筆されたものであり、この執筆目的は、十分に達成されたものといえよう。

　沼田市民社会論および法理論に対する、篠原説による私的所有制的規定・要素および資本主義独自的規定・要素という視点からの分析は、両説の「共通了解」として認めるに足る内容である。一方、本稿では省略したが、沼田国家論については、篠原説における歴史貫通的規定・要素および私的所有制的規定・要素が欠けており、また資本主義独自的規定・要素に対応する分析は、あまりにも経済還元論的国家論であって、両説の隔たりは大きいということが指摘されている。『輪郭』第8章は、労働法学の研究者にとっても、沼田理論のどこを継受し、どこに課題があるかを改めて明確かつ的確に示したものとして、重要な意義を有する文献といえるであろう。

　まだまだ、篠原先生に教えていただきたいことは尽きない。突然のご逝去が悔やまれてならない。

優先主義の解剖学

宇佐美誠

I　優先主義論争
II　要素・定式・特徴
III　他説との比較
IV　水準低下の隘路
V　優先主義を超えて

I　優先主義論争

　次の例を考えていただきたい。アキラは、親から受け継いだ高台の土地に豪邸を建て、莫大な遺産のおかげで働いたこともなく、豪奢な暮らしを楽しんでいる。隣接した低地にある簡易宿所に住む低賃金の非正規労働者イクヤは、毎晩遅く仕事を終えて帰宅すると、灯りが煌々と輝くアキラの豪邸を見上げては、ため息をつく。こうした状況は望ましくないと、多くの人は感じるだろう。この道徳的直観はいかに正当化されるか。平等主義（egalitarianism）は、二人の間にある格差こそが問題だと答える。他方、イクヤの貧困、すなわち彼が無所得に近いことを問題視する立場は、優先主義（prioritarianism）と呼ばれる。これが、本稿の検討対象である。

　優先主義は、1980年代に若干の論者によって萌芽的に示唆された後、Derek Parfit の1991年の記念碑的講演において優先性説（priority view）とし

て提示された。彼はこの見解を、「人々に便益を与えることは、その人々の境遇がより悪いほど重要となる」と定式化した[1]。だが、より正確には、彼自身も触れている通り、優先性説では、裨益の重要性は受益者の境遇のみならず便益の規模にも左右される[2]。その後、Larry Temkin は「優先主義」の呼称を初めて用いた[3]。主唱者の一人 Richard Arneson は優先主義を、「ある個人への便益を達すること（または損失を避けること）がもつ道徳的価値は、福利指標により測定された便益の規模がより大きいほど、またこの個人が当該便益の受領とは別に人生行路にわたって得てきた福利水準がより低いほど大きくなる」と定式化している[4]。

優先主義は、所得再分配に代表される分配・再分配がいかなる理念をめざすべきかをめぐる三つ巴の論争における一陣営をなす。最も長い伝統をもつのは、先に触れた平等主義である。平等主義とは、厳密に定義すれば、諸個

---

* それは2017年の夏だった。東京からフランクフルトへ向かう際、搭乗口で偶然にも篠原敏雄先生・福永清貴先生にお会いした。篠原先生は、マルクスの足跡を辿る旅だと言われていたが、あるいは多忙なご出張を冗談めかしてそのように表現されたのかもしれない。帰国して間もなく、先生から書簡を頂戴し、古稀祝賀論文集への寄稿を自らお誘い下さった。先生が依拠される学問伝統とはいささか異なる分析的な法哲学・政治哲学に身をおく私に、ご寛大にもお声がけ下さったことに感謝し、二つ返事で寄稿をお約束した。その後、突然の訃報に接した際には大きな衝撃を受けた。古稀祝賀論文集から急遽転じて追悼論文集となった本書には、あのドイツ出張時にヨーロッパ分析哲学会議（ミュンヘン）で発表した内容に基づく拙稿を寄せさせていただくことにした。それが本稿である。

ヨーロッパ分析哲学会議での研究報告や、それと一部重なるニューヨーク・京都での報告に対して、数多くの示唆的な質問・コメントをいただいた。参加者の方々に厚くお礼を申し上げる。本稿の研究は、科学研究費補助金（26285002、17H02445）を受けた。

1) Derek Parfit, "Equality or Priority?" in Matthew Clayton and Andrew Williams (eds.), *The Ideal of Equality*, Basingstoke: Palgrave Macmillan, 2000, p. 101. 本章では、紙幅の制約上、欧語文献の邦訳は割愛せざるをえない。
2) Parfit は後に、個人の境遇が悪いほど便益総量が加重されるような仕方で、当該個人を裨益する理由が強まるという優先性説の定式を示している。Derek Parfit, "Another Defence of Priority View," *Utilitas* 24, 2012, pp. 399-440.
3) Larry Temkin, "Equality, Priority, and the Levelling Down Objection," in Clayton and Williams (eds.), *The Ideal of Equality*, p. 128.
4) Richard Arneson, "Egalitarianism," in *Stanford Encyclopedia of Philosophy* (https://plato.stanford.edu/entries/egalitarianism).

人の福利の格差が大きいほど、その社会状態はより望ましくないという立場である。Parfit は元々、平等主義的議論に見出されるが平等とは異なる理念として、優先性を抽出した。これを契機に、優先主義は、平等主義とは別個の理論として認知され、次第に発展していったのである。別の陣営は、閾値に達するまで万人に福利を保障するが、閾値を超える領域では再分配を否定する十分主義である。十分主義は、アキラとイクヤの状況がもつ問題性の根源を、イクヤが理にかなった福利の閾値を下回っているという点に見出す。

優先主義は近年、いく人かの論者によって精緻化され擁護されている[5]。他方、この理論は多様な観点からの批判も招き、擁護者との間で論争が続いている。特に注目されるのは、Parfit の講演によって広く知られるようになった水準低下批判（levelling down objection）である[6]。水準低下批判とは、不利者の境遇を改善せずに有利者の境遇を悪化させることが、少なくとも一つの観点からは望ましいと評価されるという逆理をさす。彼は元々、平等主義に対してこの批判を提起した上で、優先主義はこれに脅かされないと主張した。しかしながら、少数の批判者は近年、この立場が水準低下批判を免れないと論じている。他方、わが国の研究状況に目を転じるならば、優先主義はおもにリバタリアニズムの視座から好意的に紹介されてきた[7]。だが、優先主義の論理構造や他理論との類似点・相違点に論及する研究は乏しく、またこの理論への水準低下批判を紹介・検討する研究はほぼ皆無である[8]。

こうした国内外の研究状況を踏まえて、本稿はまず、優先主義の構成要素を特定し、この理論を数学的に定式化するとともに、他の主要理論との異同

---

5) E.g., Nils Holtug, *Persons, Interests, and Justice*, Oxford: Oxford University Press, 2010, pp. 202-243; Matthew Adler, *Well-Being and Fair Distribution: Beyond Cost-Benefit Analysis*, New York: Oxford University Press, 2012.
6) Parfit, "Equality or Priority?" pp. 98-99.
7) 橋本祐子『リバタリアニズムと最小福祉国家――制度的ミニマリズムをめざして』勁草書房、2008年、146-163頁、森村進『リバタリアンはこう考える――法哲学論集』信山社、2013年、161-164頁。
8) 水準低下批判を含む優先主義への諸批判の概観として、Iwao Hirose, *Egalitarianism*, Oxford and New York: Routledge, 2015, pp. 98-106; 宇佐美誠・児玉聡・井上彰・松元雅和『正義論――ベーシックスからフロンティアまで』法律文化社、2019年公刊予定、第6章3（宇佐美執筆）。

を確認する。その上で、近年の国際的研究の前線をさらに一歩進めるべく、水準低下批判の既存の諸形態に論評を加えた後、新たな形態の提示を試みる。そうすることにより、一見すると説得的だと思われる優先主義が、じつは回避しがたい困難を抱えていることを示すのが、本章の目的である。

以下では、予備的考察として、優先主義の三要素を同定し、一つの有力な数学的定式を紹介する（Ⅱ）。次に、優先主義に近似した諸見解や平等主義などと比較して、いかなる類似点・相違点があるかを確認する（Ⅲ）。その上で、水準低下批判の既存の諸形態を短く論評した後、新たな一形態を提案する（Ⅳ）。最後に結論を述べる（Ⅴ）。

Ⅱ　要素・定式・特徴

優先主義においては、他の事由を一定とすれば（ceteris paribus）、ある個人の境遇が悪化しているほど、当該個人への裨益がもつ道徳的価値はより大きくなる。個人の悪化はここでは、他の個人よりも福利が小さいという相対的意味でなく、何らかの特定の基準に照らして福利がより小さいという絶対的意味で語られている。この絶対的意味を理解するため、Parfit の譬えを脚色した例を挙げよう。カズエは富士山に登頂し、キヨミは五合目まで行って下山した。カズエは頂上で呼吸がより困難になるだろうが、それはキヨミと比べて困難であるだけでなく、海抜がより高く酸素濃度がより低い場所にいるから困難でもある。実際、キヨミも登頂したとしても、あるいは彼女がそもそも存在しなくても、カズエは富士山の頂上に近づくにしたがって、呼吸がより難しくなるだろう。それと同様に、他の個人がもつ福利の多寡や他者の存否さえも問わず、ある個人の福利が小さいほど、当該個人への裨益がより重要になると考えるのが、優先主義なのである。

この例は、優先主義を構成する三要素のうち二つを示している。一つは、限界価値逓減である。限界価値逓減とは、ある個人の福利が増大するに伴って、その福利がもつ道徳的価値は増加するが、福利の一単位当たりの増加による道徳的価値の増加分は漸減することを意味する。福利を横軸で、その道

徳的価値を縦軸で表すとき、優先主義は、厳密増加かつ厳密凹の価値関数として図示できる。もう一つの要素は、分離可能性である。分離可能性によれば、ある個人の福利がもつ道徳的価値は、他のいかなる個人の福利にも左右されない。

では、二人以上の個人が存在する社会状態は、道徳的にどのように評価されるか。ある社会状態の道徳的価値は、そこに存在する各人の福利がもつ価値の総和に等しいとされる。つまり、優先主義は集計主義に立脚している。その上で、功利主義と同様に総価値の最大化が追求される。限界価値逓減・分離可能性・価値最大化が、優先主義の三要素である。

優先主義をより精確に理解する第一歩として、数学的表現が有用である。厳密増加かつ厳密凹の関数としては、平方根や対数などの関数が挙げられるが、優先主義の有力な定式は平方根関数を採用する。ある個人の福利を w とするとき、優先主義は、w がもつ道徳的価値 $v(w)$ を式1のように算定する手続きとして定式化される。a は任意の正の定数、β は任意の定数である。

$$v(w) = a\sqrt{w} + \beta \qquad \text{式1}$$

もっとも、$\beta > 0$ が成り立つ場合には、$w = 0$ のときにさえ $v(w) > 0$ となり、反対に $\beta < 0$ の場合には、$w > 0$ のときにも $v(w) < 0$ となりうる。それゆえ、$\beta = 0$ と解するのが適切である。また、単純化のために $a = 1$ と仮定しよう。そこで、優先主義は簡潔に式2で表される。

$$v(w) = \sqrt{w} \qquad \text{式2}$$

社会状態 S に二人以上の個人が存在するときには、この状態の道徳的価値 $V(S)$ はどうなるか。S に n 人がいるとき、優先主義は式3のように示される。

$$V(S) = \sum_{i=1}^{n} \sqrt{w_i} \qquad 式3$$

　優先主義の一つの重要な論理的特徴は、ピグー゠ドールトン原理を充足することである。ピグー゠ドールトン原理は、有利者から不利者への保有物の移転が、他のいかなる個人の境遇も変化させないならば、無遺漏的かつ非逆転的な移転を要求する。無遺漏的移転とは、有利者から失われた保有物がすべて不利者に与えられる移転である。また、非逆転的移転とは、有利者が不利者よりも小さな保有物をもつという結果をもたらさない、つまり有利性の順位を逆転させない移転をさす。ピグー゠ドールトン原理は、厚生経済学においては所得再分配の文脈で知られているが、近年には分配的正義論でもその重要性が認識されつつある。優先主義は、この原理を強意に充足する、すなわちこれが求める移転をつねに支持する。

Ⅲ　他説との比較

　優先主義と他のなじみ深い諸理論を比較して、両者がいかなる点で類似し、どのような点で異なるかを確認してゆこう。まず、一見すると優先主義に似た理論として、マクシミン（maximin）とレクシミン（leximin）を取り上げたい。次に、平等主義および功利主義と比較する。

　マクシミンとは元来、ゲーム理論における、不確実性下で最小利得を最大化する戦略をさす。だが、John Rawls が提唱した格差原理に触発されて、分配的正義論で新たな意味を獲得した。この意味でのマクシミンは、他の諸個人と比較して福利が最小である個人を特定した上で、当該個人の福利を最大化する分配原理である。これは、最小福利の個人に特別な優先性を与えるから、優先主義にやや似ている。

　にもかかわらず、マクシミンと優先主義は少なくとも三つの点で異なる。第一に、前者は、他の諸個人との比較を通じて最小福利の個人を同定するから、分離可能性を満たさないのに対して、後者は、前述のように満たす。第

二に、前者が、最小福利の個人に視野を限定するのと対照的に、後者は、すべての個人を射程に収める。第三に、マクシミンは、最小福利の個人の福利をつねに最大化するが、優先主義は、全員の福利に対して相異なった加重を行うため、判断が両説間でときに異なる。これらの相違点を例示するため、サトルとシンジの二人が、$S_1 = (4, 4)$ か $S_2 = (1, 16)$ のいずれかになりうると仮定しよう。（　）内の左側の数値がサトルの福利を、右側はシンジのそれを表す。マクシミンは、サトルの福利に着目して、S_1 が S_2 よりも望ましいと評価する。それとは対照的に、式3で表される形態の優先主義では、$V(S_1) = 2 + 2 = 4$、$V(S_2) = 1 + 4 = 5$ となるから、S_2 が S_1 よりも望ましいとされる。

　レクシミン、すなわち辞書的マクシミンは、他の諸個人との比較を通じて、福利が最小である個人をまず同定し、当該個人の福利を最大化する。次に、そうした諸個人の福利がすでに等しい場合には、二番目に福利が小さい個人に着目して、その福利を最大化する。このような手続きをすべての個人について反復するのである。レクシミンは、マクシミンよりもいっそう優先主義に似通っている。

　しかし、レクシミンはマクシミンと同様に、三つの点で優先主義と異なる。第一に、レクシミンは分離可能性を満たさないのに対して、優先主義は満たす。第二に、レクシミンは、福利に格差がある諸個人のうち最小である個人のみを考慮する一方で、優先主義は、全員を視野に収める。第三に、前者は、特定の個人の福利をつねに最大化するが、後者は、全員の福利に対して相異なった加重を行う。これらの相違点を示すため、タマミ、チサト、ツバサが、$S_3 = (1, 4, 9)$ か $S_4 = (1, 3, 16)$ になりうると仮定しよう。S_3 と S_4 で、タマミの福利は等しいから、レクシミンはチサトの福利のみに着目し、S_3 がより望ましいと判断する。他方、優先主義は全員の福利に加重を行い、$V(S_3) = 6$ と $V(S_4) \fallingdotseq 6.73$ を比較して、S_4 がより望ましいと結論づける。

　優先主義は、他の代表的理論といかなる関係に立つか。1990年代には、優先主義と平等主義は有意に異なるか否かをめぐって、論争が展開された[9]。この論争の存在が示唆する通り、優先主義と平等主義の関係は両義的であ

る。平等主義と優先主義は確かに類似点をもつ。まず、ピグー＝ドールトン原理は、平等主義と優先主義の双方によって強意に充足される。より一般的に、個人間に福利の格差があるとき、有利者から不利者への福利の移転はしばしば、平等主義からも優先主義からも是認を得る。こうした類似性のゆえに、Parfit は、優先主義を平等主義の一亜種として位置づけ、またこの理論をつとに批判した John Broome も、同様の理解を示していた[10]。

それにもかかわらず、優先主義は平等主義とはいくつかの点で対照的である。第一に、有利者から不利者への移転を是認する理由は、両説間で異なる。平等主義は、移転が有利者－不利者間の格差を縮小することを是認の根拠とするのに対して、優先主義は、移転が不利者の境遇を改善させることを根拠とする。こうした差異の背後には、平等観をめぐる対立がある。平等理念は、平等主義においては、それ自体で望ましい本来的価値だとされるのに対して、優先主義では、不利者の境遇の改善という価値に資するがゆえに望ましい道具的価値だとされる。第二に、優先主義の三要素は、いずれも平等主義に含まれない。平等主義の眼目は格差の縮小にあるから、この立場は分離可能性を明確に否定しており、また限界価値逓減と価値最大化も平等主義の構成要素ではない。

優先主義は、最大化を追求する点では功利主義に類似する。だが、両説は、道徳的価値を算定する際に加重を行うか否かという点で決定的に異なる。確かに、功利主義でしばしば採用される限界効用逓減の想定によれば、個人の財の保有量が増加するにつれて、一単位の財の獲得による効用の増加量は漸減する。しかし、この想定の採否を問わず、一単位の効用がもつ道徳

---

9) 平等主義と優先主義の区別をめぐる論争の主要論文は、最近にいたって公刊された。区別への批判として、Marc Fleurbaey, "Equality versus Priority: How Relevant Is the Distinction?" *Economics and Philosophy* 31(2), 2015, pp. 203-217; Daniel M. Hausman, "Equality versus Priority: A Misleading Distinction," *Economics and Philosophy* 31(2), 2015, pp. 229-238. 擁護論として、John Broome, "Equality versus Priority: A Useful Distinction," *Economics and Philosophy* 31(2), 2015, pp. 219-228.

10) Parfit, "Another Defence of Priority View"; John Broome, *Weighing Goods: Equality, Uncertainty and Time*, Oxford: Basil Blackwell, 1991, pp. 198-200, 216-217, 221-222.

的価値は一定だとされる。それとは対照的に、優先主義の要諦は、福利の増加に伴って、一単位の福利がもつ価値は漸減するという限界価値逓減にある。両説の間にある別の異同は、ピグー＝ドールトン原理に関わる。功利主義は、ピグー＝ドールトン原理を弱意にのみ満足する、すなわちこの原理が求める移転を是認するか、あるいは移転の是非について無差別である。他方、優先主義は、前述のように強意に満足する。

以上の比較から、優先主義は、マクシミン・レクシミン・平等主義・功利主義と一部の点で類似するものの、他の点では明確に異なることが確認された。この立場は、他の理論の一亜種としてではなく独自の理論として理解されねばならない。では、こうした優先主義をどのように評価するべきだろうか。その検討が次節の課題となる。

Ⅳ　水準低下の隘路

Parfit は、平等主義に対して水準低下批判を提起した後、この批判を免れている理論として優先性説を提示した[11]。実際、優先主義は、不利者の境遇の改善を眼目とするから、有利者の水準低下を是認しないように見える。優先主義は水準低下批判にさらされないという理解は、この理論への賛否を問わず、多くの論者によって共有されてきた[12]。

しかしながら、少数の理論家は、水準低下批判が優先主義にも妥当すると論じている。Wlodek Rabinowicz はつとに、あらゆる個人にとって事前的観点からより悪い社会状態が、優先主義によってより良いと評価される事例を発見した[13]。別の論者は最近、あらゆる個人にとってこの観点からより悪く、しかもより不平等である社会状態が、優先主義ではより良いと判断される事例を見出している[14]。彼らの考察方法を、反証戦略と呼ぶことができ

---

11) Parfit, "Equality or Priority?" p. 105.
12) E.g., Holtug, *Persons, Interests, and Justice*, pp. 209-218.
13) Wlodek Rabinowicz, "Prioritarianism for Prospect," *Utilitas* 14(1), 2002, pp. 2-21.
14) Ord, Toby, "A New Counterexample to Prioritarianism," *Utilitas* 27(3), 2015, pp. 298-302.

る。反証戦略は、優先主義の普遍的妥当性を否定するには十分だが、しかしそれを全面的に論駁するにはいたらない。そして、この戦略がどのくらい打撃を与えうるかは、発見された反例がどこまで代表的であるかに依存する。

他方、Ingmar Persson は優先主義を、相対的な福利評価を行う形態と絶対的なそれを行う形態とに二分する。そして、いずれの形態についても、優先主義は各福利水準にもとづき加重された諸福利の平均の最大化をめざすと解釈した上で、この立場は水準低下批判を免れないと論じる[15]。しかしながら、彼のいわば再解釈戦略は説得力を欠く。優先主義は、前述の通り相対的な福利評価を行わず、また平均福利の最大化をめざすと通常は解されていない。しかも、詳論する紙幅はないが、平均福利の最大化として解釈された優先主義は、反直観的帰結をもたらしうる。それゆえ、再解釈戦略は、首尾一貫し適理的なものとして対象を可能なかぎり解釈するべきだという善意解釈の原理に照らして、適切性を欠いている。

既存の諸議論とは異なった観点から、優先主義の水準低下に対する脆弱性を論証できると思われる。優先主義は、私が準水準低下批判（quasi-levelling down objection）と呼ぶ異議に逢着する[16]。準水準低下批判とは、不利者の境遇を改善するよりも大きな程度で有利者の境遇を悪化させることが、少なくとも一つの観点からは望ましいと評価されるという逆理である。

準水準低下批判は水準低下批判よりも弱い様態の異議だから、後者にさらされる平等主義は、いっそう強い理由によって（a fortiori）前者にも脅かされる。ナオトとニキチの二人が、$S_5 = (1, 10)$ から $S_6 = (2, 3)$ に移行すると仮定しよう。二人の間の格差は、9から1へと大きく減少しているから、平等主義によれば、平等の観点からは、S_5 から S_6 への移行が望ましい。しかし、ナオトの境遇は1のみ改善するにすぎないのに対して、ニキチのそれは7も悪化している。

---

[15] Persson, Ingmar, "Why Levelling Down Could be Worse for Prioritarianism than for Egalitarianism," *Economic Theory and Moral Practice* 11(3), 2008, pp. 295-303.

[16] 宇佐美誠「気候正義の分配原理」宇佐美誠編『気候正義——地球温暖化に立ち向かう規範理論』勁草書房、2019年、47-48頁。

優先主義についてはどうか。ハルナとヒトミが $S_7 = (1, 25)$ から $S_8 = (1.5, 23)$ へと移るとしよう。$V(S_7) = 6$、$V(S_8) \fallingdotseq 6.02$ だから、S_7 から S_8 への移行は望ましいと評価される。ところが、この移行は、ハルナの境遇を0.5だけ改善させる一方で、ヒトミを2も悪化させる。マサヤが1歳で、ミツルが25歳でそれぞれ夭逝する場合と、マサヤが1歳半で、ミツルが23歳で死亡する場合を比べたとき、我々は、マサヤをあと半年長く生かせる代償として、ミツルの2年も早い死亡を望むだろうか。

有利者に求められる犠牲の規模は、もちろん不利者への裨益のそれに相関する。ハルナとヒトミが $S_7 = (1, 25)$ から $S_9 = (2, 22.5)$ に移るならば、$V(S_9) \fallingdotseq 6.16$ だから、この移行は望ましいとされる。だが、有利者の犠牲はその絶対的有利性にも相関する。ハルナとフミエが $S_{10} = (1, 36)$ から $S_{11} = (2, 31.5)$ に移るとしよう。$V(S_{10}) = 7$、$V(S_{11}) \fallingdotseq 7.03$ だから、この移行は望ましい。いまや、ハルナの境遇を1だけ改善するために、フミエに4.5もの犠牲を迫ることになる。また、我々は、マサヤを1年だけ延命させるため、36歳のムツオが4年半も早死にするよう望まねばならなくなる。これらの数値例では、平方根関数の式3を用いたが、厳密増加かつ厳密凹の他の関数でも同種の結果が得られる。

以上の例から分かるように、準水準低下批判は、反証戦略と異なって例外的な個別状況に限定されずより広範に妥当する。また、再解釈戦略と違って特異で非説得的な優先主義の理解に立脚していない。この批判は、優先主義に属すると標準的に理解されている多様な見解に対して、等しく妥当するのである。

V 優先主義を超えて

本章の目的は、近年の国際的研究動向に掉さして、優先主義に対する水準低下批判の新たな形態を提起することにより、この理論がもつ一つの困難を剔抉することにあった（I）。こうした目的を達するべく、予備的作業として、優先主義を構成する限界価値逓減・分離可能性・価値最大化を同定する

とともに、その厳密増加・厳密凹の価値関数を平方根関数として定式化した（Ⅱ）。次に、これら三要素も活用しつつ、マクシミン・レクシミンや平等主義・功利主義との類似点および相違点を確認した（Ⅲ）。これらの作業を踏まえて、水準低下批判の反証戦略の限界と再解釈戦略の欠陥とを指摘した上で、それらを回避しうる準水準低下批判を提起した（Ⅳ）。

準水準低下批判は反証戦略と相まって、優先主義に対して重大な疑義を提起する。優先主義が、アキラとイクヤの例のように、貧困と巨大な格差を特徴とした状況に対する我々の道徳的直観を成功裡に正当化しえないならば、我々は別の途を探らねばならない。私は、いくつかの現実問題の文脈において、十分主義に活路を見出し、その既存の諸形態がもつ難点を回避した新たな形態を構築することを試みてきた[17]。だが、ここで私論を要約することは、本章の射程を超える。優先主義が、その説得的外観にもかかわらず、じつは回避しがたい欠陥を孕むことを示せたならば、本章の目的は達せられた。

---

17) 宇佐美誠「グローバルな生存権論」宇佐美誠編『グローバルな正義』勁草書房、2014年、10-12頁、Makoto Usami, "Justice after Catastrophe: Responsibility and Security," *Ritsumeikan Studies in Language and Culture* 26(4), 2015, pp. 215-230; 同「世代間正義の根拠と目標」楜澤能生編『持続可能社会への転換と法・法律学』成文堂、2016年、87-90頁、同「気候正義の分配原理」49-53頁。

篠原市民法学の基本構造

江﨑一朗

- I 篠原市民法学
- II ヘーゲル法哲学とマルクス歴史理論
- III 国家の三層構造
- IV 共和主義と国家論
- V 篠原市民法学における市民——対抗と参加の合致——

I 篠原市民法学

　篠原市民法学とは何か。篠原は言う。「わたしが主導してきた「市民法学」は、一方で、法哲学、法社会学等の基礎法学、他方で、憲法、民法、刑法等の実定法の法解釈学、の2つの法学領域を、統一的・体系的に捉える学である」(『市民法学の輪郭』ⅰ頁)。篠原は四篇の単著を、すなわち、構造:『市民法の基礎構造——法・国家・市民社会』(論創社 1986年)、理論:『市民法学の基礎理論——理論法学の軌跡』(勁草書房 1995年)、可能性:『市民法学の可能性——自由の実現とヘーゲル、マルクス』(勁草書房 2003年)、輪郭:『市民法学の輪郭——「市民的徳」と「人権」の法哲学』(勁草書房 2016年)、の四著作を遺した。本稿において、篠原市民法学の基本構造の概観を試みたい。

Ⅱ ヘーゲル法哲学とマルクス歴史理論

1 人間存在の本質としての生産活動——法・国家・市民社会——

篠原は人間存在の本質につき、以下のように言う。「人間存在の本質は、最も抽象的に言って、本書の視角からすれば、「人間は社会をなして生きる・生産する」（＝「社会的諸関係の総体・総和」）という規定の中にあると言われ得るであろう。そこでの中心的メルクマールである生産・生産活動は、従って、人間にとって本質的・本源的なものである。この本源的な生産活動は、諸個人の社会・集団への帰属、および、諸個人の共同的な意識形態、を内在化させているし、それらを産み出すことになる。すなわち、生産ということは一定の統治諸形態を産み出し、また、一定の法的諸関係を産み出すのである」（構造1頁）。すなわち、端的に言えば生産活動にこそ人間存在の本質があり、生産活動によって一定の集団への帰属がなされ共同意識が形成される。そして、この生産活動が国家および法を産み出す。篠原は言う、「資本主義的生産様式（が支配的な社会＝資本主義的市民社会）は、国家を産み出し、また、資本主義法を産み出している」（構造1頁）と。生産を中核とする諸個人は、その活動により一定の市民社会に帰属し、国家と法を産み出す。「我々の市民社会は、資本主義的市民社会であると同時に、同市民的関係を創り出す社会でもあり、我々の国家は、資本主義国家であると同時に、民主主義という価値原理を持った国家であり、我々の法、例えば、憲法は、資本主義憲法であると同時に、基本的人権の保障を内容とする憲法でもある。このように、我々の法・国家・市民社会は、その全体において、言わば特定の価値的・理念的・規範的なものにひたされて存在しているのである」（構造2頁）。資本主義・民主主義・基本的人権の保障——これら特定の価値理念を、我々の法・国家・市民社会は前提とする。問題は、かかる我々の法・国家・市民社会をその「全体的関連」（構造2頁）において如何に捉えるかである。「本書は、我々の眼前に在る法（法的諸関係・規範的な社会的諸関係の総体・総和）というものをどう捉えたらよいのか、という法理論上の根本問題に照準を合

わせ、それに対する解答を試みようとするものである」(構造1頁)。

2 ヘーゲル法哲学——近代国家における個人の主体性と普遍性——

篠原はかかる問題を考察するに当たり、まずヘーゲル法哲学とマルクス歴史理論を手掛かりとする。すなわち「本書では、市民法論を支え、包み込む視角は、ヘーゲル法哲学とマルクス歴史理論に即して設定される。そして、さらに、ヘーゲル法哲学とマルクス歴史理論の問題軸の中でも、社会哲学的なそれ、すなわち、人間諸個人と国家・社会との関連の仕方、言い換えれば、自由な個人と共同体、特殊性と普遍性、その相互関連の仕方、をめぐるものが、本書では、主題とされる」(構造8頁)。

さて「ヘーゲルにあって基本的なものは、結局、人間の主体性の原理 (das Prinzip der Subjektivität) のどこまでもの保持、ということである」(構造10-11頁)。ここでの主体性の原理とは「独立した自制自律自主自存の人格者の原理」(構造11頁) である。この原理は「基本的にカント道徳哲学、実践哲学の理論に基礎」(輪郭223頁) を置く。他方「社会の中で人間は人間となるのであり、人間と人間の関係行為の中に社会は存在する、ということにおいて明らかなように、人間存在は、常に、社会 (普遍性・共同存在性) という媒介によって生かされている」(構造11頁)。ヘーゲルは「一方で、個を滅却させた全体主義、他方で、原子論的個人主義、を批判し、そして原子論的個人主義の持っているポジティヴなものを受け継ぎながら、右の両者を超えるものを構想した」(構造12頁)。すなわち「ヘーゲルの理論的視座は、個を滅却させた全体主義 (東洋的治世が典型) を乗り越え、原子論的個人主義 (ローマ的治世が典型) を批判的に超克していくことに照準が定められている」(構造14頁)。したがって篠原はヘーゲルの理論的立場を全体主義と原子論的個人主義の「両者を超えるものを構想する立場」(構造15頁) と捉える。「ヘーゲルの論述の基礎には、人間は社会を成して存在しているのであり、社会・国家なるものも人間相互の関係行為の総体として存在している、という言わば人間存在の歴史貫通的存在様式に対する洞察がある」(構造15頁) のであり、「近代国家の本質は、普遍的なものが特殊性と結びつけられていなければな

らず、しかも普遍性は特殊性自身の知と意志の働きなしには前進しない」（構造16頁）のである。「確立した主体性の原理を基礎にしながらも、しかし、自らの私的特殊的利益が或る他者の利益と目的のうちに含まれ維持されている、という認識を持つ、そのような在り方が目指されなければならない」（構造16-17頁）のであり、「近代では諸個人の主体性の自由という原理は不可欠のものであるということ、そして、しかも、この主体の自由は、孤立した極としてではなく普遍性によって支えられ保持されているものとして在る」（構造17-18頁）のである。したがって「ヘーゲルの眼目は、われわれの時代にあっては、諸個人の主体性の原理を保持しつつしかもそれが普遍性と一体となっているような共同生活の在り方が実現されねばならないし、逆に言えば、それが実現されてはじめて近代にふさわしいものとなる、ということにある。しかも、その場合、一個の生産有機体としての共同生活（国民経済）を前提にして、である」（構造20-21頁）。諸個人における主体性と普遍性の一体化された共同生活こそがあり得べき国民経済であり、あり得べき近代国家である。

　また篠原は、ヴェルナー・マイホーファー（Werner Maihofer）の言説に拠りながら次のように概観する。「マイホーファーは、以上のようにヘーゲルの近代国家の原理を捉えて、この原理に基づく国家は、一方で、自由と安全の秩序による人間の不可侵の尊厳の保証を行なう法治国家（Rechtsstaat）として、他方で、福祉と公正の秩序による人間の現世的幸福（Glück）の実現を目的とする社会国家（Sozialstaat）として、存在する、とする。それ故、このことは、換言すれば、人間の特殊的本質と普遍的本質との統一の精神に基づく、全体的人間の現実化での完全なる国家の創設、ということになる（ヘーゲルにあっては、人間の神聖なる尊厳と完全なる幸福との一致は、国家の法的秩序の媒介によってのみ実現される）。かくして、マイホーファーは、ヘーゲル国家哲学から、人間の権利と尊厳の完全なる承認および人間の福祉と幸福の完全なる充足において存在するような国家を実現すること、というヘーゲルの時代を越えて我々の時代まで届いている要請を、導き出すのである」（構造97頁）。すなわち近代国家とは、人間の持つ特殊性と普遍性とが統一された精神として

の人間の現実化が成されうる場であり、この場において人間は人間の尊厳と幸福を実現できるのである。その意味において近代国家は人間にとって不可欠である。

　以上を踏まえた上で、篠原市民法学の観点からヘーゲル法哲学における自由の実現の問題が考察される。篠原は「義務とかかわるなかで個人は共同体の自由へと解放される」（輪郭41頁）とのヘーゲルの言葉を引用しつつ、以下のように言う。「法の下で、人は、自由となる。法から免れる自由というのは、勝手気ままな自由であって、抽象的自由である。法の下で、法秩序の下で、国家秩序の下でこそ、人は、自由となるのである」（輪郭41頁）。人が自由となるためには、法および国家による秩序形成を必要とする。

3　マルクス歴史理論──人間的生産と歴史三段階把握──

　篠原は、以上の「ヘーゲル像を基礎・基軸にして」（構造40頁）、「マルクスの像を彫琢する」（構造40頁）。篠原は言う。「マルクスは、その人間的生産として、諸個人自らの生産において、自らの個体性と他の者の生命発現を同時に実現し開花させるような生産を、その具体的機制ははっきりしてはいないとしても、構想する。従って、諸個人の自立性・個体性の自立的発展は、失われてはならないものとなる。このような自立し個体性を具えた諸個人が相互に他の者と直接に依存し合う生産において、類・共同存在性が真に実証されることになる。換言すれば、マルクスにとっては、悲惨な様相を呈していながら、しかし諸個人の個体性・自立性を創り出すという市民社会のポジティヴな側面をしっかりと保持した上で、その個体性・自立性を生かしながらすべての諸個人と相互に補完し合うような社会的な存在様式、すなわち類・共同存在である在り方が、人間的な社会存在様式であったと言えよう」（構造60-61頁）。また「人間が個体的現存にして同時に共同的存在であるような将来の組織は、したがって、個体的現存を歴史の中に全面的に現わしめた市民社会の圏を、ひとたびは必ずくぐりぬけなければならない。そうでなければ、一方で、諸個人の自立性を伴わない普遍性の支配か、他方で、諸個人の主体性の原理を不断に圧殺し続ける集権的独裁の支配かに終わることになろ

う」(構造62頁)。そして、「この市民社会は、人間の知識と意志の未熟状態を克服する(『法の哲学』一八七節)のであるが、そのように厳しく陶冶された人間のみが、疎外されない分業と交換に基づく新しい社会組織を支え且つ創る人間となるのである」(構造63頁)。人間的生産活動を通じて市民社会が文字通りの市民社会となり、かかる市民社会を通じて人間は人間の尊厳と幸福を実現できると言うことができるであろう。

　以上のマルクス理解を踏まえつつ、篠原は、マルクス歴史理論における「世界史の三段階把握」(構造65頁)を提示する。「第一段階は、局地的な生産のみに基づき且つ諸個人が地縁・血縁の中で相互に依存しあっているのであり、第二段階では、普遍的生産の下で交換価値が支配し他方で諸個人は相互に無関心となりつつも全面的に依存しあい、第三段階では、第二段階での諸個人の精神的および物質的な普遍的発展に基づいて諸個人の連合が成立するのである。つまり、共同体、市民社会、将来の共同体の三段階把握である」(構造66頁)。このうち、「資本制的市民社会では労働と所有の分離が支配している点においてネガティブだけれども、その分離を貫徹させた交換価値目的の生産は、実は、諸個人の在り方をそれ以前の諸生産形態とは全く異なった質を持ったものとする点でポジティブである」(構造69頁)。篠原は、内田義彦に拠りつつ、「マルクスの資本主義的社会把握を、あらゆる歴史段階に共通するもの、種々の私有財産制度に共通するもの、そして、その中で資本主義に独自のもの」(構造138頁)という三層構造として把握する。

Ⅲ　国家の三層構造

　篠原市民法学の課題は「現代に妥当している法現象を、「市民法」という概念・原理をもって再構成し、そのことを通じて、一見相互に分離しているような様々な実定法を、「市民法体系」として、統一的に把握することを試み」(理論ⅰ頁)ることである。篠原市民法学の「基礎的視座」(理論ⅱ頁)は、すでに観たように「ヘーゲルとマルクスの社会哲学的思想によって定礎」(理論ⅱ頁)される。また、かかる視座は「諸個人の精神的・経済的・政治的

な分野における自由の確立およびそうした自由な諸個人による連帯的な共同性の形成、ということ」（理論ⅱ頁）である。篠原はまた、「現代資本主義法を、三つの契機を有するものとして分析している。すなわち、われわれの法現象は、第一に、社会を成すならば必ず出現する規範現象の一つとしての性格を有するということ、第二に、市民社会を成すならば必ず伴わなければならない規範現象を持たなければならないということ、第三に、資本主義を形成するならば必ず伴う規範現象を有する、ということである」（理論ⅲ頁）。国家もまた、三層構造により把握される。「すなわち、歴史貫通的次元における国家（なるもの）、私的所有次元における「国家」（なるもの）、資本主義独自の『国家』（なるもの）、である」（構造140頁）。国家は、したがって「人間が社会をなして活動する存在である限り、必要不可欠なもの」（構造140頁）である。「すなわち、人間が集団をなして生きている限り、その集団の維持・保持のための活動は、なくてはならないものであるはずである。その意味で、そのような活動は、集団を構成する人間の数に多寡の差はあれ、何時の時代でもその集団に内在的なものであると言うことができる。このことは、言わば垂直的に、一国の過去へと遡ってみても確認され得るであろうし、他方、水平的に、現在存在する諸国家——資本主義国家であれ現存社会主義国家であれ、中心部国家であれ周辺部国家であれ——を眺めても確認され得るであろう」（構造140-141頁）。国家は、したがって人間が社会において活動する限り必要不可欠なものである以上、「祖国防衛義務」（輪郭17-20頁）は肯定されるが、「ここでの国家は、階級闘争の武器・抑圧機関・組織的暴力としての国家と捉えられるのではなく、生産有機体の外縁を形造り、市民社会の内的仕組みを不断に媒介するところのもの」（構造154頁）である。また、「第三層の国家と言っても、制度からみれば、市民国家の諸制度を破壊した上に新しい制度を設けるというのでは決してなく、市民国家の政治制度を基礎にしてそれを改変したりそれに接ぎ木する形で新しい制度を造ったりすることができるのみである。言い換えれば、第三層の国家としての資本制国家は、自由・平等な市民を担い手とする政治諸制度を、その形式を残しながら（資本制国家が市民国家の諸制度の形式を残さないとなると（不断にその動きはある。たとえ

ば、わが国の憲法改正のある種の運動)、それは、たとえば、ヒトラー型ファシズムになるであろうし、他方、資本制国家打倒を目指す社会主義運動でも、資本制国家の基礎に市民国家が在るのを見誤って市民国家の全政治制度をも一掃してしまうと、それは、たとえば、現存社会主義体制への道となるであろう)、不断に形骸化させ、資本の優位の下に諸制度が機能するようにさせ得る可能性を有する国家である」(構造148頁)。すなわち第三層の資本制国家といえども「各種の市民運動の対抗力が存在」(構造148頁)する。

Ⅳ　共和主義と国家論

　共和主義は篠原市民法学における重要な支柱のひとつである。篠原は言う「共和主義は、まずは、以下の3つ、即ち、国家の自立なしに個人の自立なく、個人の自立なしに国家の自立なし、ということ、伝統、習慣、共通の文化、人倫等の共通の善を自覚すること、そして、そうした共通の善に国家共同体の構成員が参加する倫理的義務があるということ、を内容とする」(輪郭224頁)。そもそも篠原によれば「古典的共和主義は、3つの原理を持つ。第1は、自由な統治の主体を自由・平等な市民とみなし、第2は、自由な統治の手段を全員参加型の立法による法の支配に求め、第3に参加する市民の資質を「市民的徳」(賢慮、正義、節制、勇気、高潔、公正、祖国愛等)として要求する。近代、現代共和主義は、以上の3つの原理を、基本的に受け継いでいる。現在の日本国家は、以上の立憲主義及び共和主義を原理的に基本骨格としている」(輪郭224頁)。これに対し立憲主義は「権利の保障及び権力分立」(輪郭224頁)であり、篠原市民法学は「立憲主義と共和主義を2つの大きな柱とする、という形での法学である」(輪郭232頁)。かかる法学は「立憲主義なくしての共和主義はないということ、また共和主義なくして立憲主義はないということ、を内容とする法学」(輪郭232頁)である。このことは「言い換えて、「国家主権」なしの「国民主権」なく、「国民主権」なしの「国家主権」なし」(輪郭242頁)と言える。

　篠原市民法学において国家を構成する主要な構成要素は「国家共同体」

「統治機構」「市民社会」「家族」である。国家共同体は「どの時代でも、どの社会にも見出される、言わば、歴史貫通的なもの」（輪郭239頁）であり、その主要な役割として「外敵から防衛すること」（輪郭239頁）、「国家共同体内部の秩序」（輪郭239頁）の維持、「「国家共同体」を支える人材の育成としての「教育」」（輪郭239頁）などが挙げられる。統治機構は「公共権力の在り方」（輪郭239頁）に関わり「三権分立」（輪郭239頁）を中核とする。市民社会は「様々な国民が、相互に交通して、経済的、社会的、法的、文化的なコミュニケーション構造の網の目を形成する場」（輪郭239-240頁）である。また家族は「いつの時代でも、どの社会にも存在する重要な集団」（輪郭240頁）である。

かかる統治機構と市民社会において「重要となる概念」（輪郭241頁）が、すでに述べた立憲主義および国民主権である。立憲主義は人権保障と権力分立から成り、「この２つを持たない政治体制は、我々の言う意味での「憲法」を持たない体制」（輪郭241頁）であり、「独裁国家、全体主義、共産主義・社会主義」は、よって「立憲主義」に反」（輪郭241頁）することとなる。したがって「「市民社会」における国民の自然権としての基本的人権の保障・実現を出発点にして、それを実現化するために「統治機構」を創り上げる、という理論構成」（輪郭242頁）となり、「我が国は、「共和主義」と並び、この「立憲主義」を、もう１つの大きな柱としている」（輪郭242頁）。

さて、篠原市民法学における「家族」とは、「「友愛的・連帯的な共同存在性」を育む重要な場所」（輪郭25頁）である。「これに対して、「市民社会」の圏域は、そこでの諸個人が私利私欲を念頭に行動してよい場所であるが故に、この「友愛的・連帯的な共同存在性」が、範型として、背後に退いて存在している」（輪郭25頁）。「諸個人は、他者との無媒介的な結び付きの故に、そうした結び付きの中に、一体感を見出し、憩い、安らぐことであろう。社会における人間にとって、このような安定感、安心感は、極めて重要である。この意味では、諸個人が益々孤立しがちな現代市民社会においては、こうした要素を自覚的に形成していく必要［性］がある」（輪郭25頁［理論237頁］）。その意味で、市民社会は「人々の相互の間で、孤立し、疎外感を抱

き、意味なく他人と衝突することもあるだろう」(輪郭25頁)。まさにそれ故にこそ「「市民社会」の圏域においても、この、人間の相互の間の「友愛的・連帯的な共同存在性」の契機は、人々にとってきわめて重要なものである」(輪郭25頁)。

V 篠原市民法学における市民――対抗と参加の合致――

では、そもそも篠原市民法学における市民とは何か。それは「対抗と参加というこの二つの属性が、市民を形作る原理的なものなのである」(可能性204頁、輪郭78頁)。すなわち法理論は、「特に憲法学の観点から言えば、この市民像は、一方で、個人の精神活動の自由、経済活動の自由、人身の自由等から成る国家からの自由の担い手であること、他方で、参政権に代表される近代立憲主義および生存権に代表される現代的な権利から成る国家への自由の担い手である、と規定することができる。即ち、ここでの市民は、自己・権力との関係で言えば、最も強大な他者である国家の強制から、自己の内面的世界を守り抜くのであり、その意味では、干渉・介入する国家・権力に対抗するということが重要な意義を持ち、他方、市民が、国家の場で具体的に現象する市民的公共性へ参加するということも、重要な意義をもつものである」(可能性204頁、輪郭77-78頁)。すなわち市民とは、国家からの自由の担い手であり、国家への自由の担い手である。したがって、かかる市民においては、一方に、国家からの自由、国家への対抗があり、他方に、国家への自由、国家への参加がある。前者においては、「学生運動の側の政治的主張」(輪郭78頁)、「機動隊と学生との衝突」(輪郭78頁)、後者においては「参政権」(輪郭78頁)、「生存権」(輪郭78頁)、さらには「国家共同体を共同で防衛する」(輪郭78頁)ことなどを挙げることができる。篠原は後者の観点をさらに踏み込み、佐伯啓思の言を借りて次のように言う。「『市民』とは、彼の私的な権利や利益をもっぱらの関心とするものではない。そうではなく共同のことがら、あるいは公共の事項に対して関心をもつ者なのである」(輪郭86頁)。市民とは「自由な諸個人による連帯的な共同体の形成」(可能性203頁、理論238

頁）をめざすものであり、したがって「一方で、自己の良心にのみ基づいて自己の思想、信条、宗教等を決定し、このことについて、他者から強制されない、自由な人間であり、他方で、そうした自由な人間が、相互に他者に対して親愛の情をもって接して、他者の痛みや悲しみ、嬉しいことを共感することのできる人間」（可能性203頁、理論238頁）である。篠原はルソーを引き合いに出しつつ、次のように言う。「注目すべきなのは、自然状態を脱して社会状態に至る時、人は、一方で、自由な存在ということを失わず、他方で、公共性に参加しかつそれに服従する、という二つのことであろう。したがって、社会体における市民は、自由と参加・服従との合致を体現しているのである」（可能性205頁）。既に観たように、個人の生存は国家の保護なしには維持できない。それは国内のみならず国外においても当てはまる。我が国の旅券は「日本国民である本旅券の所持人を通路故障なく旅行させ、かつ、同人に必要な保護扶助を与えられるよう、関係の諸官に要請する。」と謳い、日本国外務大臣の名により旅券所持人たる個人の保護を諸外国政府に求める。ヒト、モノ、情報が瞬く間に移動する現代のグローバル社会において、国家と国家の関係は如何にあるべきか、個人は諸個人の中で如何にしてひとつの地球で共存しうるのか、我々は篠原市民法学の学問的到達点を踏まえつつ、地球規模で展開する現代の混迷する社会状況に正面から向き合い、篠原市民法学をさらに深化・進化させなければならない。

市民法学と共和主義
――その体系的位置づけをめぐって――

神原和宏

- I　はじめに
- II　共和主義の定義について
- III　共和主義の2つの伝統
- IV　市民法学と共和主義

I　はじめに

　故篠原敏雄教授はその研究者としての全生涯を通じて、独自の市民法学の体系を構築されてきた。

　その市民法学の基礎になる市民法原理は、諸個人の自由・平等の確立と、そのような自由な諸個人による共同性の形成という2つの要素で構成されている。

　「1つは、「自制的、自律的、自生的、自存的な自由な個人・人格の形成」の原理であり、1つは、「そのような自由な個人・人格との共同による自由な、連帯的な共同体の形成」の原理である」[1]。篠原教授は、前者の原理の

1）　篠原敏雄『市民法学の輪郭―「市民的徳」と「人権」の法哲学』（勁草書房、2016）4頁。その他、同『市民法学の可能性―自由の実現とヘーゲル、マルクス』（勁草書房、2003）238頁など多くの箇所でこの二つの原理が語られている。以下篠原教授の著作は、それぞれ『輪郭』『可能性』と略記し、本文中に頁を記すことにする。

思想的基礎をカントの道徳哲学・実践哲学に、後者の原理の哲学的表現をヘーゲル法哲学に求めている。

さらにこの市民法原理を支える主体としての「市民」については、「内面的独立、自律、自立を果たしている諸個人が、友愛に満ちた公正な連帯的な紐帯を形成する」(『可能性』203頁)という市民像を提示している。この市民は、一方では国家の強制・介入から自己の内面を守り抜くという対抗型市民として現れ、他方では国家に参加して市民的公共性を担うという参加型市民として現れる。篠原教授はこうした市民像をルソーの『社会契約論』の議論に即して論じている。ルソーの社会契約論における国家論の論理的帰着が、「市民の「主体性の原理」の実現と、市民相互間の「友愛的・連帯的な共同存在性」の実現との相即的実現という事態」(『輪郭』35頁)として捉えられている。そして、こうしたルソーの論理は、ヘーゲルの法哲学に受け継がれているとする。

篠原教授の市民法学はこのようにルソー、カント、ヘーゲル(そしてマルクス)の法哲学を思想的基礎とする市民法原理を理論的機軸として、近代の法体系全体の理論的把握を行うものであり、それによって市民法の解釈論にまで寄与しようとする試みだと理解することができるだろう。

こうした教授の市民法学は教授の初期の著作から最後の著作までぶれることなく一貫して論じられているが、最後の著作である『輪郭』には新たに「共和主義」概念が登場し、市民法学の「理論的柱」とされているのが注目される。

教授は共和主義の内容として次の３つを挙げている。

「国家の自立なしに個人の自立なく、個人の自立なしに国家の自立ない、ということ、伝統、慣習、共通の文化、人倫等の共通の善を自覚すること、そして、そうした共通善に国家共同体の構成員が参加する倫理的義務があること、を内容とする」ものである。さらに現代の共和主義が基本的に受け継いでいる古典的共和主義の原理としては、「第１は、自由な統治の主体を自由・平等な市民とみなし、第２は、自由な統治の手段を全員参加型の立法による法の支配に求め、第３に参加する市民の資質を「市民的徳」(賢慮、正

義、節制、勇気、高潔、公正、祖国愛等）として要求する」という3つが上げられている。（『輪郭』224頁）

　こうした篠原教授の共和主義は、市民の共同体への義務や「市民的徳（civic virtue）」の強調が特徴的であると言うことができる。『輪郭』で示された市民像も、「国家（統治機構）に対抗する市民」像と「国家（国家共同体）に忠誠を誓う市民」像という形で提示されており、前述の「対抗と参加」という市民像に新たに「服従」という要素が付け加えられ、「対抗と参加・服従」という表現に修正され、市民の義務として「祖国防衛義務」の強調もなされている。そして、これらは共和主義理論から導き出されたものだとされている。

　ただしそれと同時に、教授の共和主義は、立憲主義とペアで語られており、それは『輪郭』の副題である「「市民的徳」と「人権」の法哲学」にも示されている。そこから、市民法学における「共和主義」と「立憲主義」の関係が課題となるであろう。

　そこで本稿では、特に篠原教授の共和主義論が、その市民法理論の中でどのような位置づけにあるのかを明らかにするために、まず一般的な共和主義概念自体を確認し、そうした理解の上で改めて篠原教授の共和主義について若干の検討をすることにしたい[2]。

Ⅱ　共和主義の定義について

　篠原教授自身が指摘しているように、共和主義は多義的概念であり、その定義は簡単ではないが、出発点として、手元にあるいくつかの教科書の解説を紹介してみたい。

　まずブラックウエル社の『現代政治哲学コンパニオン』のクヌート・ホーコンセンの解説である[3]。

2）　篠原教授の共和主義論については、2014年度の法哲学会でワークショップが開催されており、その概要が『法哲学年報2014』158-161頁に掲載されている。
3）　Knud Haakonssen, "Republicanism", Robert E. Goodin, Philip Pettit & Thomas

ホーコンセンは、共和主義の歴史的展開を簡潔に説明しながら、ローマから近代にいたる共和主義思想の中核として、人民が公的領域において決定権を握るという理念を上げる。ただこの場合の人民はすべての人間を指しているわけではない。伝統的共和主義は、市民権と財産権を結び付けてきた。なぜなら財産のある人間（男性）のみが独立と名誉という主要な共和主義的徳を支えることができると考えていたからである。財産を持つ者が他者の影響から独立することができ、また資産を所有しているがゆえに名誉ある国土防衛に励むことができるのである。その後の自由民主主義理論は、民主主義革命によってこの所有権と市民権の結びつきを断ち切ったが、現代の共和主義思想の復活は、こうした自由民主主義的テーゼを問題視することを目的としている。自由民主主義国家の市民の形式的平等は、政府の行為に反映されず、その代わりに公共の福祉ではなく、個人や団体の個別利害によって政府の行為は決定されるのである。共和主義の修正理論は、自由主義者の自然権理論を歴史的な誤りとして批判する。

　しかしホーコンセンはこうした共和主義修正理論自身も新たな神話を生み出していると批判する。ホーコンセンによると、法学的・自由主義的伝統と共和主義的伝統を分断するのは不可能である。自由主義と共和主義が対立するとするのは歴史的事実ではなく、現代に復活した共和主義の作り出した発明品だとする。これとは逆にホーコンセンは、共和主義とコミュニタリアニズムとの親近性に対しては否定的である。両者は「市民的徳」の概念によって結びつき、現代ではシビック・ヒューマニズムとして広く知られた伝統であるが、ホーコンセンは確かにそのような伝統は存在していたが、共和主義者の「徳」は現代のコミュニタリアンが主張するような道徳的内容を含んでいないとする。

　従って共和主義の自由概念も、コミュニタリアニズムが誤解している積極的自由概念ではなく、スキナーやペティットが主張するように近代自由主義の中核にある「干渉の不在」という消極的自由の概念と親近性があるとされ

Pogge (ed.), *A Companion to Contemporary Political Philosophy* (Wiley-Blackwell, 2012), pp. 729-735.

る。両者を分けるのは、自由主義が干渉の欠如に関心を持つのに対して、共和主義は干渉の危険の欠如まで理念を広げている点である。共和主義においては、ただ単に人が（事実として）干渉されていないだけでなく、共和主義的制度が人をそのような干渉から守るのである。人はただ単に自由を持っているだけでなく、「強靱な（回復力のある・しなやかな resilient）」自由を持っているのである。各個人をこうした強靱な自由の中に生きていることができるようにすることが共和主義にとって重要である。

こうした強靱な自由という共和主義の消極的自由の理念の課題は、いかなる種類の強靱性が法によって保障されるべきであるかということである。

「伝統的な共和国においては、強靱性は所有権に基礎づけられた独立という伝統的理念によって決定されていた。これが市民権と呼ばれていたものである。新しい共和主義理論の挑戦は、平等主義的な共和国にふさわしいこの原理的な代替物を発見することである。簡単に言えば、その現代の再生においても、共和主義理論は公的領域の統治において何が共和国のメンバーシップのための資格選別の基準であるべきかという問題に集中し続けている。伝統的な自由主義は、統治の源泉の問題を統治の行使の問題から区別し、前者を民主主義理論に任せることで、この課題を回避してきた。新しい共和主義者はいまだに妥当と思われる答えを発見しなければならない。」[4]

次に『オックスフォード政治哲学史ハンドブック』のリチャード・ダガーの解説を紹介してみたい[5]。

ダガーも共和主義概念の多義性に言及たうえで、歴史的展開について概説するが、まず共和主義研究者の3つの潮流に触れている。1つは古代から近代にかけて共和主義の伝統の継続性を強調する立場であり、他方は古典的共和主義と近代的共和主義との間に分断をみる立場である。後者の研究者たちは、市民的徳や直接参加を重視する古典的共和主義を称賛し、個人の権利と自由を重視する拡張主義的、代議制的な近代的共和主義を否定的に評価す

---

4) *Ibid.*, p. 733.
5) Richard Dagger, "Republicanism", George Klosko (ed.), *The Oxford Handbook of the History of Political Philosophy* (Oxford University Press, 2011), pp. 701-711.

る。

　これに対して、古典的共和主義と近代的共和主義の継続性を認める立場もさらに2つに分けられる。古典的共和主義をポーコックのようにギリシアまで遡る立場と、ペティットやスキナーのようにより近くローマにまで遡らせる立場である。

　「ポーコックとともに共和主義をアリストテレスやアテネに遡らせる人々は、公的事柄に対する積極的な参加の重要性や、アリストテレスが『政治学』で語っている様な、支配者と被支配者の交代の重要性を強調する傾向にある。ローマの理論と実践により近い密接な繋がりを見る人たちは、法の支配と恣意的支配的権力の不在としての自由—スキナーの用語だと「ネオ・ローマ的自由」—への共和主義的関りを強調する傾向にある。アテネ派とローマ派の両研究者たちは、近代の政治思想家が古典的共和主義者であり得るということは同意するが、共和主義が正確に何であるのかについては意見を異にする。」[6] ローマ派の人たちは、アテネ派を古典的・市民的共和主義というよりも、シビック・ヒューマニズムであるとし、政治的参加、市民的徳性、腐敗との戦いといったことに結び付いた善き生の特定の概念を促進する政治哲学とする。それに対して、ローマ派にとって政治的参加や市民的徳性は上記の意味で理解された自由を保障し、保持するための「手段的」価値しか持たないとされる。

　ダガー自身はこうした対立の当否は読者に委ねるとして、より包括的に共和主義をとらえてその歴史的展開を説明している。そこで取り上げられているのは、古代ギリシアのアリストテレスやポリビュオス、ローマのキケロ、古代後期や中世を経て、マキャベリによる共和主義理論の復活、近代におけるジェームズ・ハリントン、フェデラリストの議論であるが、そうした思想家の共和主義的側面は、主として混合政体論などの制度論・政体論の視点から説明されている。

　最後に現代の共和主義の復活について触れているが、特にペティットの

---

6) *Ibid.*, p. 704.

『共和主義』(1997年) の影響力を指摘している。そのなかでも共和主義の最高の政治的価値は、支配からの自由として理解された自由であるとするその主張が注目すべきだとしている。この自由概念の是非や、そもそも共和主義自体が独自の政治哲学であるのかということが広く論争の主題になっているということが論じられている。

さて以上、共和主義をめぐる教科書的な説明を簡単にたどってきたが、この2つの共和主義の解説の共通している様に見える特徴としてとりあえず3つの点を挙げておきたい。

第1に、その歴史的展開として、ギリシア・ローマの古典的共和主義はともかく、近代においてはマキャベリ・イギリス・アメリカといういわゆるポーコック的な「イタリア・大西洋」という系譜が中心であり、おそらく篠原教授の共和主義思想の核となるルソー・カントの共和主義という「フランス・ドイツ」の系譜についての言及がほとんどされていないという点である。この点は著者が2人とも英米圏の研究者という点が影響しているのかもしれない。

第2に、近代の「イタリア・大西洋」の共和主義の歴史的展開を、シビック・ヒューマニズム的な共和主義ではなく、より自由主義と親和的な共和主義の潮流として理解しているということである。これに関連して両方の解説でともにスキナーやペティットの「非支配としての自由」という共和主義的(ネオ・ローマ的)自由概念が共和主義思想を理解する上で重要なものとして取り上げられているということも特徴的である[7]。

第3に、制度論的な視点を重視しているということで、市民的徳性についてあまり詳しく触れられていない点、あるいはあまり重視していない点である。

こうした3つの特徴は、特に英米圏の共和主義研究者の主流的理解ではな

[7) この共和主義的な自由概念については、拙稿「共和主義における自由の概念について」三島淑臣教授古希祝賀『自由と正義の法理念』(成文堂、2003) 参照。この自由概念は、法による支配が必ずしも自由を否定するものでは無いという共和主義的主張を支え、また必ずしも現実の干渉がなくても、(心理的な圧迫で) 自由が脅かされる可能性があるという事態を理解するのに役立つ。

いかと思われる。共和主義のリバイバルについては、ポーコックやスキナーといった英米圏の政治思想史家の寄与が大きいが、こうした英米圏の共和主義理解と、フランス・ドイツの共和主義理解のずれについては、夙に指摘されてきた[8]。これについては、ポーコックやスキナーと同じように英米の共和主義理論の隆盛に貢献し、先の2人の解説でも言及されていたフィリップ・ペティットが、英米的視点から「イタリア・大西洋」的伝統との対比で「フランス・ドイツ」的伝統を論じている[9]。後述の様に批判すべき点もあるが、共和主義の伝統を更に考える上で有意義だと思われるので次に簡単に紹介することにしたい。

Ⅲ 共和主義の2つの伝統

ペティットはまず、古典的共和主義の特徴として3つの理念を上げる。1つは、今まで何度も出てきている非支配としての自由 (freedom as nondomination) という自由概念である。残りの2つは、こうした自由を守るための制度的理念としての混合政体論と異議申し立てをする市民 (contestatory citizenry) という理念である。こうした古典的共和主義の理念（ネオ・ローマ的思考枠組み）は、近代イタリア、イギリス、アメリカの共和主義に受け継がれて、1つの思想伝統となっている、とされる。

これに対して、ペティットがルソーとカントをその源流と位置付ける「フランス・ドイツ」的な共和主義の伝統は、非支配としての自由という自由概念は共有するものの、その自由を守る制度的枠組みとしての混合政体論と異議申し立てをする市民という市民像を放棄しているというのがペティットの主張である。

ペティットはその（特に混合政体論の放棄の）理由を、ボダンとホッブズの反

---

[8] 例えば宇野重規『政治哲学へ 現代フランスとの対話』174頁以下（東京大学出版会、2004）。

[9] Philip Pettit, "Two Republican Traditions", Andreas Niederberger and Philipp Schnik (ed.), *Republican Democracy* (Edinburgh University Press, 2013).

共和主義的な絶対主義的主権論のルソーとカントへの影響に求めている。

ここでは紙幅の都合でルソーの議論に限定して紹介したい。

まず混合政体論に対するルソーの主張である。ペティットはルソーのボダンやホッブズからの影響として、主権を立法権において、法を作る主権と法を執行する政府を区別すること、それを単一で、絶対的で、不可分のものとする主権概念をあげている。したがって、ルソーは執行権が帰属する政府の内部での役割分担は認めるが（混合政府）、立法権が帰属する主権が分割される混合政体は認めない（『社会契約論』第 2 編第 2 章参照）。

ただし、ルソーがホッブズを異なる点は、人民主権の譲渡可能性を否定している点である。ホッブズは『リヴァイアサン』に先立つ『法学原理』（第 2 部第 2 章）や『市民論』（第 7 章）などでは、最初の人民集会（ホッブズはそれを民主制と呼んでいる）による国家設立の後で、人民が自らの主権を貴族会議や君主に移譲する可能性を示唆している。それに対して、ルソーは人民が主権を他者に与えることは不条理なこととして否定するのである。（『社会契約論』第 2 編第 1 章）

いずれにしてもルソーのこの単一、不可分で譲渡不可能な人民主権論は伝統的共和主義の混合政体論と対立する。そこでは公的人格としての統一性が強調され、構成員相互の独立は、この公的人格への、あるいは公的人格の一般意志への服従によってのみ達成されるとされる。

次に共和主義のもう 1 つの特徴である異議申し立てをする市民についてである。ペティットによれば、ルソーはホッブズの主権の絶対性の理論を受けつぎ、主権者が作った法への個々の市民の異議を認めない、とする。人民主権の下で、「ルソーの市民は法を作り出す者であり、法をチェックする者ではなく、法を生み出すものであり、法を検査する者ではない。彼らは公的決定を生み出すのに奉仕するのであり、その決定の質をコントロールすることに奉仕するのではない。」ルソーが集合的人民の決定に対する個々の市民の異議申し立てを認めない主張を支える仮説として、ペティットは「何人も自分自身に対して不正ということがない以上、法が不正ということはない」（『社会契約論』第 2 編第 6 章）というルソーの言葉を引き、そこにホッブズの次

の『リヴァイアサン』(ペティットは別の箇所でルソー自身は読んでいないと書いているが) の主張の反映を見ている。

「コモンウエルスの設立によって、それぞれの人が主権者のあらゆる行為の本人となったのである。したがって、主権者から侵害されたと不平を言うものは、自分自身が本人である事柄に不平を言うのである。したがって、彼は自分以外の誰をも責めるべきではない。否、侵害について自分自身を責めるべきでもない。なぜなら自分自身を害することは不可能だからである。」
(『リヴァイアサン』第18章)

こうして、ルソー (と今回は取り上げられなかったカント) は、ボダンやホッブズの非共和主義的な主権論の影響で、古典的、イタリア・大西洋的共和主義の思想伝統に対して、その非支配としての自由という自由観は共有するものの、それを制度的に支える混合政体論や異議申し立てをする市民の理念を拒否することによって、新しいフランス・ドイツ的な共和主義を作り上げた、とされる。さらにそうした新しい思想伝統は、その後非支配としての自由という消極的な自由観も放棄し、参加としての自由という積極的な自由概念を採用して、コミュニタリアン的共和主義の源流となったというのが、ペティットの結論である。

そもそも、ルソーやカントを共通の源流とする思想潮流が本当に存在したのか、その後のフランスなどの共和主義の源流としてルソーを位置づけることができるか等の疑問があるが、今回は、ルソーの理論では、その自由概念を実現するための制度的保障が十分でなく、共同体の中で人民の集団的決定に対して個人の自由が絶えず脅かされ、多数者の専制の危険を回避できないというペティットの批判のみを取り上げることにする。

こうした批判は、自由の制度化を重視する型の共和主義の立場からの、市民の積極的参加を重視する型の共和主義 (例えばシビック・ヒューマニズムなど) へ向けられる常套的な批判であり、当然、他方の立場からの反論も可能であろう。

例えば、フランスのシビック・ヒューマニズムの立場の共和主義理論家で、ペティットの著書の仏訳者でありルソー研究者でもあるファビアン・ス

ピッツは、ルソーが市民の異議申し立てを認めないという点について、『山からの手紙』で語られているジュネーヴの「意見提出権」などの例を挙げて反論している。ただスピッツのペティットへの反論のポイントは、ルソーが共同体の中の個々の市民に異議申してという制度を認めていたかどうかにあるのではなく、支配無き自由を保障するための制度的保障について、ルソーは十分慎重に考察しており、それは異議申し立て制度よりも有効であるというところにある。異議申し立て制度が、個々の市民が、「共通利益という実体的概念によって、集団的決定を不公正なものとして実体論的に批判する」ものだとすれば、それは個々の市民に集団的決定が正義に反するかどうかを判断し、決定する能力を認めることになり、さらに共同体の集団的決定とは独立した別の場で、人々が意見交換する熟議のプロセスにおいて、集団的決定が正される可能性を承認することになる。しかし、ルソーはそうした可能性については懐疑的で、むしろ「一般意思が党派の特殊意志に従属している」事態を招くだけだとする。ルソーはそうした個人の討議プロセスではなく、個人が自らの利益のみに基づいて意志するが、それが全ての市民によって行われるがゆえに、そうした個別意志同士が相互に相殺されるという意志プロセスによって集団的決定を一般的利益と一致させる制度を選択する。もちろん、そうした集団的決定が常に一般的利益に合致するというわけではないが、そうした決定の誤りは、そうした決定の結果を引き受け、経験する市民自身の第2の集団的決定によって修正していくこと（立法は立法によって修正すること）が、個人の非支配としての自由を実現するとしている[10]。

このスピッツが述べている討議プロセスと意志プロセスの問題については、筆者も何度か検討したのでここでは触れないが[11]、全体として課題となっているのは，個人の自由・自律と民主主義的な集団的決定との関係、ハーバーマスの言葉を使えば「公的自律と私的自律の内的関連性」をどう捉えるのかという問題であることは指摘できるだろう[12]。

---

10) ジャン＝ファビアン・スピッツ「ルソーと現代共和主義」永見文雄ほか編『ルソーと近代』（風行社、2014）235-259頁。
11) 拙稿「ヘーゲル承認論とルソー」法の理論31（成文堂、2012）85-86頁。

Ⅳ　市民法学と共和主義

　さて、こうしたやや迂遠とも思われる共和主義をめぐる議論を踏まえたうえで、もういちど篠原教授の市民法学における共和主義に戻っていきたい。

　篠原教授の共和主義は、制度論的な議論がなく、前述の様に、市民の共同体への義務や「市民的徳（civic virtue）」の強調が特徴的である。こうした「市民的徳」の強調からは、シビック・ヒューマニズム的な伝統や（ペティットの理解だと）フランス・ドイツ的伝統に近いものだと同定可能かもしれない。ただし、そこには独自性や差異も見られるように思われる。それは、「市民の共同体への義務」や「国家（国家共同体）に忠誠を誓う市民」といった主張が、何らかの他律的強制を意味するものであれば、当然「非支配としての自由」といった共和主義的な自由と結びつかないだけでなく、積極的自由という自由観を前提としているとされるシビック・ヒューマニズム的な共和主義の立場とも必ずしも一致しないと思われるからである。

　さらに、もうひとつ検討しなければいけないのは、これも冒頭で触れた「立憲主義」との関係である。「立憲主義」については、「「立憲主義」ということで念頭に置いているのは、近代・現代における「統治機構」としての「国家」と「市民社会」に生きる国民との関係である。特に、その国民の「人権」の重要性である」とされている。（『輪郭』ⅱ頁）こうした「立憲主義」と「共和主義」の関係は、前述のペティットのルソー批判に示されるように、共和主義をめぐる中心論点になっているということができる。前述のハーバーマスの言葉を繰りかえすと「公的自律と私的自律の関連性」をどう把握するのかという問題である。

　これについて篠原教授は、立憲主義と共和主義との関係を「人権擁護」と「祖国防衛義務」の関係として語っている部分もある。（『輪郭』42-44頁など）

12）　ハーバーマスはそれを等根源性として把握していることについては、拙稿「政治的リベラリズムとカント的共和主義の対話―ロールズ政治哲学の課題」南山大学社会倫理研究所編『社会と倫理』第16号（2006）28-31頁参照。

この場合に「祖国」ということの内実が問題となるが、個人の人権を尊重する国家的共同体としての祖国の防衛、ということになるとは思われる。祖国防衛義務という概念については、共和主義的パトリオティズムや（それとは概念的に異なる）憲法パトリオティズムとの関係でより深い検討が必要であるが[13]、本稿では残念ながらそこまで検討を深める余裕はない。ただ祖国防衛義務との関係のみで共和主義を捉える視点は、豊かな内容を持つ共和主義を狭く一面的に捉えることになり、立憲主義との関係を十分説明できていないと思われる。

しかし私見によれば、篠原教授の市民法学には立憲主義と共和主義関係について別の視点からの洞察がなされている。それは、市民法学の体系に当初から示されている市民の「主体性の原理」と市民相互間の「友愛的・連帯的な共同存在性」という2つの原理である。篠原教授の市民法学の基礎にあるのは一貫してヘーゲル法哲学だと思われるが、それはこの2つの原理が、ルソー「荒削り」な論理が、ヘーゲルの法哲学によって完成されたという思想史的認識に基づいてのことである。残念ながら紙幅が無いので、その優れたヘーゲル読解をここで繰り返すことはできないが、ヘーゲルの人倫概念に示されている様に、「内面的自由を有する諸個人が、相互に結合する共同性において、その自由を一層具体的に実現する」という在り様、すなわち「公共性を承認し、公共性の実現を究極目的とする」ことで自由を実現するという人間存在論（『可能性』205-207頁）が「友愛・連帯的な共同存在性」ということであり、共和主義思想をこうした「友愛・連帯的な共同存在性」との関連で把握することで、市民法体系にその正当な位置を見出すことができると思われる。

---

[13] マウリツィオ・ヴィローリ『パトリオティズムとナショナリズム』（日本経済評論社、2007）、ヤン＝ヴェルナー・ミュラー『憲法パトリオティズム』（法政大学出版局、2017）参照。

グローバリズムをどう解釈するか？
―― カントの歴史哲学から ――

木原　淳

Ⅰ　はじめに
Ⅱ　国際社会と大国支配
Ⅲ　自然の目的と理性使用の自由
Ⅳ　むすびに代えて

Ⅰ　はじめに

　歴史哲学的な知見とは無関係に、人類の歴史は法秩序の単位を拡大させる方向を歩んでいるという事実は大方の承認を得られるだろう。そして歴史のある時期から、この方向は人類の発展として規範的かつ自覚的に追求されてきた。ヘーゲルの歴史哲学は著名だが、世界市民主義を唱えたカントの議論も無視できない地位を占めている[1]。

　ところで世界市民主義（コスモポリタニズム）の理念は、古代以来、ストア主義哲学によって説かれてきた。現代のグローバリズムはそれと同一のものではないものの、それが依拠する前提は、理念上、①国境の概念をもたない普遍的な法秩序空間を志向すること、②個人を単位とする自由を最大限保障しようとすること、この２点においてグローバリズムは、古代の世界市民主

---

1) カント著作の引用は本文中に括弧で示す。アカデミー版カント全集の巻数をローマ数字、頁数はアラビア数字で表示する。

義と類似している。また次の点において、近代の市民社会とそれを法的に支える市民法理念の拡大と理解することができると思われる。すなわち理念上国境を持つことのない市民社会の理念は、現実には国民と国境を単位とする主権国家の枠内で追求され、その限りで既存の国民国家に見られる共同体的価値秩序との共存を図ってきた。しかしこの共存は決してスタティックな予定調和の中にあったわけではない。市民法の理念は封建身分制秩序や、あるいは共同体的・福祉的な理念との絶え間ない抗争の中で自らを実現してきたのであり、この運動はやがて国民的な主権国家の枠組みをも、自らに対する桎梏として克服の対象とし、グローバルな枠組みでの自己実現を求めるに至る[2]。この自由の果てには何が待つのか、このことを自由の理念は説明する責任を問われるだろう。国民国家の枠で実現されてきた自由の形がグローバルな自由によって崩壊しつつある今日、我々はあらためて国民国家形成期に生きたカントの時代の問題意識に立ち返る必要があるのではないか。

Ⅱ　国際社会と大国支配

　歴史哲学を前提としたヘーゲルの法哲学体系において、世界市民主義の理念は明確には見出されない。彼がその克服対象としたカントにおいて、世界市民主義は明確に主張されているが、その内実については必ずしも明確ではない。というのも『法論』『理論と実践』等において、カントが法秩序空間として第一に念頭に置くのは、主権的な国民国家であり、これが理性法実現のための第一の条件となっているからである。法の重要な属性を強制可能性とみる限り、「国内すべての反抗を打ちのめす権力もたずして法的に存立する公共体が存在することはできない（Ⅷ, 299）のであり、市民法秩序が、公法的に保証される形態を追求する限り、その出発点は主権国家であった。た

2）　アレントによれば、ホッブズは公共の利益を私的利益から導き出そうと試みた理論家でありこの点で、リヴァイアサンとしての主権国家の哲学はブルジョワジーの哲学であったとする（『全体主義の起源1』みすず書房、2017年、34頁以降）。この認識は、帝国主義化する市民法国家の宿命を記述したものだが、この事情はグローバル化の進行する今日も当てはまるというのが本稿の認識である。

だ、主権国家モデルとはグロティウスによる国際法理論を背景としたもので、カントも、当時の国際法論を援用しつつ、主権を単位とする「戦争と平和の法」を前提に置いている（VI, 343）。したがってこの段階では人類進歩の方向性を示すという意味での永遠平和や歴史哲学はまだ明確ではない。カントにおいて歴史哲学といえるものが顔を覗かせるのはその次の段階としての、戦争を違法化しうる、国家連合以降の論述である。この段階で、平和を実現しうる国際社会の構想と共に世界国家への否定的態度が示される。その上で誰もが他国への訪問権を保障される世界市民社会の構想が示されることになる（VI, 352）。

　ここで重要なのは、ブルジョワ法としての近代市民法も、本質的には国境の枠を超える志向性をもつ点で、世界市民主義と重なる性格をもつということである。18世紀以降の市民法理念は、主権と結合することで、封建身分制と、それを支える共同体的エトスの否認をめざしたが、市民法の果たしてきたこの使命は今日、主権国家間の国境を封建的境界とみなし、また国民国家的なエトスを封建道徳的エトスと読み替えることで、これらを克服する運動理念へと変質しつつあるからである。

　このような現実の趨勢を見るならば、カントが提示した、国家連合（国際連盟や国際連合）を前提とする国際平和と世界市民主義理想は、現代のグローバル化を先取りして展望したものにも見える。しかし今日の現実をよく見るなら、世界市民主義理念は、グローバルな資本主義にとって好都合な正当化根拠として借用され[3]、グローバル資本主義がその実質的な支えとしているのはブルジョワ法としての、盲目的な市民法理念であり、またカントの嫌った大国支配や植民地主義と見ることも可能である。

　経済的な側面で言えば、理性法を根拠とする自由は、単一の国民国家を超え、国際的な枠組みの中で自らを実現する方向へ進行している。資本や人の

---

[3]　その典型は、難民の保護活動に勤しむ運動家と、安価な労働力を安易に確保したい経済界の同床異夢的状況である。多様な社会実現を理想とする市民活動家は労働力確保という経済的動機には関心をもたず、経済界は多文化主義に関心はなく、難民とその家族が移民先社会になじむためのコストを負担する意図をもたない。

自由な移動は効率化され、関税を支える国境の壁は徐々に取り除かれ、取引法を中心に、法の共通化・普遍化も進行している。しかし国境を越えた資本支配は伝統社会を暴力的に市場化することで、貧困をもたらし、その貨幣支配や世俗主義的自由の故に、伝統的・宗教的社会に生きている人々の感情的な反発やテロを引き起こす確実な要因でもあり得る。90年代までは大きな不安なく旅行できたシリア、イラク等中東地域への入国、滞在の自由は今日事実上失われた。

　また、大国間の政治的実存をめぐる闘争が収束する気配はない[4]。現実の国家連合（国際連合）の運営においても、少数の大国間のパワーゲームが消える気配はない。共和国（永遠平和の条件！）の形態を取るアメリカ合衆国も、膨大な人口と領土を背景とする軍事力と市場支配力を通じ、－支援や利益提供を通じた巧妙な形で―小国や同盟国への政治的・経済的干渉を重ねる。中国、ロシアといった伝統的な大陸的専制国家が小国を暴力的に抑圧する現実も変わるところはない[5]。諸国家の相互交流は拡大しているものの、この意味での政治的境界は依然として高く、世界は大国の後ろ盾をもつ大規模資本による越境的活動が進んでいるだけと言える。この現実は、各国の主権を前提とし、他国を訪れる「訪問権」（VIII, 357）を以て、世界市民法と理解したカントの構想からはかなり離れたものであろう。中東地域への旅行のように、訪問権は、恐怖の均衡状態にあった米ソ冷戦時代の方がよりましな水準で達成されていた面を思えば、世界市民主義への道はむしろ遠ざかっている。この現状は、世界市民社会が実現に向かっていると単純に見るのではなく、グローバル資本による市場支配や、それと結びついた大国支配の現象と見る方が適切であろう。

　こうした現状を踏まえると、カントの展望に対して我々は今日どのような評価が可能か、また世界市民主義は実現への歩みを進めているといえるのか

---

[4]　「将来の戦争の種をひそかに宿して締結された平和条約は、決して平和条約とみなされるべきではない」（『永遠平和論』の第一予備条項 VIII, 352）

[5]　カントはルソーと共に、共和国の成立要件として大国を不適切なものとする。巨大領土と膨大な人口は、人民が自ら政治的決定をおこなうという契機を際限なく希薄化させ、専制支配を容易にする（ルソー『社会契約論』3章1節）。

が問題となる。

Ⅲ　自然の目的と理性使用の自由

　自由の理念は、繁栄をもたらすことを経済学は説いてきたし、政治的には民主制と結びつき、これによって国家間の平和が実現されることが期待されてきた[6]。だが自由や政治的体制としての共和制のここ数世紀の歩みは、必ずしもその目論見通りにはなっていない。

　この点で、まず確認されるべき点は、カントの自由概念のもつ多義性である。カントの自由観は一般に、『人倫の形而上学基礎』『実践理性批判』で描かれるように、経験的因果性から独立し、道徳法則に自発的に服従しうる、意志（Will）の自由として理解される。しかし道徳法則との合致それ自体が直ちに行為の道徳性を保証するわけではない。道徳法則と表面的に合致するとしても、その一致は法則に服従するという義務への尊敬のみに由来するものであることが求められるが、その完全な一致は感性的存在である人間には達成し得ないものでもある（V. 122）。感性的な動機が混入する場合、行為と法則との一致で得られるは、単なる合法性であって道徳性ではない。しかしこの意味での道徳的自由は感性的存在でもある人間には現実には達成し難い、徹底したリゴリズムであり、合法性の確保が最大の関心となる法的自由の世界ではほとんど意味をなさない。資本主義と結びついた経済的自由がこの意味の自由を自らの行動の根拠とすることはできない。それは人々の感性的欲望を刺激することで、資本の膨張それ自体を目的とする、いわば感性的衝動の解放でめざすものだからである。

　またリゴリズムを背景とする意志の自由は、啓蒙の進展を支える自由とも同じとはいえない。啓蒙とはカントによれば、「自分自身の悟性を使用する

6）　カントは永遠平和の条件として、各国が共和的体制を採用することを求める（Ⅷ, 354）。この発想は今日、アメリカを中心に「民主的平和論」として受容されている。ただ、それは共和制を採る大国の覇権による平和以上の意味をもつのか、またナショナリズムと結合することで、絶対君主の常備軍以上に好戦性をもつという疑問が残る（この点については拙稿「国境と民主的平和論」『法哲学年報 2010』、2011年）。

ことのできない」「未成年状態から抜け出る」ことだが、その実現のために求められるのは、自力で歩き、判断する自由である。そこで想定される自由は「自分の理性をあらゆる点で公的に使用する」(VIII, 36) こと、つまり政治、経済、社会問題等をめぐる公論に参加する自由である。一切の経験的因果性から免れた、自由な意志といった、超越論的な意味での自由は、この局面では問題とはならない[7]。

したがって法的世界においてカントが語る自由とは、すでに『純粋理性批判』の段階でも示唆されていたような、選択意志（Willkür）の自由である。選択意志は感性によって触発されつつ、それに支配されることなく、自らの行為を自由に規定する (III, 562)。法的自由にとって重要なことは、そのような意味での選択意志の自由であって、厳格主義的な道徳と結びついた意志の自由ではない。法的自由が関心をもつのは行為の合法性であり、道徳性ではない[8]。法の概念が「ある人の選択意志と他者の選択意志とが普遍的法則に従って調和するための条件」(VI, 230) と定義されるのはこの意味においてである。

このように我々が日常生きる現実の世俗的な、法的世界において重要となるのは、選択意志の自由である。それは意志の自由と同様に、帰結主義的な根拠づけを排除したものだが、この自由は啓蒙の進展や世界市民主義、永遠平和の実現といった自由の歴史哲学と調和的に説明可能な自由といえるだろうか。カントの歴史哲学を簡略に示す「世界市民的見地における普遍史の理念」を取りあげてみよう。そこで言及される自由観は、意志の自由を中核として基礎づけられるものでありつつ、経験的世界との関わりをもつ選択意志の自由を包含し、さらにそれを超える、より広範な経験的な自由であると理

---

7) 公職（あるいは公民として）の地位にある者が、職務上の義務の是非を吟味し、義務の遂行を拒否するのは「理性の私的使用」であるから、「制限されてもよい」(VIII, 37)。法則への服従義務からの（aus Pflicht）服従により確保される道徳性は、外的な法令との合致を前提としており、「悪法は法にあらず」といった、格率と法が矛盾する事態はそもそも想定されていない。

8) もっともその故に、「意志の自由」が法的自由と無関係とは言えない。選択意志の基底には、意志の自由が置かれる必要がある（田中誠「カント歴史哲学」、『カント読本』法政大学出版局、1989年、263頁）。

解する必要がある。「第一命題」では、被造物に内在する一切の自然的素質が、それぞれの目的に適合しつつ、いつかあますところなく展開されるよう、予め定められているという世界観が表明され（VIII, 18）、第二命題では、人間の自然的資質としての、理性使用の能力が挙げられるものの、それが十分に展開されるのは「類」、つまり人類単位においてであって、「個人」の単位で完全な展開がなされるわけではないことが強調される（VIII, 19）。「啓蒙」論文で表明されたように、人間が未成年状態から脱し、自力で歩み、考える能力を身に付けるには、自由の享受が不可欠の前提である。しかし道徳法則の存在を意識することはできても、可謬的な人間が個人の単位で完全に到達し得るものではない。個人が失敗を繰り返しつつ獲得された啓蒙の果実は、次世代に引き継がれ、「相続」される必要がある（VIII, 19）。

　このことが意味するのは、特定の諸個人が、自らの理性を自由に使用し、獲得した啓蒙の果実とは、決して完全無欠な理性と一致するものではなく、世代を経て、より完全なるものへと進歩してゆく、つねに不完全なものにとどまるということである。その典型例として、確立した方法論により、世代を経て蓄積されてゆく自然科学の知識を想起できるが、ここで想定されているのはそれにとどまるものではない。「啓蒙」論文にも見られるように、諸個人の理性使用が尊重されるのは、公的使用にかかる局面であって、私的使用に関しては「ときとして著しく制限されてよい」（VIII, 37）とされる。つまり社会的な性格を含むものである以上、想定されるのは社会のあり方や政治の運営をめぐる理性使用の自由である。理性の私的使用が公共体によって制限されてよい、という命題は、相続されるべき啓蒙がこうした目的的な性質を伴うもので、正しさの判定は世界市民的な学者共同体に委ねられるものとしても、つねに誤りを含み得る相対的なものということでもある。言い換えれば啓蒙の進歩にとって、理性使用の自由は不可欠だが、自由はつねに道徳的善を生むだけでなく、悪をもたらす可能性が念頭に置かれているということである。たしかに未成年状態を脱し、自力で歩行する自由とは、本人がつまずき、迷い、あるいはときとして、濫用する可能性を、許容するものでなければ意味をもたない。しかしその逸脱や悪徳も、究極的には法秩序を担

保する公共体が受忍し得る限度に収められる必要がある。「啓蒙」は単線的に道徳的善に向かうわけではなく、悪徳をも生み出しうるもので、この点で悪徳の許容を内包するものであると同時に、自由の濫用としての悪徳に対しては何らかの限界が付されねばなるまい。

　理性の使用をめぐる議論は、こうした構造を前提としているとすれば、世界市民社会の中で展開される自由の公的使用においても、単線的に啓蒙的パラダイスに導くものではなく、様々な障害や対立がその過程において生じることが前提となる。第四命題において表明されるように、理性使用という人間の自然的資質が発展するためには、「敵対関係（Antagonismus）」の存在が必要であり、自然の摂理は、敵対や緊張の過程で自らの目的実現を図るとされる。この敵対関係は、よく知られているように「非社交的社交性（ungesellige Geselligkeit）」として表現される（VIII, 20）。人間は怠惰の支配する未開の生活から、名誉欲や支配欲、飽くなき所有欲に支えられた不和や闘争を展開することで文化を発展させる。しかもカントによれば人間は他人と共存する社会生活を送る上で、「支配者を必要とする」動物であり（第六命題）、特に人間社会の初期において「感性的強制」が不可避とされる。

　理性法の秩序が求めるのは、各人すべてが道徳的目的として完全に尊重される事態だが、同時に感性的・動物的存在でもある人間の性質に着目すれば、歴史哲学の中で上記の人間観が語られるのは驚くべきことではない。人間は感性的存在であるという側面をカント研究者は忘れがちだが、この部分に関する限り、カントの歴史哲学はホッブズ的な人間観と重なり合う。社会形成の原動力となる虚栄心や闘争を求める感性的存在者としての性格は、自己利益をひたすら追求するホッブズ的個人像でもあり、また支配者を必要とするという認識も、自然状態の収拾者としての絶対的主権者像とも重なってくる。しかし計算的理性によって要請される絶対的権力をもつ主権者とは歴史のある局面において存在するものであって、啓蒙の進展を通じ、法秩序は最終的には道徳的全体に転化することが期待されるのである（VIII, 21）。「敵対関係」とは、ホッブズの機械論的世界観を部分的には内在させているものの、その「機械」自体は、自然の目的に導かれ、作用するものにとどまる。

啓蒙的自由とは、選択意志の自由を前提とした、経験的性格を濃厚にはらむものでありながら、ホッブズのそれと一線を画している。資本の最大化を自己目的とするグローバリズムは、アレントのいうように、ブルジョワジーを描いたリヴァイアサンの哲学からの帰結（つまり市民法原理の拡大）と見ることは可能としても、世界市民主義と重ね合わせて理解することは困難である。

Ⅳ　むすびに代えて

　国民国家的共同体という法秩序単位が今後どういう形で存在し、変容していくかを単純に展望することは難しい。虚栄心と強欲主義に導かれた資本の盲目的拡大という面に着目すれば、市民社会は社交性と対立する、非社交性の契機をもつ。逆に国民国家共同体は、再分配により国民の平等な関係性を維持する側面に注目すれば、社交性を促進する側に立つとも言える。歴史は一つの契機だけで直線的に発展していく単純なものとは言えない。非社交的社交性とは、カント一流の巧みな表現だが、その内実は状況によって反転し、ねじれを見せるもので、二つの契機を、神と悪魔のような単純な対立構図で理解することはできない。「敵対関係」の解釈は、啓蒙を可能としつつ、想像を超える歴史の展開を促すものであるが故に、単純な色分けは困難であり、我々は安易な歴史主義に陥ることのない、現実への深い洞察を求められるといえる。

　グローバリズムを以て世界市民主義的理想への道と無批判的に見ることは許されないし、逆にグローバリズムを単純に断罪否定する態度も、歴史的発展への洞察を欠く態度と言えよう。

篠原敏雄市民法学とヘーゲル国家論

小林正士

- I　はじめに
- II　ヘーゲルの「法の理念」の論理構造と自由の意義
- III　ヘーゲル「国家論」にみる二重の構造
- IV　篠原敏雄市民法学における国家論の輪郭

I　はじめに

　篠原敏雄先生は、誠に突然のことで平成29年11月に逝去された。篠原先生は、生前、数々の研究業績を残されていった。その著作・論稿のタイトルに示されている通り、「市民法学」という学問的潮流・理論的遺産を踏まえた上で、独自の「市民法学」の立場を構築していった。

　本稿では、ヘーゲル国家論の基本構造と「篠原市民法学」における国家論との理論的な繋がりを明らかにすることを目的とする。そこで第一に、ヘーゲル『法哲学』の重要な論理構造を示し、第二に、ヘーゲル『法哲学』における国家論の基本構造を明らかにする。そして第三に、このヘーゲルの国家論の基本構造から「篠原市民法学」における国家論の「輪郭」を改めて明瞭にしていきたい。

Ⅱ　ヘーゲルの「法の理念」の論理構造と自由の意義

　ヘーゲル『法哲学』の重要なテーマの一つは、「自由の実現」である。そして、「自由」というものを考える上で、「法」や「国家」という概念・構造への理解は不可欠なものとなっている。言い換えるなら、ヘーゲルにとって、「自由の実現」と「法」や「国家」とは密接不可分のものとして考えられている。これは一体どういうことなのだろうか。

　ヘーゲルは、『法哲学』の緒論の第一節で、次のように述べている。即ち、「哲学的法学が対象とするのは、法の理念であり、したがって法の概念と、これの実現とである」[1]。さらに、第一節の追加の個所では、「法の理念は自由であって、それは真に把握されるためには、それの概念においてと、そしてこの概念の現存在において、認識されなくてはならない」[2]と指摘されている。

　ここで注目すべきことは、二つある。一つは、ヘーゲルが「法の理念」は「自由」であると考えていることと、もう一つは、「自由としての法の理念」を把握するためには、その「概念」と「現存在」との両者を認識しなければならないと指摘していることである。即ち、「自由としての法の理念」には、「概念」としての側面と「現存在」としての側面があるということである[3]。

　従って、ヘーゲルの「法の理念」（die Idee des Rechts）には、私たちが日常使用する「理念」という意義とは異なった独自の意義を有していることに注意すべきである。即ち、一般的には「理念」というとき、「存在」（Sein）という意味よりは、「当為」（Sollen）という意味で理解されることが多いだろう。しかし、ヘーゲルの場合は、「理念」というとき、「概念」という側面と

---

1) G. W. F. Hegel, *Grundlinien der Philosophie des Rechts*, Werke 7, Frankfurt a. M. 1970, §1, S.29. ヘーゲル（藤野渉／赤沢正敏訳）『法の哲学Ⅰ』43頁（中央公論新社、2001）
2) Ebd., §1 Zusatz, S. 30. 藤野／赤沢訳・前掲注1）45頁
3) この点に関する詳しい考察に関して、小林正士「ヘーゲルにおける法、道徳、人倫 —Buruno Liebrucks の所説に即して—」国士舘法研論集　第15号（2014）参照

「現存在」という側面とがあり、この両者を含めて「理念」といっているのである[4]。

そして、ヘーゲルは、この「現存在」と「概念」との関係を次のような例に例えて説明している。「現存在と概念、肉体とたましい——この一体性が理念である。それは調和であるばかりではなく、完全な相互浸透である」[5]。即ち、「自由としての法の理念」には、「現存在」としての「肉体」の側面と、「概念」としての「たましい」の側面、この両者が相互浸透して、「自由としての法の理念」があるという考えである。

では、「自由としての法の理念」の「概念」としての側面と「現存在」としての側面に関して、それぞれどのような意義があるのだろうか。

1　「自由としての法の理念」の「概念」としての側面について

ヘーゲルは、『法哲学』を展開する上で、「意志の自由」を出発点にしている。即ち、「法の地盤は総じて精神的なものであって、それのもっと精確な場所と開始点は意志である。これは自由な意志である。したがって自由が法の実体と規定をなす。そして法の体系は、実現された自由の王国であり、精神自身から生み出された、第二の自然としての、精神の世界である」[6]。

では、その「自由な意志」の概念とは、どのようなものとして考えられているのだろうか。この点、「自由な意志」の概念もヘーゲル独特の意義を有している。

ヘーゲルによれば、意志は他なるものと関わりながら、自分自身を規定していくけれども、しかし同時に自分自身のもとにある。そのような意志のあ

4）この点、ピピンは、「『法・権利の理念は自由である』がゆえに、私たちは、自由の概念とその現実化や現実性との両方を理解しなければならず、そうすることによっていかにして概念がこうした現実性を『それ自身に与える』のか理解しなければならない」と述べている。またピピンによれば、「ヘーゲルは、理念をその現実化における概念、すなわち、現実化と一体の概念と理解している」と述べている。R・B・ピピン（星野勉監訳）『ヘーゲルの実践哲学　人倫としての理性的行為者性』165頁、171頁（法政大学出版局、2013）

5）Ebd., §1 Zusatz, S. 30. 藤野／赤沢訳・前掲注1）44頁

6）Ebd., §4, S. 46. 藤野／赤沢訳・前掲注1）65頁

り方を、ヘーゲルは「自由の具体的な概念」[7]（der konkrete Bgriff der Freiheit）であると規定している。即ち、「自我は、自分の制限、つまり右にいった他のもののうちにありながら、しかも自分自身のもとにある。自我は自分を規定しながら、しかもなお依然として自分のもとにありつづけ、普遍的なものを固持することをやめない。これが自由の具体的な概念である」[8]。

このように、「意志の自由」の概念は、端的に言えば、他なるものと関わりながら、同時に自分自身のもとにあり、依然として自分自身を失うことのないようなあり方である。このような表現は抽象的な言い方であるが、ヘーゲルは具体的な例を示して説明している。即ち、「われわれは、このような自由をすでに、感じの形式において、たとえば友情とか愛においてもっている。友情や愛においては、われわれは一面的に自分のうちにあるのではなく、他のものへの関係においてすすんで自分を制限し、だがこの制限するなかで自分を自己自身として知る。規定されているのに、人間は自分が規定されているとは感じないのだ。かえって、他のものを他のものと見なすことによって、そこにはじめて自己感情をもつのである」[9]。

私たちは、他者との関係において、自己が規定されるので、それを自己に対する制限と感じ不自由を感じることもあるが、それはヘーゲルの言う自由の概念の本質とは異なる。ヘーゲルは、他者との関係の中で自己が規定されながらも、これに不自由と感じない、むしろ自由を感じる形式があるというのである。それが「友情」や「愛」で結びついた他者関係における自己規定である。

そして重要なのは、ヘーゲルは、この論理を「法」との関係や「国家」との関係においても適用するということである。自己存在は、法や国家との関係において規定されるが、しかしそこでの自己は本質的に制限されるものと見なすのではなく、こうした他なるものとの関係において「自由」を保持することを構想するのである。この点、例えば、自己と国家との関係におい

---

7) Ebd., §7 Zusatz, S. 57. 藤野／赤沢訳・前掲注1）83頁
8) Ebd., §7 Zusatz, S. 57. 藤野／赤沢訳・前掲注1）83頁
9) Ebd., §7 Zusatz, S. 57. 藤野／赤沢訳・前掲注1）83頁

て、自己の私的な諸利益が種々の国家制度、法制度によって支えられているとするならば、また種々の国家制度、法制度が諸個人の特殊な利益を支えることを目的として成り立っているとするならば、そこには国家との関係において「信頼」が生じ、上述のような「自由」の形式が生じる。この点、例えばヘーゲルは次のように述べている。「私の実体的で特殊的な利益が或る他者の〔ここでは国家の〕利益と目的のうちに、すなわち個としての私に対するこの他者の関係のうちに、含まれ維持されている、という意識である。――このことによってほかならぬこの他者は、そのまま私にとって他者ではなく、私はこの意識において自由なのである」[10]。

以上が、「自由としての法の理念」の「概念」としての側面に関する論理である。

2 「自由としての法の理念」の「現存在」としての側面について

次に、「自由としての法の理念」の「現存在」としての側面についてであるが、『法哲学』緒論第8節で、次のように述べられている。即ち、「その規定されていることが、主観的なものと外面的直接的な現存在としての客観的なものとの、形式的な対立であるかぎりでは、この規定された意志は自己意識としての形式的な意志であり、外の世界を自分の前に見いだす。そしてこの規定された意志は、その規定されたあり方のなかで自分のなかへ帰ってゆく個別性としては、活動となんらかの手段とを媒介にして、主観的な目的を客観性へ移しかえる過程である」[11]。

ここで注目することは、二つある。第一に、意志には「主観的な側面」と「客観的な側面」があるということ。第二に、個別性としての意志は、「活動となんらかの手段を媒介にして、主観的な目的を客観性へ移しかえる」と述べている点である。

第一の点について、意志の「主観的な側面」において重要になるのが、

---

10) Ebd., §268, S. 413. 藤野／赤沢訳『法の哲学Ⅱ』249頁（中央公論新社、2001）
11) Ebd., §8, S. 57-58. 藤野／赤沢訳・前掲注1）85頁。訳文では übersetzen が「翻訳する」と訳されていたが、ここでは「移しかえる」とした

「プロテスタントの原理」、「主観性・主体性の自由の原理」とも言われるもので、「内面的自由・独立・自律」につながる近代世界の原理としてヘーゲルが肯定的に評価するものである。他方、意志の「客観的な側面」とは、自由の形式を、自己の内面だけではなく、外的な客観的な世界において見いだすということである。従って、ヘーゲルにとって、意志と自由は不可分のものであり、同時に自由は内面的な世界に留まるものではなく、客観的な世界においてその形式を見いださなくてはならないと考えられている。なぜなら、「われわれにとって自由と意志は、主観的なものと客観的なものとの一体性だからである」[12]と考えているからである。

　第二の点、即ち、個別性としての意志は、「活動となんらかの手段を媒介にして、主観的な目的を客観性へ移しかえる」という点であるが、自由の実現という主観的な目的を、客観的な世界において「現存在」として見いだしていくということである。そして、ヘーゲルは、そうした客観的な「現存在」を「法」や「国家」に見いだすのである。この点、ヘーゲルは、第29節で次のように述べている。「およそ現存在が、自由な意志の現存在であるということ、これが法ないし権利である」[13]。さらに、このことは、ヘーゲルの青年時代にフランス革命が起こり、これを経過した時代状況とも関連することであると思われる。即ち、リッターによれば、政治的自由の要求がフランス革命を通して提起した問題は、次の点にあると述べている。「自由の法形式を発見すること、つまり自己存在の自由にふさわしく、この自由を正当に評価し、個人が個人として自己自身であり、自分の人間としての使命を達成できる可能性を生み出す法秩序を作り出すことである」[14]。

　以上のように、ヘーゲルの「自由としての法の理念」の論理構造を、「概念」としての側面と「現存在」としての側面にわたってみてきた。端的に言えば、「概念」としての側面で重要だと思われるのは、自己は、他なるもの、即ち、他者や国家、法などとの関係性を持ちながら、自分自身の自由を保持

---

12) Ebd., §8 Zusatz, S. 59. 藤野／赤沢訳・前掲注1) 86-87頁
13) Ebd., §29, S. 80. 藤野／赤沢訳・前掲注1) 122頁
14) リッター（出口純夫訳）『ヘーゲルとフランス革命』30-31頁（理想社、1966）

するというあり方である。言い換えれば、個の自由と社会的な共同の自由との調和・相互浸透ということであろう。他方、「現存在」としての側面で重要だと思われるのは、主観的・内面的な自由を、客観的な世界において展開していくこと、即ち、法や国家などを媒介にして現実化していく観点である。以上の具体的な展開がヘーゲル『法哲学』の中で試みられている[15]。

Ⅲ　ヘーゲル「国家論」にみる二重の構造

　ヘーゲルは、「国家は具体的自由の現実性」[16] (Der Staat ist die Wirklichkeit der konkreten Freiheit) と考えている。それはなぜかと言えば、諸個人の自由というものは、国家を媒介にして客観的に具体的なものとして現れると考えているからである。言い換えれば、諸個人の自由は、国家（国家制度、法制度など）を通過して自己に帰還したものとして発現するものと捉えられている。ここには、上述した、「自由としての法の理念」の「概念」と「現存在」との論理が妥当する。

　そして、その国家には、「二側面」がある。即ち、ヘーゲルは、次のように述べている。「私的権利と私的幸福の領域たる家族と市民社会にたいして、国家は、一方で、外的な強制力を行使する高次の権力であって、家族と市民社会の法律や利益は、その権力のありさまに従属し依存せざるをえないけれども、他方、国家は、家族や市民社会に内在する目的であって、共同の最終目的と個々人の特殊利益を統一するところに、その強さがある。いいかえれば、国家の強さとは、個々人が国家にたいして義務を負うかぎりで権利をももつ、というところにある」[17]。

---

15) 桜井弘木氏は、次のように述べている。「特殊性と普遍性との統一としての"自由の法形式"それこそ法概念の現存在として、法の理念（die Idee）である。そしてそれは同時に自由の理念でもある。このような法の理念を明らかにすることが、『法の哲学』の課題だったのである」。桜井弘木「ヘーゲルとホッブズにおける国家と自由」宮本冨士雄編著『ヘーゲルと現代』200頁（理想社、1974）

16) Ebd., §260, S. 406. 藤野／赤沢訳・前掲注10) 404頁

17) Hegel, G. W. F. (1974) *Philosophie des Rechts nach der Vorlesungsnachschrift K. G. v. Griesheims 1824/1825*, herausge. V. K.-H. Ilting, frommann-holzboog. S. 636.

即ち、国家には、一面では、家族と市民社会とは区別される権力を有した「政治的国家」、言い換えれば「統治機構としての国家」と、他面では、家族、市民社会、政治的国家をも包摂する「共同体として国家」がある。前者は、狭義の国家概念、後者は、広義の国家概念と言えるだろう[18]。

では、そうした国家の本質・目的とは、ヘーゲルにおいてどのようなものであると考えられているのだろうか。この点、260節追加では次のようにある。「近代国家の本質は、普遍的なものが、特殊性の十分な自由と諸個人の幸福とに結びつけられていなければならないということ、それゆえ家族と市民社会との利益が国家へと総括されなければならない」[19]。

国家は、一方で、諸個人の特殊な利益、幸福等の「主体的な自由」と結びつき、これを支えなければならない。従って、国家は、この場合特に「統治機構としての国家」といった方が分かりやすいと思われるが、諸個人の特殊な利益、幸福等の擁護者でなければならない。

さらにこのことがよりよく分かるのが次の箇所である。即ち、「国家の目的が市民たちの幸福であるとは、しばしば言われたことである。たしかにそのとおりであって、もし市民たちがしあわせでなく、彼らの主観的目的が満たされていず、この満足の媒介が国家そのものであると彼らが認めないならば、国家の基盤は脆弱なのである」[20]。ここから国家の存在意義は、諸個人の幸福追求を支えるということにあることが分かる。そして、諸個人の幸福が国家を媒介にして成り立っているという意識を彼らが持たないのであるならば、そうした国家の基盤は脆弱なものとなるという指摘である。

このようにヘーゲルは、国家の目的が、諸個人の特殊な利益、幸福などを支えていくということにあることを示しているが、しかしながら同時に他方

　　ヘーゲル、G. W. F.（長谷川宏訳）『G・W・F ヘーゲル　法哲学講義』503頁（作品社、2000）
18)　ヘーゲルにとって、政治的国家とは、「立法権、統治権、君主権よりなる国家の政治的体制。広義の国家とは、この政治的国家と市民社会と家族を含んだ全体」である。藤野／赤沢訳・前掲注10）248頁訳者注（１）
19)　Ebd., §260 Zusatz, S. 407.　藤野／赤沢訳・前掲注10）235頁
20)　Ebd., §265 Zusatz, S. 412.　藤野／赤沢訳・前掲注10）246頁

で、次のようにも示されている。即ち、「国家の究極目的がただ諸個人の生命と所有を保障することだけであるとみなされるとすれば、そこにはひどい計算ちがいがある。というのはこの保障は、ぜひとも保障されなければならないもの（国家の独立性―訳者注）が犠牲にされたのでは得られない」[21]。

思うに、ここから、近代国家の二重の構造を見出すことができる。即ち、諸個人の生命・自由・財産・幸福追求などは、次の二重の構造によって支えられているということである。

第一の構造は、「統治機構としての国家」（狭義の国家）が、諸個人の生命・自由・財産・幸福追求などを尊重し、支えるという構造である。そして、ヘーゲルは、この第一の構造を保障することのみが国家の目的ではないと指摘している。

第二の構造は、「国家の独立性」それ自体が保障されなければ、第一の構造も保障できないということである。言い換えれば、家族、市民社会、統治機構をも含めた「共同体としての国家」（広義の国家）の独立性の基盤の保持によって、諸個人の生命・自由・財産・幸福追求などが支えられているという構造である。なぜなら、「共同体としての国家」の独立性の土台の上に、諸個人の家族生活、市民社会生活が営まれ、また統治機構が存立しているからである。従って、この土台としての国家共同体の独立性が脅かされる事態になれば、第一の構造も保障できない事態になるのである。そして、特にこの第二の構造を保障するために、「祖国防衛」というものが諸個人の目の前に立ち上がってくるのである。即ち、ヘーゲルは、第326節で次のように述べている。「国家としての国家が、すなわち国家の独立が危機に瀕するときは、義務が全市民に国家の防衛を呼びかける」[22]。

近代国家は、以上の二重の構造によって、諸個人の生命・自由・財産・幸福追求などを支えているのである。

---

21) Ebd., §324, S. 492. 藤野／赤沢訳・前掲注10) 404頁
22) Ebd., §326, S. 494. 藤野／赤沢訳・前掲注10) 409頁

Ⅳ　篠原敏雄市民法学における国家論の輪郭

　ここでは上述の近代国家の二重構造をベースにして、「篠原市民法学」における国家論の輪郭を見ていきたい。なぜなら、これによってその輪郭がより明瞭になるように思われるからである。

　「篠原市民法学」においては、二つの理論的に重要な柱がある[23]。即ち、「立憲主義」と「共和主義」の重要性である。これを「国家論」との関係で述べると[24]、「立憲主義」は、「統治機構」（狭義の国家）と「市民社会」（市民）と関連するものとされている。ここで重要とされるのが、「人権の保障」と「権力分立」である[25]。他方、「共和主義」は、「家族」、「市民社会」、「統治機構」を含めた「国家共同体」（広義の国家）に関連するものとされている。ここで重要になるのが、「国家主権」、「領土、領海、領空」、「祖国防衛義務」、「市民的徳」などである[26]。

　その上で、「篠原市民法学」の立場は、例えば、二つの図を登場させて[27]、それぞれA類型からD類型を示した上で、いずれもA類型の立場であるものとして提示されている。即ち、「図1では、『人権』の絶対的擁護（『立憲主義』）をはかり、『現存社会主義』の原理的批判を行う、というものであり、図2では、同じく『人権』を擁護・保障・促進し、『祖国防衛義務』は民主主義的共和主義の観点から是認されるのである（『共和主義』）。よって、この類型は、『現代市民法学』、『新市民法学』、『21世紀市民法学』とも言うべきものである」[28]。また、別な個所では、「わたしの市民法学の方法的立場は、どこにあるのかと言うと、いずれの型でも、A類型です。すなわち、図1

---

23) 篠原敏雄『市民法学の輪郭 「市民的徳」と「人権」の法哲学』「はじめに」参照（勁草書房、2016）
24) 篠原・前掲注23) 239頁［図・国家論］参照
25) 篠原・前掲注23) 241頁
26) 篠原・前掲注23) 240-241頁
27) 篠原・前掲注23) 18頁参照
28) 篠原・前掲注23) 19頁

では、『人権』の断固たる擁護、別言すれば、立憲主義です。したがって、その立憲主義というのは、非常に重要なものです。他方で、『現存社会主義』の原理的な批判を行う、というものです。図２においては、同じく『人権』を擁護・保障・促進し、他方で『祖国防衛義務』は、民主主義的な共和主義の観点から是認される、と。これは別言すると共和主義です」[29]。

このように示される「篠原市民法学」の理論的な立場は明瞭である。一方で、人権の擁護、立憲主義の重要性を説きながら、他方で、「祖国防衛義務」の肯定、共和主義の重要性を説くものである。

以上のことがなぜ重要なものとして取り扱われているのだろうか。これは上述した近代国家の二重の構造に引きつけてみていくと、より明瞭になる。即ち、第一に、諸個人の生命・自由・財産・幸福追求などは、「統治機構としての国家」によって保障され、支えられるという構造である（第一の構造）。これは言葉を換えれば「立憲主義」によって、諸個人の生命・自由・財産・幸福追求などが支えられるということである。また、これに反する統治機構の体制・運営があるならば、「立憲主義」の観点から批判が加えられるというものである。

第二に、諸個人の生命・自由・財産・幸福追求などは、「国家の独立性」によって保障され、支えられるという構造である（第二の構造）。言い換えれば、「国家共同体の独立性」（主権国家）という土台の上に、家族生活、市民社会生活が営まれ、統治機構が存立しているという構造である。従って、国家の独立性・主権を守る「祖国防衛」が重要なものとして要請される。これは、「祖国防衛義務」を肯定する「共和主義」の考えと繋がり、これによって、諸個人の生命・自由・財産・幸福追求などが支えられるということである。

このように、ヘーゲル国家論の基本構造と篠原市民法学が説く現代国家の理論的な構造とは根本的なところでは異なるものではない。なぜなら、現代において、経済的にグローバルな世界になっても、近代以降の「主権国家」

---

29) 篠原・前掲注23) 253頁

という理論的な枠組みは変わらずに現存し続けているからである。その意味で、ヘーゲル国家論と「篠原市民法学」の理論的意義は、相互に繋がりながら、今後も重要なものであり続けると考える。

法の概念と理念について
──ラートブルフとカントおよびヘーゲル──

酒匂一郎

Ⅰ　カントにおける自由の理念と法
Ⅱ　ヘーゲルにおける自由の理念と法
Ⅲ　ラートブルフにおける法の理念としての正義

　グスタフ・ラートブルフは『法哲学』(1932年)において法の概念を次のように規定している。「法の概念は文化概念、すなわち価値に関係づけられた現実の概念、価値に奉仕するという意味をもつ現実の概念である。法は、法価値ないし法理念に奉仕するという意味をもつ現実である。したがって、法概念は法理念によって整正されているのである」[1]。また、これより前の箇所では次のように述べられている。「法はもっぱら価値関係的態度の枠内でのみ把握されうる。法は文化現象、すなわち価値に関係づけられた事実である。法概念は法理念を実現するという意味をもつ所与としてより他には規定されえない。法は不正でありうるが、それが法であるのはただそれが正しくあるという意味をもつがゆえにのみである。しかし、法理念そのもの、つまり法現実にとっての構成的原理であり、同時にその価値尺度である法理念そのものは、評価的態度に属する」[2]。

---

1) G. Radbruch, Rechtsphilosophie, in Gustav Radbruch Gesamtausgabe (GRGA) Bd. 3, 1993, 255.

この概念規定はとくに二つの点で特徴的である。第一に、ラートブルフは、（エミール・ラスクにならって）事実と価値との二元論を超えて三元論に進み、価値の実現をめざすという意味をもつ現実（活動とその産物である作品）の一つとして、法を位置づけているという点である。学問が真理という価値の実現をめざす活動およびその産物であり、芸術が美という価値の実現をめざす活動およびその産物であるのと同様に、法は正義という価値の実現をめざす活動およびその産物として捉えられる。法は不正であるとしても、それが法であるのは、それが正義の実現をめざす活動および産物であるかぎりにおいてだけである。この正義志向性が法を法たらしめるものとみなされている。

第二に、ラートブルフにとって法がその実現をめざす価値は正義であるが、その正義が「法理念」として捉えられ、この法理念が文化現象としての法現実の「構成的原理（konstruktives Prinzip）」であるとともに、その「価値尺度」でもあり、法概念は「法理念によって整正されて」（ausgerichtet an der Rechtsidee）いるとされている点である。このような、概念、理念、構成的原理、理念による「整正」といった用語と概念が、カント哲学を想起させることはいうまでもない。「法理念による整正」という表現は、法理念が法現実もしくは法概念にとっての「統制的原理（regulatives Prinzip）」であると解することもできるだろう。

本稿は、この第二の点に着目して、まず、ラートブルフの法哲学とカントの哲学および法論との関係について検討する。両者の関係について否定的な見解[3]が示唆するように、この関係の肯定的な評価には困難な点も少なくないが、両者には基本的な構造的一致があるというのが本稿の主張である。しかし、ラートブルフにおける法概念と法理念との関係づけには、カントとの結び付きを超えて、ヘーゲルに近いと思われる点もある。そこで次に、ラートブルフとヘーゲルの関係についても検討を加える。最後に、ラートブル

---

2) Radbruch, Rechtsphilosohpie, 227.
3) Vgl. D. v. der Pfordten, Die Rechtsidee bei Kant, Hegel, Stammler, Radbruch und Kaufmann, in ders, Menschenwürde, Recht und Staat bei Kant, 2009.

フが法理念としての正義を語ることの意義について簡単に結論を述べる。

I　カントにおける自由の理念と法

　カントにおいて法に関連する理念はいうまでもなく自由である。『純粋理性批判』のカントによれば、自由の理念は、現象の経験的認識を可能にする超越論的条件の一つである原因性の悟性概念（カテゴリー）を、理性が経験を離れて使用することによって形成する理性概念である。つまり、原因性の系列を総合的に統一する無条件的な原因（第一の原因、自由な原因）という概念である。原因性の悟性概念は経験的認識を可能にし、したがってまた現象界を構成する原理（構成的原理）であるのに対し、理性概念である自由な原因は経験的認識の対象ではありえず、したがって経験的に実在するとはいえない[4]。ここから純粋理性の第三アンチノミーが生じることになるが、カントは、自由な原因の経験的な認識可能性と実在性を否定するとともに、その思考可能性と本体界における存在可能性を肯定することによって、このアンチノミーを解決する。なお、自由な原因という理性概念は、経験的認識の限界を指定するとともに、経験的認識に対して原因性の系列の完全な統一という目標へと導く原理（統制的原理）として機能するものとされている。

　このように経験的認識の対象としての実在性を否定された自由が、『実践理性批判』では実践的には実在するとされる[5]。定言命法（「同時に普遍的法則でありうるような格律に従って行為せよ」）に即して行為するとき、人は現に自由であるとされる。理論理性において自由は経験を離れてはじめて思考されうる概念であったが、このことは、行為者の意志の規定根拠が一切の経験を離れた原理であるならばその意志による行為は自由だといえるということを意

---

4) この点については、I. Kant, Kritik der reinen Vernunft, in Immanuel Kant Werkausgabe (IKW) IV, Suhrkamp, 1992, 504-505, Kritik der praktischen Vernunft, IKW VII, 267-268, Die Metaphysik der Sitten, IKW VIII, 326-327 などを参照。

5) Kant, Die Kritik der praktischen Vernunft, 163-165. なお、いわゆる両立論に対して、カントの超越論的自由論を擁護するものとして、cf. H.E. Allison, Kant's Theory of Freedom, 1990.

味する。定言命法は一切の経験的な実質的内容を含まない形式的で普遍的な命法として構成されることによって、意志の自由な規定根拠となりうる。したがって、行為が定言命法に即してなされるとき、その行為は自由であるというわけである。定言命法は、普遍的法則でありうるような格律を自ら定立してそれに従うことを要求する。定言命法に即した行為は自律的な行為として自由な行為とみなされる。また、そのような行為は真に道徳的に善なる行為とされる。

　しかし、真に道徳的に善なる行為、道徳性を満たす行為は、定言命法に全面的に即した行為、つまり普遍的法則と一致する格律に従ってなされる行為である。これに対して、定言命法に部分的に即した行為、つまりただ普遍的法則に一致してなされるだけの行為は、合法性を満たすにとどまる行為であり、法が行為に要求するのはこの合法性である[6]。したがって、合法性は行為の普遍的法則との一致について動機を問わないが、その一致の強制可能性を伴う。他方、道徳性は普遍的法則を自己の格律とする（義務として引き受ける）ことを要求するが、その一致を強制することはできない。このように法と道徳を区別した上で、カントは法の道徳的概念を次のように定義する。「法は、ある人の意思が他の人の意思と自由の普遍的法則に従って調和させられうるための諸条件の総体である」[7]。ここでの「自由の普遍的法則」は単数であり、定言命法を指すと解される。そして「諸条件」は定言命法において行為が一致することを求められる諸々の普遍的法則（法の法則）を指すと解される。

　カントは法の法則（法理的法則）も徳の法則（倫理的法則）とともに「自由の法則」に含めている。しかし、法の法則に従う行為は全面的な意味で自由であるわけではなく、法における自由は「他人の強制的な意思からの独立」であり、内的な自律性を要しないという意味で「外的な自由」であるにとどまる。しかし、それは内的に自由であることを排除するわけではない。このことは合法性が道徳性を排除するわけではなく、ラートブルフの表現[8]を借

---

6) 　Kant, Die Metaphysik der Sitten, 318-319.
7) 　Kant, Die Metaphysik der Sitten, 337.

りて言えば、合法性は道徳性の可能性であるということと対応する。カントによれば、「約束は守るべし」という法則（義務）は法の法則であるが、何ら強制の懸念がない場合でもこの法則に従うことは道徳性を満たす有徳な行為なのである[9]。同様に、外的な自由は内的な自由の可能性だということができるだろう。法の法則を格律に組み入れてそれに従うならば、同時に全面的な意味でも自由だということになる。のみならず、法が唯一の生得の権利としての自由を保障するならば、その権利の枠内で道徳性を満たす行為をなすことができる。この意味でも合法性は道徳性の、外的自由は内的自由の可能性だということができるだろう。

いずれにせよ、カントの道徳的な法の概念には理性概念（理念）である自由の概念が含まれている。法の概念は自由の理念から導かれているのである。この意味で、自由の理念は法の道徳的概念にとって構成的である。問題は自由の理念が実定法という法現実にとっても構成的な原理だといえるかどうかである。この点で重要なのがカントの抵抗権否認論である。カントは最高の立法権と執行権を兼ねる専制的権力に対する抵抗権も否定する。その根本的な理由は、最高の立法権に対する抵抗は法的状態（rechtlicher Zustand）あるいは法的体制（gesetzliche Verfassung）を解体することになるからである[10]。専制的体制であっても、それが少なくとも人々の外的自由（各人のその人のもの）を保障する諸法則によって人々を結合しているかぎり、その体制にどれほど欠陥があるとしても、それは法的体制なのである[11]。このことはまた、この最小限の条件を満たさないならば、それは法的体制ではないということを意味するはずである。このようにみるならば、カントにおいて、自由の理念は実定法ないし法現実にとっても構成的原理だということができる。

8） Radbruch, Rechtsphilosophie, 273.
9） Kant, Die Metaphysik der Sitten, 324-325.
10） Kant, Die Metaphysik der Sitten, 439-440.
11） ケルスティングによれば、カントにおいては共和制も専制制も法秩序に含まれるが、暴君の支配は法秩序から除外されている。W. Kersting, Wohlgeordnete Freiheit, 1993, 482-485.

もう一つの問題は自由の理念は実定法ないし法現実にとって統制的原理であるかということである。これに答えることはむしろ容易である。カントは、法的体制に欠陥があるならば、それは革命によってではなく、主権者（この場合は専制君主）自身による改革を通してでしかありえないとするとともに、自由を原理とする「根源的契約の精神」は、憲法制定権力（主権）に対してその統治形式を漸進的かつ継続的に変更して「唯一正当な体制である純粋共和制の体制」に合致するように努める義務を負わせると述べている[12]。しかも、この「国家体制一般の理念、すなわち実践理性のある概念」は、それに全面的に適合するどんな実例も経験においては提示されえないが、それでもなお「規範として何ものもこれに反することはできない」としている[13]。このようにみると、自由を原理とする純粋共和制の理念が法現実にとって統制的原理として捉えうることはいうまでもないであろう。のみならず、カントにとって外的自由の実現は一つの共和制国家においてはどこまでも暫定的なものにとどまるのであって、究極の理念は「世界共和国」であったことは周知の通りである[14]。カントは現実的な理由からこの「積極的な理念」を斥けたが、それでもこの理念はその実現へ向けて努力すべき究極目的だとしていることも同様である。

　たしかに、カントは「法の概念」については語っているが、「法の理念」あるいは「法理念」といった表現を彼の思想の核心をなすものとしては用いていない。また、その道徳哲学および法論において、自由について構成的原理とか統制的原理といった表現も用いられていない。しかし、法の概念が自由の理性概念（理念）から導かれており、これがその本質的な構成要素であること、純粋共和制が「一切の公法の最終目的」とされ、世界共和制による永遠平和が「理性の限界内における法論の全究極目的」とされていることからすると、カントにおいて自由の理念が法の構成的原理であるとともに統制的原理であるとみなすことを否定すべき理由はないといえるだろう[15]。

---

12)　Kant, Die Metaphysik der Sitten, 463-464.
13)　Kant, Die Metaphysik der Sitten, 498-499.
14)　Kant, Die Metaphysik der Sitten, 477-479.

とはいえ、カントの法論は、当時の法現実を個々には踏まえているとはいっても、なお理性法の体系を展開するもので、カントにおいて自由の理念が法現実の構成的原理であると評価することにはなお異論の余地がありうる。カントの抵抗権否認論――その趣旨は上記のように解しうるのだが――は彼の理性法の精神と整合しないという批判が当時からあったのも、そこに理性と現実との乖離という印象があったからであろうと思われる。実定法と実証主義の時代を経たラートブルフにおける法理念と法現実との関係に関する思想を理解するためには、もう一つの契機が必要である。次に、それをヘーゲルに即してみておこう。

Ⅱ　ヘーゲルにおける自由の理念と法

神学生として出発したヘーゲルは、彼のみるところ実定化した宗教と形骸化した信仰に生き生きとした精神を取り戻すための手がかりを、カントの自律の道徳思想に求めた。それは主観的心情と客観的制度とを再び生きた統合にもたらすものとみなされた。しかし、やがてヘーゲルは、カントの道徳哲学においては、特殊的な主観性の原理（格律）と普遍的な客観性の原理（普遍的法則）の統合はなおどこまでも「当為」にとどまるとともに、形式的な一致が求められるだけで実質的な統合を度外視しているとみなすようになる[16]。ヘーゲルは自然的欲求に関するものも含む格律と普遍的法則との現実的な統合を求めたのである。

イエナ期のヘーゲルはそのような統合の手がかりを、言語活動、労働、そ

---

15) なお、ケルスティングは、ラートブルフの戦前の妥当理論をカントのそれと対比して、「力は正当性を与えることはできず，勝利は法を制定する権能を付与しない」と述べている。Kersting, op.cit., 507. しかし、ラートブルフも『法哲学』で「法はそれが実効的に貫徹されうるがゆえに妥当するのではない」として、法の妥当根拠に理念（さしあたり法的安定性）を求めている。Radbruch, Rechtsphilosophie, 314-315.

16) これらの点については、G.W.F. Hegel, Der Geist des Christentums und sein Schiksal, (1798-1800), in G.W.F. Hegel Wirke (HW) 1, Suhrkamp, 1971, 321-327, Über die Wissenschaftlichen Behandlungsarten des Naturrechts (1803), HW 2, 453-480 などを参照。

して婚姻と子の養育からなる家族の営為に求めた。とくに、労働の発展は自然的欲求とその充足を社会的に普遍的なものへと洗練していくものと捉えられている。さらに、後期イエナ期のヘーゲルは、自己と財産と家族とを他者の侵害から防御するために他者との闘争に入り、その過程を通じて（途中には主と奴の関係も入るが）、相互承認という社会的関係にいたると考えた。相互承認において個々人は相互に尊重すべき自立した人格として相対するようになる[17]。そのような過程の中で、主観的精神は言語によって普遍化された知識と労働によって普遍化された欲求および充足のレベルに次第に到達し、相互承認によって間主観的な社会的世界あるいは客観的精神の状態にいたるものと考えられたのである。

ヘーゲルは、『法の哲学』において、このような客観的精神の領域を全体として「法」と呼んでいる[18]。そして、この広義の法は、カントにおける主観的原理（格律）と客観的原理（普遍的法則）とが現実に統合されている状態として捉えられる。ヘーゲルはカントの自由の理性概念（理念）をこのような主観的原理と客観的原理との統合として一般化し、しかもこの概念が現実的となっている状態をあらためて「理念」と呼ぶ[19]。したがって、ヘーゲルにおいて法は自由の概念が現実となっている状態であり、その意味で理念そのものなのである。

ヘーゲルは自由の概念を次のような意志の動態において規定している[20]。意志は、まず何も具体的な規定性をもたない空虚な無限の可能性の状態から出発して、次に自らその可能性を限定して特定の特殊な規定性にある状態へと移行し、そしてその特殊な規定性にありながら、それに埋没しているのではなく、その状態が当初の無規定な状態から出発して自ら特殊な規定性へと規定したこと、あるいはその規定性を自ら引き受けたことに由来するものであることを知っているという状態にいたる。自由は意志のこの運動とその結

---

17) これらの点については、G.W.F. Hegel, Jenaer Systementwürfe I, Felix Meiner Verlag, 1986, 197-223 などを参照。
18) Hegel, Grundlinien der Philosophie des Rechts, HW 7, 80-91.
19) Hegel, Grundlinien der Philosophie des Rechts, 29, 80.
20) Hegel, Grundlinien der Philosophie des Rechts, 49-57.

果に見出される。しかし、この弁証法的な統合の状態が真に自由な状態であるためには、特殊な規定性そのものがこの意志の自由の概念に適合するものとなっているのでなければならない。たとえば、奴隷は奴隷としての状態を自ら意志したものとして引き受けて奴隷として生きることがありうる。これはある意味では上記の意志の自由の状態にあるとみることもできる。しかし、いうまでもなく、奴隷という規定性の状態は客観的にも自由であるとはいえない。真に自由であるためには、その規定性の状態が自由の概念に適合するものでなければならないのである。

　ヘーゲルによれば、上記のような主体的自由の概念はキリスト教において見出されたが、古代ローマではなおそれは社会的に実現されたわけではなかった[21]。それが社会的に実現されたのは奴隷や農奴の解放が実現された近代になってからである。つまり、主観的な特殊性の原理が解放され、各人が個人としてまた社会的に尊重されるべき自律的な人格として相互に承認されるようになってからである。しかしまた、ヘーゲルは解放された個人の特殊性の原理は同時に普遍性の原理と統合されていなければならないと考える。そのような統合は、人倫、すなわち家族、市民社会の諸身分、そして人倫国家において現実化しているとヘーゲルはみなした。近代自然法論が基礎づけた抽象法（客観的な自由の原理）とカントにおける形式的な道徳性（主観的な自由の原理）は、これらの人倫の諸制度において現実的に統合されているとみなされるのである。

　自由が法の構成的原理であるという見解はこのヘーゲルの法思想にこそ相応しいといえるかもしれない。この客観的精神あるいは「第二の自然」としての広義の法において自由の理性概念は現実となっているとされ、狭義の法についても抽象法が市民社会において実定法として現実化されている点が強調されているからである。しかし、理性的なものと現実的なものを同一視するヘーゲルの法思想に対しては多くの批判があることも事実である。そうした批判には、カントに対するヘーゲルの批判におけると同様に、誤解とみな

---

21)　Hegel, Grundlinien der Philosophie des Rechts, 342.

すべき点もあるが、国際公法と「世界審判」としての世界史に関する叙述にみられるように[22]、ヘーゲルの思想にはカントと比較すると理念の統制的原理としての側面が希薄であることは否定できない[23]。ラートブルフは、ヘーゲルは歴史的な法現実の中に理性法を見出そうとしている点で歴史法学派の一元論とは異なるとしつつも、なお価値と現実を同一視する一元論に含めている[24]。ヘーゲルにもまして実定法の時代の子であるラートブルフは、それでも法の理念（この場合は正義だが）の統制的原理としての役割を保持しようとしているのである。

Ⅲ　ラートブルフにおける法の理念としての正義

　以上、法の概念と理念に関するラートブルフの見解をカントとヘーゲルの法思想に関連づけてみた。たしかにその関連は思想史的には直接的なものではない。正義を価値と捉えてそれを法の理念とするラートブルフの見解は、直接的にはむしろ、リッケルトやラスクの文化と価値に関する思想と、シュタムラーの法の理念に関する思想との結合に由来するといえる[25]。それでも上記の検討がまったく誤りでないとすれば、ラートブルフの見解がとくにカントのそれと基本的に同じ構造をもっていることも否定できないだろう。とはいえ、そのように見る場合でも、いくつかの問題が残る。すでに紙幅が尽きたので、二つだけ簡単に触れておきたい。

---

22)　Hegel, Grundlinien der Philosophie des Rechts, 497-512.
23)　この点で特徴的なのは、先に触れたように、ヘーゲルにおいては自由という理性概念が法の理念なのではなく、理性概念の現実化である法そのものが理念とされているということである。そうすると、理念が法現実にとっての統制的原理としての機能を果たしえなくなるのも避けがたいことになるだろう。
24)　G. Radbruch, Grundzüge der Rechtsphilosophie, GRGA 2, 27-29.
25)　プフォルテンはむしろこの点を強調している。Pfordten, op.cit., 68-77. また、彼は、ラートブルフの弟子であるカウフマンが法理念という語を重要なものとして用いなくなったのは、この語が新ヘーゲル派によって多用されたためだとみている。Pfordten, op.cit., 78-79. これについては語るべきことは多いが、少なくともラートブルフが新ヘーゲル派と距離をとって、カント的啓蒙の立場を貫いていたことは、彼の『法哲学』の「はしがき」に明らかである。

それらの問題の中心にあるのは、法の理念としての自由と正義の関係である。まず、カントにおいて法の理念とみなしうるのは自由であるが、法における自由は外的自由であり、外的自由は正義と密接に結びついている。カントの法の概念における「諸条件」は、すでに触れたように、法の諸法則あるいは諸義務（それが他面では権利としても構成される）と解される。そして、カントは法義務一般をウルピアヌスに依拠して三つに区分している[26]が、いずれも正義に関する義務なのである。なお、ヘーゲルは彼の法の概念の一般的な規定においては正義にほとんど触れていないが、これもすでに触れたように、ヘーゲルの「法」は狭義の法だけでなく狭義の道徳または倫理も含むからである（ヘーゲルは正義の語を主に刑法に関する箇所で用いている）。このようにみると、ラートブルフが法の理念を正義としていることはカントやヘーゲルの見解と相容れないわけではない。

　他方、ラートブルフは、彼の法と道徳の関係に関する議論に見られるように、カントの自律としての自由の思想を忠実に受け継いでいるが、外的自由を法の理念とみなしえなかったのかどうかは明らかではない。むしろ、彼は自由を法の目的価値のうちの個人価値と結びつけ、個人主義的自由主義にとっての究極価値と位置づけて相対化していた。ラートブルフは、彼の時代について、個人主義的な自由だけでなく、社会法として具体化される社会主義的な配慮が必要な時代とみなしていた。そこでは、自由も個人の自由としてだけでなく、労働者たちの結社の自由へと拡張される。ラートブルフはこのことを法の自己法則性を示す一事例として捉えているのである[27]。いずれにせよ、彼にとって法の理念としての価値は正義であった。とはいえ、外的自由を媒介とする自律としての根源的な自由を、正義と不可分のものとして法の理念に位置づけることも可能であったのではないかと思われる。

---

26) Kant, Metaphysik der Sitten, 344-345.
27) G. Radbruch, Rechtsphilosophie, 245-246.

ヘーゲル『法の哲学』における不法の問題
──承認論と論理学との関連から──

重松博之

- I　不法と承認論・論理学判断論
- II　犯意なき不法──否定判断と承認──
- III　詐欺──肯定的無限判断と承認──
- IV　犯罪──否定的無限判断と承認──
- V　刑罰論の体系上の位置と承認

I　不法と承認論・論理学判断論

　ヘーゲルは、『法の哲学』[1]第一部「抽象法」を、所有・契約・不法という順で論じ、不法をさらに、A犯意なき不法・B詐欺・C強制と犯罪という順で論じている。筆者は先に、人格・所有・契約の問題について、承認論との関連において論じた[2]。そこで、本論ではひき続き、「契約」に対する否定の段階である「不法」の問題について、承認論との関連から論じることとしたい。なお、本稿では、それに加え、不法の問題をヘーゲルの『論理学』

---

1) G.W.F. Hegel, Grundlinien der Philosophie des Rechts, in: *Werke in zwanzig Bänden*, Bd. 7, Suhrkamp, 1970. ヘーゲル『法の哲学（上巻）（下巻）』上妻精＝佐藤康邦＝山田忠彰訳（岩波書店、2000年・2001年）。以下、翻訳の引用に際しては、文脈の整合上、必要な範囲で、参照した邦訳に修正を加えている場合がある。
2) 拙稿「ヘーゲル『法の哲学』における人格・所有・契約の問題──承認論との関連から」角田猛之ほか編著『法理論をめぐる現代的諸問題』（晃洋書房、2016年）

判断論との関連からも、あわせて考察する。というのも、ヘーゲルは自己の法哲学を、承認論の体系として展開する際に、それが自己の論理学の体系とも密接に関連していることを意識しつつ論じており、不法に関する論述部分においては、その関連がある程度明示されているため、ヘーゲルの体系的思考法を理解するうえでの一助とすることができるからである。

ヘーゲルにとって、契約から不法への移行の必然性は、契約の概念そのもののうちにある[3]。というのも、契約は両当事者の意思の合致としての共通の意志に関わるが、共通の意志はいまだ普遍的意志ではなく、その現存在としての特殊的なありかたのうちにある（§81 Anm.）。契約において顕現する共通の意志が、法としての普遍的意志と一致することもあり得るが、それはあくまで偶然であるにすぎない。それゆえ、即自的な法としての抽象法は、必然的に否定的な過程を媒介することになる。その否定の過程としての「不法」の諸段階の検討を行うことにより、ヘーゲルの承認論的な法哲学体系内における刑罰論の本来的な位置を確認するという、さらなる問題への手掛かりを得ることもできるであろう。

II 犯意なき不法──否定判断と承認──

不法の第一段階は、「犯意なき不法（unbefangenes Unrecht）」である。ヘーゲルが用いているこの語は、現代ではあまり用いられることはないが[4]、その用語によってヘーゲルは、「権利の衝突」（§84）、「民事上の訴訟の圏域」（§85）を表している。それは、いわゆる「民事上の不法」のことに他ならない。この段階では、当事者の双方は、それぞれが自己の「権原（Rechtsgrund）」

---

3) 三島淑臣「〈抽象法〉としての自然法―ヘーゲル「法哲学」における自然法問題（二）」三島淑臣ほか編『法と国家の基礎に在るもの』（創文社、1989年）、62頁以下参照。

4) Vgl. Peter Landau, Das Unrecht als Stufe des abstrakten Rechts in Hegels Rechtsphilosophie, in: Lothar Philipps und Heinrich Scholler (Hrsg.), *Jenseits des Funktionalismus*, Heidelberg: Decker & Müller, 1989, S. 151. Landau は、ヘーゲルが Thibaut の『パンデクテン法の体系』（1803年）における Irrtum を、unbefangenes Unrecht へと置き換えたと見ている。

(§84)にもとづいて、物件を自分の所有物だと見なし、権利を主張し合う。この場合には、衝突はあるものの、「物件はこの物件への権利を有している者に帰属しなければならない」(§85)という普遍的なことは承認されている。すなわち、双方は「法を普遍的なものとして承認」(ibid.)している。ここでは、「訴訟は、もっぱら物件を一方の所有のもとに包摂するか、他方の所有のもとに包摂するか」(ibid.)に関するものであり、そこでは「私のものという述語においてもっぱら特殊なものだけが否定されて」(ibid.)いる。これはまったくの否定判断であるとヘーゲルは言う。

　ヘーゲルの論理学によれば、否定判断は「このバラは赤くない」という判断で例示される。この場合には、バラが色を具えているということは承認されており、類が否定されたのではなく、単に赤という特殊的なものが否定されたに過ぎない。同様に、犯意なき不法においては、法は普遍的なものとして承認されている(§86 Zusatz)。そのため、ヘーゲルはこの場合には、民事訴訟が生じることはあっても、刑罰の対象とはならないとしている(§89 Zusatz)。

Ⅲ　詐欺──肯定的無限判断と承認──

　これに対して、不法の第二の段階としての詐欺の場合は、刑罰の対象となる(ibid.)。詐欺では、「法が主観によって仮象として立てられる」(§83)。このことを、ヘーゲルは、「普遍的なものが特殊的意思によって単なる仮象的なものに引き下げられる」(§87)とも言い換えている。ヘーゲルはさらにそれを、契約の場面に即して、「普遍的なものが意思の単なる外面的な共通性にまで引き下げられる」(ibid.)場合であると表現している。これは、契約当事者の一方が他方によって欺かれ、「欺かれる側は、自分が正当な扱いを受けていると思い込まされている」(§87 Zusatz)場合である。この場合には、私の所有について、「虚偽の仮象」(§88)が持ち出されている。双方の側に「自由な合意」(§88)があったという点では、契約は「物件のもつ直接的な個別性という面からすれば正当」(ibid.)でありうるとしても、「そこには即

自目的に存在する普遍的なものの側面が欠けている」(ibid.) とヘーゲルは見ている。というのも、ヘーゲルは契約に際して、「価値」(ibid.) の同等性を重視していたからである⁵⁾。この価値の同等性という普遍的なものもまた、この詐欺の場合には侵害されている。

ヘーゲルは、詐欺によって誤った「思いこみ」(§89) をさせられた様な場合には、「客観的なものとか普遍的なものが、一方では価値として認識されるとともに、他方では法として妥当するようになるということ、そこで法に背く主観的恣意が廃棄されるということ」(ibid.) が必要であると考えている。それゆえ、詐欺は刑罰の対象となるわけである⁶⁾。

この点で、詐欺は、刑罰の対象とはならないとされた「犯意なき不法」（民事上の不法）とは異なっている。刑罰の対象となるという点では、詐欺は、不法の第三段階であるところの犯罪の場合と同様である。ただし、詐欺は、民事上の不法と犯罪との中間段階という性格も有している。この点について、ヘーゲルは法哲学講義の中では、わかりやすく明確に論じていた。「詐欺においても、なお法は承認されていて、不法は行われていないと他人に思い込ませる努力がなされる。他人の権利を認めるべきだという普遍的なものは否定されてはいない」⁷⁾。詐欺は、「私の思いこみという媒介」(§95) を経て行われる不法として特徴づけられている。そこでは、法は承認されるべきであるという普遍的なものは承認されている、というみせかけをなお維持しているという意味において、「行為の形式」という点では、まだそこには法の承認の片鱗が残っている。とはいえ、欺罔する側の主観にとっては、その承認が仮象にすぎないということは最初から意識されており⁸⁾（この点で、

---

5) 三島・前掲注3) 63頁参照。
6) とはいえ、同時にヘーゲルは「抽象法」という圏域においては、それはあくまで単なる「要請（Forderung）」にとどまるにすぎないとも言う (§89)。三島・前掲注3) 64頁参照。なお、詐欺と犯罪の場合、「刑罰」とならんで「賠償」(§98) も問題となりうる。
7) Hegel, Philosophie des Rechts nach der Vorlesungsnachschrift K. G. v. Griesheims 1824/25, in: *Vorlesungen über Rechtsphilosophie 1818-1831*. Edition und Kommentar von Karl-Heinz Ilting, Bd. 4, Stuttgart-Bad Cannstatt: Frommann-Holzboog, 1974, S. 277 (§95). ヘーゲル『法哲学講義』長谷川宏訳（作品社、2000年）188頁参照。

「犯意なき不法」とは異なる)、単に主観的にすぎない整合性を普遍的・客観的な根拠なしに同語反復的に主張しているに過ぎない。

　こうした事態を念頭にヘーゲルは、この不法の第二段階である詐欺を、論理学的には「肯定的な表現ないし同一的意義における無限判断」(§88)、すなわち、肯定的無限判断（＝同一判断）に相当するとしている。そのうえで、自身の『エンチュクロペディー』の参照を求めている。そこでのいわゆる「小論理学」第三部概念論における判断論においては、この関係が「個別者は個別者である」という「空虚な同一的関係」であるところの「同一的［同語反復的］判断」に相当するものであることが論じられている。より詳細な『大論理学』によるならば、その判断には、「まったく区別が欠如」[9]している。ここでの詐欺と論理学判断論との結びつけ方は、実際のところ、かなりの強引さを感じさせる。Landauの指摘によれば、もともと、ニュルンベルク期とハイデルベルク期においては、民事上の紛争と犯罪との対比のみが存在し、詐欺と犯罪はまだ区分されていなかった[10]。そして、当時広く受け入れられていたThibautのパンデクテン法体系における不法の三区分法を参考に、ヘーゲルは詐欺を独立したカテゴリーとして不法の概念区分へと導入したと見られている[11]。そこに、われわれは、ヘーゲルが法哲学と論理学判断論とを有機的に結びつけながら、自己の体系を形成していったという事情の一端を垣間見ることができる。

---

8) 高峯一愚『法・道徳・倫理』（理想社、1961年）103頁参照。
9) Hegel, Wissenschaft der Logik II. *Werke*, Bd. 6, Suhrkamp, 1986, S. 325. ヘーゲル『大論理学3』寺沢恒信訳（以文社、1999年）104頁参照。関連して、ヘーゲル・前掲注1）の上巻289頁訳注（95）参照。
10) Vgl. Landau, op. cit., S. 154f.
11) Ibid., S. 144f., 151. 筏津安恕「ヘーゲル法哲学とその背景」門脇卓爾編『知と行為』（ミネルヴァ書房、1993年）137頁参照。なお、Landauは、ベルリン期の第2回講義（1818/19）でようやく、Tauschung und Betrug（欺罔と詐欺）というカテゴリーが現れていることも指摘している。Vgl. Landau, op.cit., S.155.

Ⅳ　犯罪——否定的無限判断と承認——

　次いで、不法の第三段階は「強制と犯罪」である。ただし、ヘーゲルは「犯罪」を「第一の強制」「第一の暴力」「法としての法を侵害する暴力が自由な者によって行使されること」(§95) とも言い換えている。そのことからすると、「強制あるいは犯罪」とでも表記する方が、内容的にはより正確であろう[12]。契約との関係で言えば、犯罪は契約違反に関わる。すなわち、それは「協定されたものを履行しないとか、作為によるにせよ、不作為によるにせよ、国家や家族に対して法的義務を果たさないことによって、契約に違反すること」(§93) であり、また、「私が他人の所有物や他人に与えなければならない給付を他人に与えず、あるいは他人から奪い取ってしまうかぎりで、第一の強制、あるいは少なくとも暴力である」(ibid.)。ヘーゲルは、この犯罪においては、「即自的な法も、私に現れるかぎりでの法も尊重されることはなく、こうして客観的側面も主観的側面も両方ともが侵害される」(§90 Zusatz) としたうえで、「本来的な不法は犯罪である」(ibid.) と明言している。

　民事上の訴訟の圏域をなしていた「権利の衝突」としての「犯意なき不法」の場合は、「ただ単に私の意志の下へのある物件の包摂という特殊的なものが否定されて」(§95) いただけであった。しかし、犯罪の場合には、「同時に私のものという述語における普遍的なもの、無限なもの、つまり権利能力も否定されている」(ibid.) ことになる。

　言うまでもなく、犯罪は刑罰の対象である。その点では、詐欺と同様である。ただし、ヘーゲルにとって、詐欺と犯罪の間には、重要な違いもまた存在している。「犯罪と詐欺との区別は、詐欺にあっては行為の形式のうちにまだ法の承認が残っているのに対して、犯罪の場合にはまさに犯罪に相応しくこのことがまったく欠如しているというところにある」(§83 Zusatz)。先に見たように、詐欺においては、欺く方の当事者は、自身がまだ法を承認して

---

[12]　牧野広義編著『ヘーゲル哲学を語る』(文理閣、2016年) 165頁参照。

いるという見せかけをするように試みていた。これに対して、犯罪の場合には、そのような見せかけすらなされない。犯罪は、詐欺の場合にみられたように「不法は行われていない」とか「法はなお承認されている」といった「思いこみ（Meinung）という媒介すら経ずに、むしろ思いこみに反して否定される」（§95）ことになる。「これが刑法の圏域である」（ibid.）とヘーゲルは言うが、第一義的には犯罪がこの刑法の圏域に属し、第二義的には詐欺もまたこの刑法の圏域に属すと見なすことができるであろう。

　ヘーゲルは犯罪を、論理学的には「否定的な無限判断」（ibid.）に相当するとしている。これは、「主語と述語の間が全く不適合であるような判断」[13]である。「精神は赤くない、黄色くない」「精神は酸性でない、アルカリ性でない」「バラは象でない」「悟性は机でない」等が、否定的無限判断の例とされる[14]。これらの判断は、ある意味では正しい・真であるとも言えるが、にもかかわらず、馬鹿げており、判断の名には値しない。否定的無限判断は、「主語と述語とが相互にまったくいかなる肯定的関係をももっていない」[15]判断である。

　ヘーゲルは『大論理学』において、このような判断に相当する例として、犯罪の場合を挙げていた。「無限判断のいっそう確かな実例は、悪い行為である。民事上の紛争の場合には、或るものは他の当事者の所有物であることが否定されるだけであり、その結果、一方の当事者がその或るものに対する権利をもっているならば、そのものは彼のものであるべきだということが認められる。そしてそのものが法という権原のもとで要求されるのである。したがって、法という普遍的な領域は、あの否定判断においては承認され保持されている。これに対して、犯罪は、特殊な法［権利］を否定するだけでなく、［法という］普遍的な領域も同時に否定し、法としての法を否定する無限判断である」[16]。犯罪は、肯定的な意義を全く持たない、全く否定的な行

---

13) ヘーゲル・前掲注1）の上巻289頁訳注（95）参照。
14) Hegel, Wissenschaft der Logik II, *Werke*, Bd. 6, Suhrkamp, 1986, S. 324, ヘーゲル・前掲注9）103頁参照。
15) Ibid., S. 325. ヘーゲル・前掲注9）104頁参照。
16) Ibid., S. 324f. ヘーゲル・前掲注9）103頁参照。なお、関連して、高峯・前掲注8）

為として把握されているわけである。

V　刑罰論の体系上の位置と承認

　ヘーゲルは、「強制は強制によって廃棄される」(§93) と言う。ここに、「第一の強制を廃棄するものとしての第二の強制」(ibid.) が登場する。第一の強制である否定的なものとしての犯罪は、第二の強制によって否定されなければならない。問題は、この第二の強制が、この抽象法の圏域において、具体的に何であり得るのかということである。というのも、抽象法の圏域は、国家や市民社会とはいったん切り離されて論じられている「法の直接性の圏域」(§102) であるため、国家や市民社会を前提とする刑罰を無媒介に持ち出すことは、本来はできないはずだからである。それゆえ、ヘーゲルは、「抽象法ないし厳格法［狭義の法］を、最初から強制の行使を正当化する法として定義することは、不法という迂路を介して初めて生じる結果において法を把握することである」(§94) と論じることにより、不法という媒介を経ることなく強制との関係において法を定義したカントを念頭に置いたと思われる議論を展開している[17]。

　そのうえで、ヘーゲルは、「犯罪を廃棄することは、法の直接性の圏域においては、さしあたっては復讐である」(§102) と言う。さらに、「復讐は、それが報復であるかぎりで、内容に従えば正当なことである。しかし、形式の面に従えば、復讐は主観的意志の行為である」(ibid.) と論じている。この主観的な意志の行為としての復讐は、復讐の無限連鎖を生み出すとヘーゲルは考えている。「復讐は、これが特殊的意志の積極的な行為として存在することによって、新しい侵害となる。復讐はこのような矛盾として、無限進行に陥り、世代から世代へと無際限に継承されていくことになる」(ibid.) から

　　108頁、および加藤尚武『ヘーゲルの「法」哲学』(青土社、増補新版、1999年) 274頁参照。
17)　Vgl. Landau, op. cit., S. 150. Landau は、ヘーゲルとカントの法論の違いを、「不法」の扱い方に見ている。

である。

　こうした不法の廃棄の仕方のうちには、否定の否定がさらなる否定を生み出すという「矛盾」(§103)が存在している。その矛盾を解消するためには、「主観的な関心や主観的な形態から解放された、同様に実力の偶然性からも解放された、したがって復讐ではなくして、刑罰を行う正義を要求すること」(ibid.)が要請される。この要請は、「さしあたっては特殊的で主観的な意志でありながら、普遍的なものそのものを欲するような意志の要請 (Forderung)」(ibid.)であり、これは道徳性の概念でもあり、それは「ただ単に要請されたものではなく、この運動そのものにおいて出現している」(ibid.)と、ヘーゲルは論じている。ここでもまたヘーゲルは、カントを念頭に置きつつ、「道徳性」への移行を論じている。

　「抽象法」の段階は、「道徳性」の段階を経た上で、さらに「人倫」の段階にいたる。刑罰は、家族・市民社会・国家からなる「人倫」の第二段階としての「市民社会」における「司法活動」(§209-229)のうちに、体系構成上の本来の位置を有している。もちろん、司法権そのものは、本来国家の統治権(§287)に由来するものであるが、ヘーゲルは市民社会における「司法活動」にそれを委ねている。その意味では、刑罰について論ずべき体系上の本来の場所は、抽象法の段階ではない。『法の哲学』においてはそれほど明確に論じてはいなかったこの点について、ヘーゲルは講義のなかでは明確に示している。「不法の克服は、国家において、裁判を通じて、法律にもとづき、整然とおこなわれるので、そうした侵害の克服が刑罰というものです。いまはまだ国家は考察の対象ではないから、侵害の克服も抽象的・一般的に考察するしかない。刑罰という克服の形式は問題とならない。個人の権利と権利がむきあうこの領域では、犯罪の克服は復讐の形をとらざるをえません」[18]。

　ヘーゲルは、『法の哲学』の「抽象法」の本文のテキストにおいては、刑罰論の体系上の位置づけに配慮しつつ、慎重に言葉を選び、できるだけ「刑

---

18) Hegel, Philosophie des Rechts nach der Vorlesungsnachschrift K. G. v. Griesheims 1824/25, S. 276 (§94). ヘーゲル・前掲注7) 187頁参照。刑罰・復讐と国家との関係については、S. 293f. (§102)、203頁も参照。

罰」という語を用いることなく論を進めていた[19]。しかし、実際に講義を行う際には、そうした体系配置上の制約をそれほど気にすることなく、侵害の克服に関する抽象的・一般的考察に関連して、刑罰に関する基礎理論を展開してもいた[20]。のみならず、ヘーゲルは、本来的な位置とは言えないはずの、抽象法の不法「C 強制と犯罪」の節の本文において、「否定の否定」という刑罰の本質について、「法の現実性」(§97)や「法の回復」(§99)などの語を用いつつ論じてもいた[21]。とはいえ、それは、抽象法の段階においては、いまだ「要請（Forderung）」(§89)にとどまるという前提のもとで論じられていたにすぎないということにも、われわれは十分に注意を払っておく必要があろう。

　ヘーゲルは不法の諸段階を、論理学の判断論と承認論の知見を織り交ぜながら論じていた。そしてその知見の総括がなされるべき刑罰の問題は、「司法活動」に本来的な体系上の位置を有している。承認論についてもまた同様に、市民社会の「司法活動」の「b 法律の定在」の箇所において、総括的な議論が展開されている。「市民社会において即自的な法が法律となるように、さきには直接的で抽象的であった私の個別的な権利の定在もまた、顕在的な普遍的な意志と知の中にある定在として承認された存在であるという意味を得る」(§217)。

　契約の内にみられた共通の意志は、恣意・偶然性のもとにあり、必然的に「否定的なもの」であるところの「犯罪」（本来的な不法＝仮象）として現象す

---

19) この点については、金子武蔵『ヘーゲルの国家観』（岩波書店、1944年）359頁以下参照。同様の指摘を、Landau や Schild も行っている。Vgl. Landau, op. cit., S. 156f.; Wolfgang Schild, Die Aktualität des Hegelschen Strafbegriffes, in: Erich Heintel (Hg.), *Philosophische Elemente der Tradition des politischen Denkens*, Wien/München: R. Oldenbourg, 1979, S. 208f.

20) 注解や補遺（Zusatz）における典型的な箇所としては、§99 Anm., Zusatz の刑罰理論についての箇所や、§100 Anm., Zusatz の死刑についての箇所など。ちなみに補遺は、学生の筆記による講義録からの抜粋である。

21) §97や§99、§100、§101の本文などでも、刑罰の基礎づけにかかわる重要な指摘がなされている。否定の否定という主題との関連からの一般的・抽象的な考察である。このことと、体系上の刑罰の本来的位置の問題とは、明確に切り分けて考える必要があろう。

る。そして、その否定である「刑罰」の段階を媒介することで、つまり否定的なものがさらに否定されることにより、法としての普遍的意志は、直接的であった抽象法としてのあり方を脱することができる。すなわち、直接的な法は、「不法」を契機とする否定的媒介の運動により、法としての実質を確証することになる[22]。そこにわれわれは、抽象法が「不法」の諸段階という承認の「運動（Bewegung）」（§103）を経ることによってはじめて可能となった、ヘーゲルのカント「法論」批判の一側面を見て取ることができるであろう。

---

[22] 加藤・前掲注16）127頁およびヘーゲル・前掲注1）の上巻290頁訳注（101）参照。

ヘーゲル法哲学と犯罪者処遇に関する一考察

宍倉悠太

Ⅰ　はじめに
Ⅱ　ヘーゲルの刑罰論
Ⅲ　ヘーゲル法哲学からみた犯罪者処遇の意義
Ⅳ　むすび

Ⅰ　はじめに

　『平成29年版犯罪白書』によると、わが国の刑法犯の認知件数は、平成15年に減少に転じて以降14年連続で減少しており、平成28年には99万6,120件と、戦後初めて100万件を下回った[1]。他方、犯罪対策閣僚会議が指摘するように、検挙人員に占める再犯者の人員の比率は上昇を続けており、平成28年には統計を取り始めた昭和47年以降で最も高い48.7％となるなど[2]、「犯罪の少ない社会」の実現のためには再犯防止対策が急務とされているところである。特に、再犯防止対策として重要な対象とされている薬物依存者や、罪を犯した高齢者・障害者については、「多くが刑事司法と地域社会の狭間に陥り、必要な支援を受けられないまま再犯に及んでいる」[3]とされてお

---

[1]　法務省法務総合研究所編『平成29年版犯罪白書』(2017年)、3頁。
[2]　平成29年12月15日犯罪対策閣僚会議「再犯防止推進計画」、1頁。https://www.kantei.go.jp/jp/singi/hanzai/kettei/171215/honbun.pdf（2018年11月6日閲覧）

り、「刑事司法と地域社会をシームレスにつなぎ，官民が一体となって"息の長い"支援を行うことが必要である」[4]とされている。

ところで、上記のうち「刑事司法と地域社会の連結」に関するものとしては、平成28年12月に再犯防止推進法が成立した。本法では、再犯の防止等に関する施策を総合的に策定し実施する責務が国にあるとする（4条1項）一方、地方公共団体にも国との適切な役割分担を踏まえて地域の状況に応じた施策を策定し実施する責務があることを定めており（4条2項）、地方公共団体も再犯防止施策の実施主体としての責務があることが初めて規定されたほか、国、地方公共団体および民間の緊密な連携の確保を求めている（5条2項）。

このような時代において、犯罪者処遇はどのような根拠に基づき、どのような内容のものであることが期待されるであろうか。

刑罰理論についていえば、犯罪に対して、「行為―責任―応報」という発想に基づき対応する応報刑論と、「行為者―危険性―予防」という発想に基づき対応する目的刑論中の特別予防刑論、中でも「改善・社会復帰」目的に純化した対応を行う改善刑論との対立があった[5]。そして、この両者はわが国でも激しい対立の様相をみせたが、いちおうは「相対的応報刑論」という形で決着を見ることになった[6]。この相対的応報刑論は、応報刑論を基調としながらその中で可能な限り予防目的を追求していこうとするものだが、その見解はさらに内部で多種多様であり、一般予防目的のみならず、「改善・社会復帰」目的も含めた特別予防目的との調整・統合を図ろうとする見解も存在するとされる[7]。

---

3) 平成28年7月12日犯罪対策閣僚会議決定「薬物依存者・高齢犯罪者等の再犯防止緊急対策」、1頁。
4) 前掲、「薬物依存者・高齢犯罪者等の再犯防止緊急対策」、2頁。
5) 石川正興「犯罪者対応策に関する法的規制のあり方」早稲田法学78巻3号（2003年）、17頁参照。なお、目的刑論から改善刑論への展開について、同論文11頁。
6) 石川、前掲論文17頁。
7) 石川、前掲論文17頁。なお、相対的応報刑論の中でも、改善・社会復帰目的を追求しようとする見解においては、責任と改善・社会復帰目的の連結が必ずしも奏功していないとされている。この点について、石川正興「受刑者の改善・社会復帰義務と責

他方、犯罪者の「処遇」という概念は、「改善・社会復帰」目的を追求するための実務上の「手段」を表す概念として登場したものである[8]。「犯罪者の処遇」には様々な定義があり、さらに科学主義や人道主義といった指導理念があるが、「処遇論の根底にはそれなりの犯罪観・犯罪者観・人間観のあることが不可欠であろう」[9]というように、そもそも犯罪や犯罪者をどのような存在としてとらえるのかということを検討しなければ、犯罪者処遇の射程は見えてこない。また、犯罪者の「改善・社会復帰」目的というが、大半の犯罪者が現実的に改善・社会復帰する先は抽象的な国家ではなく、人々の生活がより身近に感じられる具体的な地域社会である。したがってこの「改善・社会復帰」の概念も、ある程度地域社会といった現実の「場」を踏まえた明確なものでなければ、達成手段としての犯罪者の「処遇」概念も現実と遊離した内容になってしまう可能性があろう。こうした問題に一定の回答を与え、犯罪者処遇の意義を明確化するためには、刑罰論との関係において犯罪や犯罪者がどのように捉えられるべきか、そして犯罪者の「改善・社会復帰」がどのように捉えられるべきかが検討されることが重要になる。

　この点、ヘーゲルはその著書『法哲学要綱（Grundlinien der Philosophie des Rechts）』の第一部「抽象的な正義（法）」において刑罰論を展開しているが[10]、さらに第三部第二章「市民社会」の中でも改めて刑罰論について言及している[11]。特にヘーゲルは、人格的に自由な個人のなす社会を「国家」ではなく「市民社会」であると考えている[12]。そして「市民社会」が「国家」のうちに存続しており、「市民社会」の中では個人は自分のために働くとともに、他人のためにも働くとされる[13]。したがって、自由な個人の一人であ

　　任・危険性との関係序説」早稲田法学57巻2号（1982年）、29頁。
8）　宮澤浩一「行刑思想の発展と動揺」、『現代刑罰法体系7　犯罪者の社会復帰』（日本評論社・1982年）、10頁。
9）　須々木主一「刑事政策論における処遇理論の方向」罪と罰24巻2号（1967年）、5頁。
10）　長谷川宏訳『G・W・Fヘーゲル　法哲学講義』（作品社・2000年）、182頁以下参照。
11）　長谷川、前掲書429-434頁。また、ヘーゲルの刑罰論について、松生健「法定刑の引き上げとヘーゲルの刑罰論」法律時報78巻3号（2006年）、38-43頁。
12）　長谷川、前掲書366頁。

る「犯罪者」についても、「国家」ではなく「市民社会」との関係で捉えられることになるが、そこでは文字通り「社会」という場が想定されている。したがって、いずれ戻るべき実際の社会との関係で「犯罪者の処遇」の意義を検討するうえでも、何らかの示唆に富む内容が含まれているように思われる[14]。そこで本稿でははじめに、ヘーゲルの刑罰論の内容について、その「抽象的な正義（法）」「市民社会」における主張を中心に確認する。そのうえで、ヘーゲル法哲学の観点から見た犯罪者処遇の意義について、若干の考察を試みてみたい。

Ⅱ　ヘーゲルの刑罰論

1　「抽象的な正義（法）」における犯罪と刑罰の概念

　はじめに、「抽象的な正義（法）（Das abstrakte Recht）」における犯罪と刑罰の概念について、先行研究等を基に確認したい。

　前提として、ヘーゲルの考える自由には、自由意志たる「内面的自由」のほかに、「行動的自由」「社会的自由（相互承認）」があるとされる[15]。このうち「行動的自由」は、自由意志が個人の欲望を実現するために志向する「所有」が保証された状態を指しているとされ、「社会的自由」については、行動的自由が他者との関係において矛盾に陥ることから、相互に己の自立性を否定して相手に献身することにより、相互に他者のうちに認められる己の自由を指しているとされる[16]。

　次に、こうした自由を前提としたうえでの犯罪および刑罰の概念を確認したい。

---

13)　長谷川、前掲書503頁。
14)　松生は、「ヘーゲルによれば…『法』が現存在を獲得するのは、すなわち普遍的に承認され、現実的な妥当性を持つ場所は市民社会である」と指摘している。松生、前掲論文40頁。
15)　松生、前掲論文38-39頁。なお、通常刑事法学においては自由「意思」の漢字を用いるが、出典者の表記では自由「意志」となっているため、本稿ではその表記に従うことにする。
16)　松生、前掲論文38-39頁。

ヘーゲルは犯罪について、「自由の具体的な形である法そのものを侵害するような、そんな暴力的強制が自由人によって行使されるとき、それが犯罪である（§95）」としている[17]。そして、暴力は人の自由意志（内面的自由）そのものの否定はできないことから、所有（行動的自由）の否定、ひいてはその所有主体の否定であるとされる[18]。また、犯罪は暴力の一方的な行使であることから、他者との関係を律する相互承認（社会的自由）をも否定するものであるとされている[19]。

　他方、こうした犯罪の意義に関し、ヘーゲルは「それ自体で存在する意志（法自体、法律自体）は、それだけでは、具体的な形をもたないし、そのかぎりで、侵害不可能な存在である。同様に、被侵害者その他の特殊な意志にとっても、侵害は否定さるべきものでしかない（§99）」[20]として、法や被侵害者の下では侵害は形をもたないとする。そして、「侵害に積極的な意味を見出すのは、犯罪者の特殊な意志だけである。犯罪者のこの特殊な意志を侵害することは、したがって、そうでなければよしとされたかもしれぬ犯罪を破棄することであり、法（権利）を再建することである」[21]というように、唯一侵害が形を持つのは不法を主張する犯罪者の特殊な意志のもとで「破棄されるべき不法」として形を成す場合であるとする。そして、刑罰は犯罪者の意志によって生じた不法を侵害するような侵害であり、刑罰による不法の破棄をとおして法（権利）が再建されるとする[22]。

　次に、刑罰の本質についてだが、刑罰は犯罪者の意志を侵害するものであり、外的な形を侵害することがその内容であり、したがって刑罰は犯罪者に苦痛として感じ取られねばならないとされる[23]。なお、ヘーゲルは法の侵害

---

17) 長谷川、前掲書187頁。その他、藤野渉＝赤沢正敏訳『ヘーゲル　法の哲学Ⅰ』（中公クラシックス・2001年）、266頁。G・W・Fヘーゲル著、三浦和男他訳『法権利の哲学』（未知谷、1991年）、236頁参照。
18) 松生、前掲論文39頁。
19) 松生、前掲論文39頁。
20) 長谷川、前掲書193頁。また、藤野＝赤沢訳『ヘーゲル　法の哲学Ⅰ』272頁。三浦他訳、前掲書239頁参照。
21) 長谷川、前掲書193頁。
22) 長谷川、前掲書195頁。

の侵害である刑罰により犯罪を克服することを「報復」としているが[24]、それは侵害行為に見合ったものであり、「まずは抽象的に、ついで、質と量を踏まえてそれが考えられねばならない」[25]としている。さらに、報復に関しては、「いわゆる自然法のもとでは、報復は笑うべきことです。盲目の人が他人の目をぬきとっても、その人に報復はできないし、歯の無い人が他人の歯をぬきとっても報復はできない」[26]ということから、報復は侵害の「特殊なものの同等性ではなく、価値の同等性（Gleichheit des Werths[27]）」、すなわち、同等な価値をもつ苦痛でなければならないとされている[28]。

また、ヘーゲルは刑罰の本質に関連して、人間の行為の自由は人間の尊厳にかかわるものとして尊重されるべきであり、「犯罪者といえども他人の法の支配下に置かれるのではなく、自分の法の支配下に置かれるべき」[29]としている。冒頭でも示したように、ヘーゲルは人間の自由に最大の価値をおくことから、刑罰における矯正や威嚇といった視点は全て自由と本質的に関わるものでなければならないとしている[30]。したがって、刑罰においても、個人の尊厳や主体性を重視しており「功利主義的な目的（威嚇、改善による犯罪の予防）を刑罰の正当化根拠としては全面的に否定する」[31]とされている。

しかし他方でヘーゲルは、刑罰に威嚇、改善等の側面が存在することを否定しているわけではなく、それは、「市民社会論」との関係で展開されることになるという[32]。そこで次に、市民社会論において再登場する犯罪と刑罰の意義を確認したい。

---

23) 長谷川、前掲書194頁。
24) 長谷川、前掲書201頁。
25) 長谷川、前掲書201頁。
26) 長谷川、前掲書202頁。
27) G.W.F. Hegel, Philosophie des Rechts nach der Vorlesungsnachschrift K. G. v. Griesheims 1824/25, herausge. v. K. H. Ilting, S. 292
28) 長谷川、前掲書202頁。
29) 長谷川、前掲書199頁。
30) 長谷川、前掲書201頁。
31) 松生、前掲論文40頁。
32) 松生、前掲論文40頁。

2 「市民社会論」における犯罪と刑罰の概念

「市民社会論」における犯罪と刑罰の概念を確認する前提として、はじめに、市民社会（Die bürgerliche Gesellschaft）の意義について確認したい。

ヘーゲルは市民社会を「個人」と「共同性（一般性）の形式」という2つの原理から成り立つものとして捉えている。そして、「個人の目的は利己的だが、それは共同の（一般的な）動きによって制限され」[33]るとして、市民社会は全面的な依存の体系であり、利己的な目的はそのつながりのなかでしか実現・保障されないとする。ただし、だからといって個人の利己的な目的、すなわち特殊な目的と共同性とは対立するのではなく、「特殊な目的のほうから一般性（共同性）の形式へと上昇していく場合もある」[34]というように、特殊な目的を満たすためにも全体が維持される必要があり、そこで特殊な個の利害が国家の存立と結びつくところにこそ、近代国家の強さがあるとする[35]。そして、市民社会においては、人間は自分を有用な人材たらしめることが要求されており、「個々人はみずから知や意志や行為を共同体のそれにしたがわせ、みずからを社会的な連鎖の一環として位置づけねばならない（§187）」[36]とされる。そのために、「特殊性にとらわれた主観の教養を高める」、すなわち、個人は一般的な（共同の）態度を身につけることで、市民社会の中で精神が自由な精神として生きることができるとされている[37]。

次に、市民社会における犯罪についてだが、抽象法において認められていた所有は、市民社会で「現存社会の（一般的な）共同の意志と知に基づいて、その存在を承認される（§217）」[38]ことを通して、実際に現実のものになる。そしてそれに伴い、犯罪も「市民社会では、所有と人格は、法律によって承認され、受けいれられているのだから、犯罪も、主観的に無限な人格の侵害

---

33) 長谷川、前掲書366頁。
34) 長谷川、前掲書373頁。
35) 長谷川、前掲書373頁。
36) 長谷川、前掲書374頁。また、藤野渉＝赤沢正敏訳『ヘーゲル 法の哲学Ⅱ』（中公クラシックス・2001年）、99頁。三浦他訳、前掲書358頁参照。
37) 長谷川、前掲書374頁。
38) 長谷川、前掲書428頁。また、藤野＝赤沢訳『ヘーゲル 法の哲学Ⅱ』、157頁。三浦他訳、前掲書384-385頁参照。

というにとどまらず、確固不動の現実性をもつ一般的な（共同の）事柄に対する侵害となる」[39]。すなわち、犯罪は、「法（正義）そのものを侵害すると同時に、法（正義）の客観的現実を侵害」[40]するものとなる。そして、犯罪は「社会にたいする行動の危険性」[41]という性格になる。ここでの危険性とは、それが手本と受け取られると、人びとを誘惑する力が強まり、広く受け入れられるものとなるがゆえに危険であるということであり、犯罪はそうした「悪例を提供するもの」であるという[42]。したがって、これを法的に処理するには、それが正しくないことを示さねばならず、そこに刑罰が必要になってくるとされる。

こうした刑罰の軽重についてだが、ヘーゲルは危険性の観点によって「一面では犯罪の度合は増大することになるが、しかし他面では、自信をもつにいたった社会の権能は侵害の外的な重みを低下させ、こうして犯罪の処罰をかなり緩和させることになる」[43]としている。つまり、犯罪の危険性は、市民社会の状態によって変化することになり、「社会が安定し、平穏な秩序が保たれている場合、犯罪はまったくとるに足らないものと見なされ…。人びとの行動様式が確固たる合法性をもつなら、罰はおのずとゆるやかになる」[44]とする。

そして、市民社会における刑罰は、上記のような犯罪の存在を破棄するためのものとなるが、それを行った者の意志はくじかれねばならず、「それは共同体を生きる自由において―その所有物、財産、肉体的存在において―、とらえられねば」[45]ならないという。そして市民社会においては「犯罪者の意志も社会的価値を自覚した観念の世界にあり、意志は内面的なものとして現実に存在して」[46]いることから、刑罰は、こうした犯罪者の内面にある悪

---

39) 長谷川、前掲書429頁。
40) 長谷川、前掲書429頁。
41) 長谷川、前掲書429頁。
42) 長谷川、前掲書429頁。
43) 三浦他訳、前掲書386頁。
44) 長谷川、前掲書430頁。
45) 長谷川、前掲書431頁。
46) 長谷川、前掲書431頁。

しき意志を内面的に破棄する場合は、犯罪者の矯正へ向かうことも可能であり、こうした方法は、悪しき意志の高度な抹消法だという[47]。特に、この内面の意志については、「みずから決定し、絶対的に自由であり、悪たらんとする自己限定をも突きくずすような開かれた存在」[48]であり、「悪にむかおうと観念しても、その悪を超える境地に身を置くことができる」[49]とされる。したがって、この内面の意志が有する悪は、克服可能であり、「裁判官や刑事立法者はその克服をみずから目的とすることができる」[50]とされ、刑罰に市民社会の一要素として犯罪者の矯正の目的を掲げうることになる。

ところで、この点についてヘーゲルは「刑罰そのものがなくなるわけにはいかず、犯罪の本質的なありかたに対応するものとして、刑罰は存在しなければな」[51]らないとしている。そうなるとすなわち、刑罰の「感覚面（sinnlichen Seite[52]）に変更が生じ、価値に変わりはないが、刑罰の形態が変わる、といった方策がとられ」[53]ることになる。そして、「矯正効果とか威嚇効果といった視点は、全て重要なものだが、刑罰は、つねに、なによりも正義の質を保持しなければならず、刑罰そのものが無用となることはありえない。矯正の目的を達成し、悪が意志の内面で否定されるようにするには、刑罰の種類が変更になるだけ」[54]である。そして、「普遍的な人間性だとか、寛大さだとかいった、正義にくらべると脆弱さの目につく観念に足をすくわれてはならず、正義の観点を心に銘記し、刑罰そのものを解体することのないよう心しなければな」[55]らないとされる。

以上、ヘーゲルの抽象的な正義（法）における犯罪と刑罰、および市民社

---

47) 長谷川、前掲書431頁。傍点筆者。
48) 長谷川、前掲書432頁。
49) 長谷川、前掲書432頁。
50) 長谷川、前掲書433頁。
51) 長谷川、前掲書433頁。
52) G.W.F. Hegel, Philosophie des Rechts nach der Vorlesungsnachschrift K. G. v. Griesheims 1824/25, herausge. v. K. H. Ilting, S. 553
53) 長谷川、前掲書433頁。カッコ内筆者加筆。
54) 長谷川、前掲書433頁。
55) 長谷川、前掲書434頁。

会論における犯罪と刑罰の内容について確認した。次に、これらの内容を基に、まずは抽象的な正義（法）における刑罰と市民社会論における刑罰との関係を検討し、最後にヘーゲル法哲学と犯罪者処遇の意義に関する若干の考察を試みてみたい。

Ⅲ　ヘーゲル法哲学からみた犯罪者処遇の意義

1　抽象的な正義（法）における刑罰と市民社会論における刑罰との関係

既述のとおり、犯罪者の「処遇」は、応報刑論的な発想よりも、目的刑論中の特別予防刑論、とりわけ改善刑論的な発想に親和性を持っている。しかし、その「処遇」の意義を検討するためには、その賦課根拠との関係を検討しておかねばならず、そこでは応報刑論との関係も問題となってくる。そこで、ヘーゲル法哲学からみた犯罪者処遇の意義について検討する前提として、前出の抽象的な正義（法）における刑罰と市民社会論における刑罰の双方がどのような関係に立つのかを整理しておきたい。

第一に、犯罪の本質的なありかたに対応するものとして刑罰は存在しなければならないという点からすると、ヘーゲルは抽象法における刑罰、すなわち、生じた被害と価値的に同等である害悪性（苦痛）の付与を内容とする刑罰という視点は維持するべきと考えている。また、刑罰は侵害行為に見合ったものであるという点、抽象的な観点および犯罪の質と量を踏まえて刑罰が科されるべきという点を考慮すると、罪刑均衡の原則を維持する応報刑論の発想を維持する態度を保持しているといえよう。

第二に、こうした視点は維持したうえで、矯正効果とか威嚇効果の重要性を説いている点からすると、あくまで応報刑論を基軸とし、その枠を超えない限度であれば目的刑論（一般予防刑論および特別予防刑論）的な考慮が許容されるということになる。そして、その考慮を決する際のメルクマールとなるのが、「危険性」ということになる。

そこでこの「危険性」の内容を考えると、それは「当該犯罪行為がいかに市民社会に対する脅威となるか」を内容としており、いわゆる特別予防刑論

がいうところの危険性である「当該犯罪行為者の素質や環境に基づく犯罪的危険性」ではないことがわかる。すなわち、ヘーゲルのいう危険性とは、「犯罪が社会に悪例を提供したことを契機として、市民社会の構成員が持つ法意識が揺るがされ、結果的に市民社会の解体につながるような可能性」の大小ということになる。そしてそれに基づき、刑罰の質と量が決定されるという理解になろう。ただしここには、「市民社会」という価値相対的な内容が含まれていることから、刑罰はこの市民社会の状態によっても変化する。特に市民社会が安定しているときは重大犯罪であっても刑罰は軽くなるが、市民社会が不安定な場合は犯罪行為が軽くとも重い刑罰が科されることになる。ただしこの点、Ⅱの2でも触れたように、ヘーゲルはこうした発想が重罰化を招くとは考えておらず、刑が軽くなる方向にのみ資すると考えている。これは、「近代国家の原理は、主観性の原理を特殊な人格の自立という極限にまで至らせると同時に、それを共同体の統一へと押しもどし、主観性の原理のうちに共同体の統一を保持するものであって、そこに近代国家のおそるべき強さと深さがある」[56]というように、「基本的人権の保障、実現を社会のすみずみにまで浸透させる、ということ…。…さらに国民諸個人の思念のうちに、国家共同体の働きの重要性を、『市民的徳』の重要性を自覚させること、以上の二つのことの実現」[57]を通して実現される国家、そしてその内部にある市民社会は、簡単に揺るがされることはないという考えに基づいているものといえよう。

　第三に、刑の量定における行為と危険性との関係であるが、ヘーゲルはあくまで責任の大小は行為に基づき決まることになり、危険性は刑罰の種類や形態の変更を決定するメルクマールとしてのみ作用するという形で両者の結合を図っている。そこで最後に、処遇を考察する前提として、この刑罰の種類や形態の変更という点について詳しく検討しておきたい。

---

56)　長谷川、前掲書503頁。
57)　篠原敏雄「ヘーゲル法哲学における国家論―『市民法学の輪郭』の視座から」角田猛之＝市原靖久＝亀本洋編著『法理論をめぐる現代的諸問題―法・道徳・文化の重層性』（晃洋書房、2016年）、82頁。

確認したとおり、ヘーゲルは自由意志に最大の価値を置いているため、そこに他律的に働きかけるような刑罰の在り方は否定している。そして、刑罰の本質はあくまで報復であり、その本質は維持されるべきとしている。そうなると、行為責任に基づく刑の量定に変更を迫ることはできず、さらに他律的な矯正のために刑罰の種類や形態を変更することも許されないということになる。しかし他方で、市民社会においては犯罪者の意志が「観念の世界 (der Sphäre der Vorstellung[58])」にあり、この観念の世界では、犯罪者もその悪しき意志を内面的に破棄することができるため、それを志向するような刑罰は許されることになる。

さらにこの点について、ヘーゲルは「刑罰の感覚面の変更」といっていたが、これはまさに矯正のための外形的な刑罰の変更ということではなく、観念の世界において、当該犯罪者が自律的・主体的・内面的に悪から善なる意志へ向かう変更を可能にするような、そのような目的のためであれば刑罰の種類や形態の変更も許されるという意味で捉えるべきであろう。

2　ヘーゲル法哲学からみた犯罪者処遇の意義

最後に、以上をふまえ、ヘーゲル法哲学からみた犯罪者処遇の意義について、その主体と方法の観点から若干の考察をしてみたい。

第一に、処遇の主体についてだが、ヘーゲルは国家の概念に関して、国家共同体の中に、市民社会を要素として位置づけている[59]。したがって、刑罰権は国家が行使するとしても、処遇の主体の中に市民社会という要素が入ってくることは十分想定しうる。特に、市民社会においては、個人が自らの意志を共同体に従わせるように志向し、社会的な連鎖の一環として位置づけることになることからすれば、処遇の主体としての市民社会は、当該犯罪者をも包摂する場所として存在しており、その社会復帰のための自律的・主体的・内面的な努力を陰から支えるような存在になるのではないだろうか。反

---

[58]　G.W.F. Philosophie des Rechts nach der Vorlesungsnachschrift K. G. v. Griesheims 1824/25, herausge. v. K. H. Ilting, S. 550

[59]　篠原、前掲論文79頁。

対に、市民社会の存在を意識しない、「国家—個人」間だけでの犯罪者処遇というものは、「抽象的な正義（法）」の観点のみから考察した帰結にならざるを得ず、妥当ではないことになる。

　第二に、処遇の方法についてだが、その前提となる処分の決定においては、行為責任に基づく刑の量定が中心となり、従たる要素として危険性が考慮され、そこで当該犯罪者が自律的・主体的・内面的に悪から善なる意志へ向かうことを促すという観点から、刑罰の種類が決定されることになる。ただし、刑罰の執行レベルでは、前述のとおり市民社会がその主体として登場することになり、当該犯罪者の自律性を害さない範囲で、刑の量定レベルよりもさらに犯罪者の矯正を意識した処遇を行うことも可能になると思われる。

　この点、ヘーゲルは自由意志を最も重視することから、他律的で強制的な処遇はもちろん否定されるが、人格の主体性を尊重しつつも、積極的な改善・社会復帰をより意識した処遇の実施は許されることになろう。「犯罪者が処刑台にむかうのに、聖職者がつきそってその悪しき意志を解体しようとするのは、その一例」[60]というように、自助努力を尊重しつつも内面における改善に力を入れた処遇が想定されることになる。

　そして最後に処遇の目的だが、刑罰の種類や内容に変更を迫るメルクマールであった危険性の本質が、「市民社会への脅威」を内容とするものである以上、そこでの処遇は、「市民社会への適応を志向する意志をもった人間の育成」を理想としたものになろう。既述のとおり、市民社会では自分が社会に有用な人間となる義務が生じることから、犯罪者に対しても、市民社会の一員としての意識と責任を持った社会生活を送る義務が発生することになる。したがって処遇の場面でも、犯罪者自身が社会に有用な人間であり、自分が必要とされていることの自覚や成長を促すことが求められなければならない。そしてそのときに、市民社会も処遇の主体の側から当該犯罪者に関わっていくことが重要なことはもちろんである。

60）　長谷川、前掲書431頁。

Ⅳ　むすび

　ヘーゲルの刑罰論からは、市民社会論を通じて国家と個人は調和的な関係に立つともいえ、その市民社会の一員になるための改善・社会復帰をより志向した犯罪者処遇論が展開されうる。この点、こうした発想に基づく犯罪者処遇論を全面的に肯定することは、犯罪現象を「行為者の行為・被害者の被害・社会からの反作用」[61]と捉え、犯罪から生じた社会的葛藤の解決のため、「理念の矛盾とその解決」[62]という方法論に基づき、相対立する理念に基づく犯罪者対応策を現実の場面でいかに調整していくかを考える刑事政策論からすると、権力志向的な発想であり、一面的な見方しか呈示していないという批判もあるかもしれない。

　しかし、国家と個人という関係の間に、「市民」という概念が登場することは、国家と個人の対立ないし調和という発想を相克した観点を提供してくれるものともいえる。「ここでの市民は、国家・権力との関係で言えば、最も強大な他者である国家の強制から、自己の内面的世界を守り抜くのであり、その意味では、干渉・介入する国家・権力に対抗するということが重要な意義を持ち、他方、市民が、国家の場で具体的に現象する市民的公共性へ参加するということも、重要な意義をもつのである。対抗と参加というこの二つの属性が、市民を形作る原理的なものなのである」[63]というように、市民および市民社会という概念を想定することで、国家と個人とは対立するにせよ調和するにせよ、不即不離の関係にあることがより一層明確になる。そして、まさに市民社会という具体的な場において初めて、応報刑論からの「罰すべし」という要請と、改善刑論からの「改善させるべし」という要請という犯罪者処遇における矛盾対立する理念が当該犯罪者の主体性を重視し

---

61)　小川太郎『刑事政策論講義　第二分冊』（法政大学出版局・1968年）参照。
62)　須々木主一「刑事政策の方法に関する一考察」斉藤金作先生古希記念論文集（1963年）、261頁。
63)　篠原敏雄『市民法学の可能性』（勁草書房・2003年）、204頁。

たかかわり合いを通して具体的解決をみることになる。このように考えると、犯罪者の処遇も、より地域社会という場が意識された内容に変化していくのではないだろうか。

　以上、ヘーゲルの刑罰論を「抽象的な正義（法）」と「市民社会論」の双方から確認したうえで、犯罪者処遇の意義がどのようなものとなるかについて若干の考察を試みた。ヘーゲルに関しては全くの初学者であり、本稿は完全に試論の域を脱しておらず、不完全な部分は、今後の自らへの課題として残したい。

　最後に、親子ほども歳が離れた若輩の一研究者に過ぎなかった私を、国士舘大学において温かく迎えてくださり、さらに法哲学の奥深い世界へと導いてくださった篠原敏雄先生に改めて感謝申し上げるとともに、先生のご冥福をお祈りし、本稿を閉じることとする。

「市民」概念の再検討

陶久利彦

I 「市民」概念と承認要求
II 障害者の現れ
III 健常者から障害者への拒否反応
IV 社会的承認と市民概念

I 「市民」概念と承認要求

1 「市民」概念の出現と共同体

　国家や各種共同体等へと人々を奉仕するよう促す国民（臣民）観や国家・共同体観は、70数年前の敗戦と共に消え去ったはずだった。代わって憲法典に出現したのは、自立し自律的判断をなしうる理念的個人を核とし、その意思によって形成される国家・共同体構想である。この思想転換からすると、個人を超える公共体特に国家の存在意義を無条件に強調する議論は、個人を抹殺しかねないどころか胡散臭い思想傾向のようにさえ見えた[1]。尤も、自由で平等な個人の強調は、他者への博愛の情をもち、連帯し、公共世界を構築するという側面も含む。公共世界として国家が想定されるとき、個人は同時

---

1) 近時の市民社会論の基本には、共同体とりわけ国家へと個人を吸収する志向への強い拒否がある。同様の拒否反応は、資本主義的市場に対しても働く。例えば、坂本治也編著『市民社会論』（法律文化社、2017年）参照。

に国民となる。同じく個人が国家「外」の自治的公共世界たる市民社会を形成するときには、個人や国民とその意味を重複させつつ、しかし一部異なった「市民」概念が生じてくる。身分制が解体した後の個人は、共同体内成員としての市民へと平準化されたのである。すなわち市民は、単位としての個でもなければ、生物としての人間でもなく、更には国家と表裏一体の関係にある国民でもない、公共世界構築に参与する主体である。市民が属する共同体は、部落や町といった地縁的な小規模公共世界を基礎としつつ、生活共同体や民族や国家の枠を超える萌芽をはらむ。世界市民や宇宙市民はその最大化された形態である。

　本稿の関心は、このような市民という概念を、その欠落形態から改めて問うことである[2]。欠落形態とは、市民としての資格を疑問視され、場合によっては剥奪され、地理的にも周縁領域へと追放されてきた人々のありさまを指す。本稿ではその代表例を障害者に見ようとする。彼らはとりわけ近代以降、十分な敬意を健常者[3]から払われることなく、軽視され劣位にある人とみなされるばかりか、その存在が健常者の目に触れないような制度的工夫さえなされてきた[4]。確かに、障害者は1981年の国際障害者年以降の国際的動きに誘引されるような形で、国内法的にも徐々に平等な個人として法的に位置づけられるようになっている[5]。近年のパラリンピックの興隆に象徴されるように、障害者特に後天的身体障害者についての考えは大きく変化した

---

2) この問いかけは、市民法学の構築を志向してきた篠原の問題関心とも重なることだろう。篠原は、権利主体として国家との対立局面を強調する個人たる市民ではなく、むしろ、ルソーに見られるように、公共世界とりわけ国家へと積極的に参画する「市民」像を強調する（篠原敏雄『市民法学の輪郭』（勁草書房、2016年）、22頁以下、70頁以下参照）。ただし、そこでは誰が市民たりうるかという問いは、そもそも発せられない。

3) 障害者や健常者という用語や表記法には、多くの意見がある。本稿では、障害者として特に知的・精神的及び重複障害者を念頭に置き、健常者を非障害者という意味で使う。

4) 障害者が、世俗外の世界特に神々とどこか触れ合っているといった観念は、既に殆ど消滅したと言ってよいのだろう。

5) ただし、いわゆる「障害者差別解消法」第1条で用いられている「個人としての尊厳」や「個性」という言葉の意味が、「人間の」尊厳とどう異なるのかは、一つの問題である。

と言ってよい。しかし、知的・精神的障害者観に根本的変化があるかどうかは依然として疑問である[6]。

このような現状を、平等理念に反する差別的処遇として批判するのはたやすい。だが、差別批判に建前上反論できないとしても、障害者蔑視の本音は健常者の深奥に依然として根深い底流として残っている。その差別観はどこに根ざしているのだろうか。そこで本稿は、個々人の持つ承認要求に根差した心理的構制に焦点を当てた上で、モノとの比較で障害者が健常者に対しどのように現れるのかを簡単に記述しようとする（＝Ⅱ）。その上で、なぜ健常者が障害者を拒否するのかをいくつかの観点から検討する（＝Ⅲ）。最後に、手短に本稿をまとめ、今後の課題に触れておきたい（＝Ⅳ）。

2　承認要求一般並びにその欠落形態としての市民

このような問題接近方法は、個人が自己肯定感を持ち公共世界の成員として活動しうるには、少なくとも3つの次元で自らの存在価値を承認される必要があるとの基本認識を前提している。人はまず幼少期の、特に親との自他未分離の状態から発して、親密な関係性の中で愛情を受けることにより自己意識や自尊の念を発達させる。二つは個々人が帰属する共同体の中で、主として労働を通した業績によって成員としての確たる位置づけを与えられると同時に、任意の第三者に対する尊重の念を得る。そして第三に、抽象的な「人間」や主体としても（法）規範的に把握される。いずれの次元でも個人が、その存在意義を他者から現に保証され承認されることが決定的に重要である。

抑も一個人は、経験的な意味で自足的ではない。他者から物心両面で十分

---

[6] 例えば、宇都宮地判平成20年2月28日、LEX/DB 25450212 参照。本件では、犯罪を実行する能力をもっているとは思えない知的障害者が、窃盗罪や性犯罪の容疑者として逮捕され、曖昧な自白供述書に基づいて公訴が提起されている。障害者を潜在的犯罪者と殆ど同一視し、調書を捏造して公訴提起までする警察や検察の姿勢が、一般市民の意識とどれほどの違いがあるのか、定かではない。また、2018年夏に明らかになった、官公庁での障害者特別雇用枠のずさんな運用とその後の対応は、業績によって測定される（エリート）市民の、障害者意識を正直に反映していないだろうか。

に尊重されその存在意義が承認されることによって初めて十全な「自己」意識を持ち、他者との関係ひいては公共世界を形作ることができる[7]。

だが、規範的側面とは別に実際の対人関係では、支援の前提である相互の承認要求が満たされず、自己の存在が他者から軽視され無視される経験に事欠かない。その心理的理由は単純である。自己意識が成長する一方で自他関係での相互承認への心理的構制が未熟な場合、自己利害の優先と他者支配への欲求が互いに前面に出るからである。(他者無視を含む)他者支配は、他者からの承認を得る安易な形態であるかのように見える。それゆえ、対人関係にあっては、承認を軽視ないし無視される人々からの「正当な」承認要求と、それを拒否する人との間で闘争が勃発する。その結果は、その都度の力関係を背景にして社会規範の中に徐々に沈殿しつつ、更なる闘争によって絶えず変化する。やがて、時々の勢力均衡を反映した規範が「正当な」承認形態として実定法化されることもある[8]。

では、障害者に対する非承認や排除という欠落形態は、どのようにして生じるのか。出発点を、健常者にとって障害者が「不意に現れ」、一定の否定的衝撃を与えるという事態に据えてみよう。

II 障害者の現れ

1 そこに「現れ」ること・出会い・不意打ち

障害者の現れをモノの現れの概略と比較することから始める。主体を以下

---

[7] 尤も、その経験的事実は、規範的な共同体主義を必ず帰結するわけではない。むしろ、公共世界が目指すべき最重要課題は構成員たる個々人の充実した生、換言すれば自己決定の実現に他ならないと言うべきだろう。D. von der Pfordten/L. Kähler (Hrsg.), *Normativer Individualismus in Ethik, Politik und Recht.* Tübingen, 2014. 参照。

[8] 例えば、A. Honneth, *Kampf um Anerkennung-Zur moralischen Grammatik sozialer Konflikte-*, Suhrkamp, 1994, S. 211, ホネット著／山本啓・直江清隆訳『承認をめぐる闘争［増補版］』(法政大学出版会、2014年) 174頁参照。愛情と法的承認についてはホネットに同感するが、社会的価値評価の中に私は、彼の言う「連帯」以前に、日本的互酬性原理と労働による業績を考えてみたい。

では「私」と表現する。

　私は出生後、近親者との身体的重複運動や命名行為の模倣を通じた言語習得を通じて、身の回りのものを一定の秩序をもって配列された世界内事物として把握する。そうでなければ、そもそも「なにものか」がモノとしての形を取って現れ認知されることもない。輪郭線さえ不明瞭なままに、なにものかが滲みゆく面のような様相を呈するならば、「あれ」や「これ」という指示さえ不可能だろう。目の前のモノに関する命名経験と知識の蓄積、そして類似性の確認による認知の飛躍を通して、私にはなにものかを受け止め把握する認識の枠組みが拡大し、同時に潜在的関心が積み重ねられていく[9]。

　ところで、植生をも含め現在のモノの圧倒的多数が人工物であるからには、目に留まるモノの色、形、大きさ等の物的特質の認識は、モノ自体の性質や法則性から、作り手の意図や思想へと及んでいく。里山はその一例である。次いで、自然的モノの背後に潜む制作者の思想は、時間軸が現在から過去へと移動することによって歴史的堆積物の重みが意識され、社会的意味を持つに至る。庭園は好個の例である。同時に、私との接触や交感を通じて、あるモノが私にとって欠くべからざるモノへと変じることもある。例えば器は、「育てられる」のである。

　モノに対して私が持つ関心や将来への期待は、始まりは受動的でありながら、潜在的で漠然たる方向に拡散している志向性をヨリ狭い特定方向へと触発し限定するような形でモノが現れることから動き出す。自然のモノも社会的に意味づけられ、かくして常識的世界を形成しているモノはすべて、その現象する頻度が高いがゆえにいつの間にか、大枠としては「既に見知った世界」の中に位置づけられ、貯蔵され、自明化される。そうであるからこそ、まさにその世界の中に「見知らぬモノ」を発見する驚きが、新たな知を作り出す契機になるのである。

　同様の事態は、個別のモノだけではなく、それらとの意味的連鎖からなる出来事や一連の行動についても当てはまる。それらのモノやコトには、同時

9）　大きな岩の中に化石を「発見する」手続きは、その一例である。

に人が介在する。では、人特に障害者はどのように現れるのか。

2　人との関わり

　すぐ思いつくのは、日常とは異なる容姿や行動など視聴覚に訴えるものが、人の殊更の関心をすぐさまひきつけるという事態である[10]。障害者は周囲の景色や常識の自明性から逸脱しているがゆえに、直ちに際立って健常者の目に飛び込み不意の激しい刺激を与え、耳の奥へとその声が入ってくるのである。

　モノとの出会いは、多くの場合観察の視線によって作り出されやがては自明性の中に配列されていく。これに対し障害者の現れは、今の日本社会にあっては情緒的・規範的反応を促す「不意の出会い」と言って良い。というのも、今日の社会通念は、障害者を排除し見えないように蓋をした上で作り上げられているからである。障害者との出会いは、健常者の常識が——一部は密かに予感されていたとはいえ——根底から揺り動かされるという意味で、不意打ちのような驚きをもたらすのである。しかも、そのほとんどが否定的であるだけではなく、美的判断を伴って醜悪と感じられることさえある[11]。障害者との出会いは、健常者にことのほか強い印象を残し、それ以降の関係構築に肯定・否定双方の強い感情をもたらす。私が「中立」のままでいることを許さず、なにがしかの行動を取るかそれとも不作為かの選択を迫るのである。

　ではなぜ、健常者は障害者との「不意の出会い」にあって概ね否定的反応

---

10) この点、服装や髪形、肌の色、体形、外傷などの異質性が際立つのと変わらない。勿論、異質性の意味如何によっては、ほどよい異質性は私を取り巻く世界の特徴の一つとして、自明化する。全く同じものが周囲を覆っているならば、かえってそれは私にとって異様な世界である。むしろ私は、ほどよい異質性がちりばめられた世界の中にいる。障害者は、異質性がもっと際立つ仕方で現れるのである。逆に、聴覚障害者や学習障害者などのように、一見してそれと判別できない障害をもつ場合には健常者という外見の中に埋もれてしまう。彼らを障害者と見なすのは、社会的関係の中で重視される業績の観点が前面に出る段階でのことである。
11) 障害者プロレスはこの事態を逆手に取り、あえて心身特に身体の特異性を前面に出して、健常者の通念と傍観者的態度に揺さぶりをかけようとする。http://doglegs.a.la9.jp/（2018年12月1日閲覧）参照。

を示すのか。なぜ、卓越した人やモノとの不意の出会いに見られるような肯定的反応を伴わないのか。その心理的・社会的構制の特徴を、以下で何点か指摘したい。

Ⅲ　健常者からの障害者への拒否的反応

1　人間という共通性の認識と、障害者が孕む「儚さ」や「弱さ」への忌避

　障害者が健常者にもたらす非日常的な衝撃は、何よりも外見の異質性に起因する。しかし、異質性が際立つとき他方では、同じ「人間」であるという直観も同時に働く。目の前の障害者と私はいくつかの点で何ほどか異なっているとしても、外見からして同じ「人間」であると言うほかないからである。勿論、障害者を人間の枠外へ放擲することも理屈の上では可能である。しかし、障害者の特異な外見が仮に醜悪という美的感覚を健常者に呼び起こすことがあるとしても、程度の差こそあれ、同様のものを健常者もまた内に宿していることに気づかざるをえない。意のままにならない心身はその一例である。それだけに、障害者との不意の出会いは、健常者が無意識のままに内に秘め気づかないかのように放置していた不吉なものを、障害者という鏡を通して眼前に突きつけられるという実感を伴う。モノが私との間に連続性をもっていないと感じられるのに対し[12]、障害者と健常者には同じ人間としての連続性と共通性がある。人間という概念にまつわる経験的認識と規範的意識は、現在このような状態にまで達し、我々の直感を規定している。その直感的認識は、健常者に対し落ち着きのなさや不安をもたらす。それはちょうど、齢を重ねるにつれて否応なく直面させられる心身の衰えに対し、恐れや不快感・嫌悪感を抱き、苛立ちを覚え将来に大きな不安を感じるのと似ている[13]。

---

[12]　それらは客観化しうるのであり、そうであるからこそロボットやぬいぐるみ等には擬人化が必要となる。この点、動物の扱いは微妙ではある。

[13]　もっと言えば、意識喪失を尊厳喪失と解し、延命措置を拒否する尊厳死運動に見ら

障害者への否定的反応は、その実感と連想がもたらす不安や恐怖に由来する。それらから免れるために、換言すれば、自身の奥底に潜むものを直視したくないがゆえに、健常者は障害者を排除し、そうでなくても無視する傾向をもつようになる。最も極端な場合には攻撃するようになることだろう。

2　コミュニケーションの取り方

そうではなく、障害者とコミュニケーションを取ろうと試みる段階でも、困難が待ち受けている。どのようにコミュニケーションをとればいいのかが分からない場合が、多々あるからである。通常のコミュニケーション形態が発語と身振りや表情そして身体的働きかけによるならば、これらの媒体の一部もしくは全部を介しての双方向的やり取りが健常者からの期待値を満たす限り、相手は障害者と見なされない。だが、音声が聞き取れなかったり、常識的行動パターンから著しく外れるような発声（奇声）や行動を前にすると、健常者は大いに驚き、戸惑い、時には怒る。コミュニケーションがその主体相互の意図や感情や情報の交換から成り立っているならば、その文法が、健常者と障害者とで根本的に異なっている可能性がある[14]。これは、互いに了解不可能な世界観や、種々の「翻訳不可能性」問題の一例でもある。広い意味では「地平」(Horizont)、より狭い意味では思考の経路や合理性の基準そして身体運動の意味が異なっているように見えるのである。この難点を克服し障害者を理解するために考案される解釈図式も、依然として健常者をモデルとするほかない[15]。解釈図式の改編は、相互のたえまない接触と多大な時間を必要とする。

れる「意識活動や言語コミュニケーションにこそ尊厳性を見る」考えへと連なる。ただし、http://www.songenshi-kyokai.com/living_will.html （2018年12月1日閲覧）では、あからさまな表現は控えられている。

14)　例えば日本手話は、日本語対応手話とは別の言語であると言われる。山内　一宏「日本語と日本手話—相克の歴史と共生に向けて—」www.sangiin.go.jp/japanese/annai/chousa/rippou_chousa/.../20170301101.pdf 参照。

15)　例えば、重度障害者の理解に向けた中田基昭の現象学的アプローチに基づく議論（同編著『重障児の現象学』（川島書店、2003年、27-112頁参照）も、基本に置かれているのはハイデッガーやサルトルの考察を参考とした、健常者の視点である。

しかも、ここでの「分からない」という実感は、「分からないが故に知りたい」という新たな欲望を喚起しない。むしろ、「分からないから不気味である」と感じるように、知ることへの意欲を減退させ、相手に対する不安や警戒心を強める。その理由は、障害者がごく少数であるというだけではなく、先に触れた健常者の抱く恐怖心にある。その上で健常者の安心感を保証しようとするならば、障害者を文化的劣位に置く傾向が一層強まるのである。

3　世話を求め、迷惑をかけること＝自立性の欠如と支援の必要性

目の前の障害者の姿は、自らが何事かをなしうることは少なく、むしろ常に誰かからの世話を求めているように見える。障害者の存在自体が、健常者に対し彼（女）への積極的関与を誘う力を内に含んでいる。健常者もまた、同じ人間として、今・そこにいる他者に支援と連帯の手を差し伸べるよう促される。そのようにして両者の融和的協働関係が成り立つこともある一方で、世話を求められること自体を迷惑と感じ、健常者が関りを拒否することもある。以下、双方を少し敷衍しよう。

健常者が障害者の世話へと動き出すとき、障害者は健常者にとって闘争主体とは見なされない可能性が高まる。社会関係の次元では、成員相互が承認を求めて闘争を繰り広げる。極端な場合には、その関係を「敵・味方」と二分するようにさえなる。それだけに、世話をされる障害者の弱さは、彼らを健常者に対抗しえない、つまり敵になりえない存在とみなす見解を助長する。このような傾向は、闘争を通して承認が得られるという見地からすると、障害者に対し社会的承認を阻む大きな要因となる。

他方では、世話を求めている存在から目をそらしたいとの直接的反応を健常者に呼び起こすことも少なくない。なぜなら、多くの健常者にとって障害者からの誘いは、負担以外の何物でもない「迷惑なこと」と感じられるからである。障害者の姿が自らの隠された側面を映し出す鏡であるならば、尚のこと関わりたくないのである。

ここで、障害者が健常者に対して発する支援要請を、日本社会の人間関係

に見られる互酬性原理と関連づけてみよう。普段の、目に見える人間関係にあって双方の平等が保証されるのは、持続的関係の中で互酬性が維持されるからである。その維持が当面困難な時、当事者がとりうる策は二つある。一つは、支援要請をする一方で、相手方へ、または別の誰か、はたまた不特定多数の「世間」へと将来の返礼の機会をうかがうことである[16]。もう一つは、「迷惑をかけない」という消極的態度にとどまり、互酬性の輪の中に絡みとられることを最初から拒否することである。

　前者の策は、健常者からすれば自らに大きな負担を強いるように見える。障害者は健常者からの世話や支援（＝健常者に迷惑をかける行為）を多かれ少なかれ必要としているのではあるが、障害者からの返礼の保証はない。長い目で見たときの互酬性が実現されるとも思えない。そして互酬性を度外視したうえでの支援を推進する思考は、日本には薄い。当然、世話には二の足を踏む。ところが他方で、世話を必要としている「人間」として障害者を捉える規範的観点は、彼（女）への関りを避けたいという健常者自身への批判を呼び起こす。かくして、健常者の内心には本音と建前の分裂が生じる。それを健常者自身がうまく処理しきれない場合には、苛立ちの対象が障害者に向かう。

　そうであってみれば、「迷惑をかけない」控えめな後者の態度を障害者には当初から強要するということになるだろう。障害者に関わらない態度を正当化する論理は、互酬性と裏腹の「迷惑をかけない」行動倫理を障害者に押し付けることからの帰結でもある。

　実際、我々の社会規範は「他者に害を及ぼさない限り自由である」（harm principle）というよりはむしろ、「できる限り他者に迷惑をかけないこと」を最重要行動規範とする。迷惑は害よりも広く解され、「迷惑をかけない」ために相手の意向を先読みし、それに沿うような行動を各人に求める。日本社会での成員の承認は、確かに社会的次元での労働を介した業績を最も顕著な基準とするものの、その実、返礼ができ、少なくとも迷惑をかけない行動の

16）　阿部謹也『「世間」とは何か』（講談社、1995年）参照。

できる主体に与えられる。自立は、自分のことを自分で決定する自律（＝自己立法 Selbstgesetzgebung）ではない。そうではなく、―誰もが、多かれ少なかれ迷惑をかけあっているからこそ―任意の人間関係の中で時宜に応じて返礼ができ、時には誰かを世話することができるほどの力を身につけるということなのである。この点からすると、障害者が共同体構成員として承認されるためのハードルは著しく高い。

Ⅳ　社会的承認と市民概念

　以上、本稿では存在の異なった位相に応じた承認概念を前提にし、障害者がなぜ健常者から十分な承認を受けず、当たり前の市民とみなされないのかを、双方が出会う場面から発して徐々に両者が接近する段階に応じた種々の次元で検討しようとした。個人や人間という概念以外に尚、「市民」という概念を用いて法や社会を分析・解明することが有効であるならば、その欠落形態にこそ注目する必要があるだろう。本稿では、何よりも人同士が出会うときに抱く「人間」としての直感を手掛かりとしつつ、日本の対人関係を規律しているように見える独特の互酬性の一部に関連づけて、障害者を排斥する要因を見ようとした。本稿での枠組みに大過がないとすれば、今度は社会的次元での「労働」の意味づけを検討し、障害者の「市民」性を問う事が求められる。別稿の課題としたい。

第2次世界大戦時・戦後直後のドイツにおける「尊厳」概念に関する覚書※

服部　寛

I　はじめに——本稿の目的・内容——
II　反ナチ抵抗運動における「尊厳」概念
III　ナチズムにおける《Würde—尊厳》概念（？）
IV　むすびにかえて

I　はじめに——本稿の目的・内容——

　第2次世界大戦の終結後、「人間の尊厳」は、国際連合憲章（1945年）の前文と、世界人権宣言（1948年）の前文・第1条、そして旧・西ドイツのボン基本法（1949年）の第1条第1項に規定されたことを皮切りに、国際法・国内法の各法秩序の頂点に位置するようになった[1]。この歴史は、同概念と大

※紙幅の都合上、参考文献については、執筆者の観点から最低限のものに止めている。二重山括弧《　》は、執筆者による、キーワードやキーセンテンスの抽出、長文の節の整理などのために用いている。本稿における「戦後」とは、ドイツにおいては第2次世界大戦の終結後（具体的には、1945年5月8日の連合国への無条件降伏以降）、日本においては所謂「玉音放送」が流された1945（昭和20）年8月15日以降を指すこととする。ドイツ人の人名については、原則として、カタカナ書きにしている（ドイツ語での標記は関連文献などの参照を乞う）。

1) Vgl. statt aller Dietmar von der Pfordten, Menschenwürde, 2016, S. 43 f. u. 46 ff. 「人間の尊厳」に関する文献については枚挙に違が無い。総論的な邦語文献として、ホセ・ヨンパルト『人間の尊厳と国家の権力』（成文堂、1990年）と、古賀敬太「人間の尊厳」同編著『政治概念の歴史的展開　第4巻』（晃洋書房、2011年）1-33頁、葛生

きく関連する「人権」概念と異なる点であり[2]——しばしば誤解されることもあるため注意が必要である[3]——、「人間の尊厳」概念があたかも戦後において唐突に出現したかのように見える。しかし、史実はそうではなく、《法》と《人間の尊厳》との重なりという観点から見ると、後者が前者において表れるのが戦後になってから顕著となったのであり、それ以前では、1919年に制定されたワイマール憲法第151条第1項において「人間に値する生存（menschenwürdiges Dasein）」という表現で「尊厳(Würde)」の概念が表出したことが一つである。「尊厳」概念を（法と切り離して）単体で見ると、それは、古代ローマのdignitas概念以降、その意味内実の変更を受けながら、思想レベルで（細々と）唱えられてきた。同概念が法律（制定法）に規定されたエポックメイキングな局面を、上記のワイマール憲法において迎えたのであった——これらのことは、法学者にとって、ある程度、認識を共有されていると言ってよいのだろう。

ところで、このワイマール憲法以降、本稿の冒頭で挙げた戦後の諸法において具体的に規定されるまでの間でも[4]、「尊厳」概念じたいは、「法律」と

栄二郎『ケアと尊厳の倫理』（法律文化社、2011年）特に第一章のみを挙げておくが、紙幅の都合上、小論は、フォン・デア・プフォルテンによる上掲書のみをベースとし、それ以外の文献（上記の2つの邦語文献を含む）については逐一の言及を割愛せざるを得ない。他の文献については、以下の各点に関わるところで挙げる。なお、本稿では、断りの無い限り、日本語の「尊厳」概念につき、西洋語で対応するものとして、ドイツ語の「Würde」だけを考察の対象としている。

2) Vgl. von der Pfordten, a.a.O. (Fn. 1), S. 8 f. 思想史的な経緯の違いは、「人権」とは異なり、いわゆる近代啓蒙思想家によって「人間の尊厳」が正面から取り上げられることが少ない（例外として、プーフェンドルフ、カントなど）、ということがある（vgl. ders., S. 29 ff.）。もちろん、今日のドイツの基本権ドグマーティクでは「人間の尊厳」と「基本権」との関係・異同が議論されているが、この点は割愛する（vgl. ders., S. 107-110）。邦語では、西野基継をはじめ、研究の蓄積があるが、本稿では立ち入らない。

3) 岸邦和『「人間の尊厳」を考えるための練習問題』（幻冬舎、2015年）は、「人間の尊厳」概念に関する新書レベルの「手近な」入門書ではあるが、肝心のこの点に関する認識が十分とは言えず、さらには、「人間の尊厳」概念と「人権」概念とがあたかも相互互換であるかのように捉えている点で問題がある。

4) 「尊厳」（に相当する各国の用語）がこの間において規定された例として、ドイツ以外では、ポルトガル憲法（1933年）とアイルランド憲法（1937年）の各前文が挙げら

は切り離された形ではあるが、諸方面で唱えられていた。しかし、こうした、いわばボン基本法の「前史」に当たる、ナチ期（本稿では1933年1月―1945年5月とする）の「尊厳（Würde）」概念自体について、それらと戦後の法規および諸議論との関係を含め、十分な検討が行われていないように見える。小論はこれに着眼するものであり、とりわけナチ期における「尊厳（およびドイツ語のWürde）」概念に関する言説をとり上げ、「（人間の）尊厳」概念史の観点から、「尊厳（Würde）」という用語を以て、戦前―戦中―戦後における（あるいはそれよりも時間軸を長くとって）当該概念の貫徹如何を探るためのささやかな下作業を行うものである。小論の考察の対象は、大きく二つに分けられる。一つ目は、ナチ期における、体制に反対のグループやその大小の運動――いわゆる反ナチ抵抗運動――における「尊厳」概念である。反ナチ抵抗運動については、對馬達雄の業績[5]をはじめ、日本でも知られているが、「（人間の）尊厳」を定点とした検討は、当該概念がこれらの諸運動において散見されるにもかかわらず、研究の蓄積が薄いように思われる（Ⅱ）。ひいては、《それら戦時期の「尊厳」論が戦後の（西）ドイツのボン基本法において明記されるに至る経緯と、その「前段階」としてどのような関係にあるのか（あるいは無いのか）》という問いは、「人間の尊厳」概念史において、十分に扱われているとは言い難い。ところで、実は、ナチズムの側からも「Würde」概念が使用されていたことが指摘されている。本稿のもう一つの対象は、この《ナチズムの側のWürde概念》である（Ⅲ）。無論、とりわけ、前者の反ナチ抵抗運動については、近年のドイツでの研究の進展には目

れるが、前者は、1951年の改正によるとされる。Vgl. von der Pfordten, a.a.O. (Fn. 1), S. 41-43. アイルランド憲法（前文）については、衆議院法制局・参議院法制局・国立国会図書館調査立法考査局・内閣法制局『アイルランド憲法（和訳 各国憲法集（続）（一））』6頁にある、個人の「権威」が、英語では「dignity」に相当する。

5）手近なものとして、對馬達雄『ヒトラーに抵抗した人々 反ナチ市民の勇気とは何か』（中央公論新社、2015年）。反ナチ抵抗運動についての本稿の基本的な知識は、同書に負うところが大きい。先駆的な業績としては、ハンス・ロートフェルス（片岡啓治・平井友義訳）『第三帝国への抵抗』（弘文堂、1963年）がある。その他の文献については、紙幅の制約上、以下、関連するところで挙げる（一例として、後掲注15（池田）・17（山下）を参照）。

を見張るものがあり、それらを十分に扱うには、小論の筆者の能力も追いつかず、また与えられた紙幅も足りない。本稿は、戦後の諸法において「人間の尊厳」が規定されるに至る契機（の一つ）とされる[6]ナチズムの暴風が吹き荒れる中で唱えられた「尊厳」の主張およびその内実如何を考えるための足掛かりの一部を、文字通り「覚書」として記しておくと共に、情報を提供することを試みるにすぎない。十分な結論を提出する代わりに、「**むすびにかえて**」、ボン基本法（の起草・制定）に至るプロセスと、以上で述べた諸議論との関係如何について、簡単な整理を行っておく。小論で行う作業は、ドイツについてだけでなく、日本に関しても有益なものとなろう。管見の限り、同時期の日本における「尊厳」概念の考察が十分に行われているとは言い難いが、限られた紙幅の中で、今後の「（人間の）尊厳」概念に関する考察について小さな一石を投じてみたい。

Ⅱ　反ナチ抵抗運動における「尊厳」概念[7]

1　「白バラ」抵抗運動

　反ナチ抵抗運動の中で最も有名なものの一つが、ミュンヘン大学の学生を

---

6)　「1945年の少し前とそれ以降において、人間の尊厳の概念が政治的・法的に勝利を収め前進することにとって触媒となったのが、とりわけ、20世紀の国家による大きな犯罪を経験したこと、特にナチズムと共産主義のそれであった」von der Pfordten, a.a.O. (Fn. 1), S. 9. 共産主義の経験が「人間の尊厳」の重要性の開眼にもたらした意義については、この一節の後に、欧州連合基本権憲章（2000年）の第1条（において人間の尊厳を規定している）旨を挙げていることから、1945年以降の同主義の歴史をも念頭に置いているものと見てよい。

7)　もちろん、反ナチ抵抗運動は、小論で取り上げるものに尽きず、当該「抵抗運動」概念の理解（の広狭）次第で扱い方が異なるであろうし、ナチ体制との間で揺れ動いた人物も含めると、何を当該概念の下でどう扱うかについては、繊細かつ慎重な研究が個別的に必要であろう。だが、ドイツで近年立ち入った研究が見られるのに対し、我が国におけるその紹介・検討については、関心が押し並べて薄い。法（哲）学の観点から、法学（・法律家）につき、広く一言しておくと：所謂「告白教会」に法律家として深くコミットしたフリードリッヒ・ユストゥス・ペレルス（参照、雨宮栄一『フリードリヒ・ユストゥス・ペーレルス　告白教会の顧問弁護士』（新教出版社、2014年）、vgl. auch Stiftung Adam von Trott, Imshausen e.V. (Hrsg.), Die Rolle der

中心とした、いわゆる「白バラ（die Weiße Rose）」による抵抗運動であり、我が国でも、これを扱う先行業績の蓄積がある[8]。彼らがミュンヘンを中心にヒトラーや体制に対する批判として「白バラ通信」というビラを活動が終わるまで計6回にわたって配ったことも、よく知られている。ただ、このビラの中に、「人間の尊厳」という用語が出てくることには、あまり注目されることがないように思われる。該当するのは、彼らの2枚目のビラである。ユダヤ人とポーランド人の迫害に対してドイツ人が有罪（schuldig）であることを批判しナチズムに対抗することが説かれているこの2枚目のビラの、ユダヤ人の殺害に関する次の件において、我々は、「人間の尊厳」の文言を確認できる。

> 「ユダヤ人問題に関しては、このパンフレットに書くつもりはない。被告の弁論を述べるつもりはない。ただ単に例として、事実を、ポーランド占領以来この国において三十万のユダヤ人が残忍きわまるやりかたで殺害されたという事実を、簡単に引用するにとどめる。ここにわれわれは、人間の尊厳に対し加えられた最もおそろしい犯罪を見る。その犯罪たるや、全人類史上に類を見ないほどのものなのだ。ユダヤ人も人間である──ユダヤ人問題に対してどういう立場をとろうと──、そして、人間に対してこういう犯罪がおこなわれたのである」[9]。

　Juristen im Widerstand gegen Hitler, 2017)、ヒムラーとポーピッツとの仲介となったラングベーン（vgl. etwa Claus Langbehn, Das Spiel des Verteidigers. Der Jurist Carl Langbehn im Widerstand gegen den Nationalsozialismus, 2014）などが検討されてよいであろう。後述するクライザウ・グループ内では、中心人物のモルトケのほか、トロットといった人物がいる。

8) 後掲注9・12の文献のほか、一例として、参照、関楠生『「白バラ」──反ナチ抵抗運動の学生たち』（清水書院、1995年）、村上公子『「白バラ」研究の動向』ドイツ研究47号（2013年）167-174頁。本稿が「人間の尊厳」論として主に依拠する、von der Pfordten, a.a.O. (Fn. 1) においては、「白バラ」についての言及は無い。「白バラ」については、篠原敏雄「二つの独裁国家の光景 ライプツィヒ・ブーフェンヴァルト・ベルリン」法学セミナー624号（2006年）35頁も参照されたい。

9) 白バラのビラについては、複数の邦訳があるが、ここでは、C・ペトリ（関楠生訳）『白バラ抵抗運動の記録』（未來社、1971年）268頁に拠った（傍点につき、ゴマ点はビラ原文における下線部および訳者（関楠生）によるものであり、黒丸の点は服部による）。関・前掲（注8）15-17頁でも、部分的に訳出されている。ビラの原文は、次のURLを参照：http://www.bpb.de/geschichte/nationalsozialismus/weisse-rose/61015/flugblatt-ii（ビラ自体も同URLよりPDFで閲覧可能である）。

小論の関心は、ここで述べられている《ユダヤ人問題》に対する、「白バラ」の面々の認識や見解について云々することではなく[10][11]、《ここで挙げられている「人間の尊厳」がどういう意味合いで用いられているのか》である。尤も、この問いを解明するのは容易ではない。若き「白バラ」のメンバーたちの思想のコアにあるものが何であったのか、各ビラの作成者は具体的に誰か、といった本質的な問題につき、不明確な部分が尚も多く存している。上述の2号目のビラの作成時点での「白バラ」の中心メンバーでもあった、インゲ・ショルとアレクサンダー・シュモレルの双方の専攻は、医学であり哲学ではなかった。個々の面々の考えの重なりと相違、各文章・概念に誰がどのような意味を用いているのか？…といった問いは、「白バラ」についての研究でも、決定的な成果がまだ提出されているようではないようである。ここでは、近年の研究による以下の点について、指摘しておくに止める[12]：この第2号のビラの受取人として想定されているのが、その内容（ビラ全体が黙示録的・形而上学的であるとされる）を理解できるところの教養市民層であるということに加え、（そもそもの）抵抗が、［ここで引用したところに見受けられる］ユダヤ人やポーランド人に対するドイツの犯罪行為を耳にしたことからの、キリスト教倫理に基づく憤慨である、とされている。本稿はこの点を重く見る。

　「白バラ」は、他の抵抗運動と無関係だったわけではない。次節で取り上

---

10) 関によれば、ここでのポーランドにおけるユダヤ人殺害については、建築家のマンフレート・アイケマイヤーから伝え聞いたものだとされている。文章を書いたのはハンス・ショルとアレックス・シュモレルで、作成の実際的な仕事にあたったのはシュモレルであり、ビラの1号〜4号までは、アイケマイヤーのアトリエの地下室で作成された、とされる。参照、関・前掲（注8）66-68頁。

11) 他にも、学生たちに影響を与えたフーバーは、「大学教師の責任について」という一文において、叛逆罪の手続によっても、大学教師［フーバー自身のことか］の内なる尊厳（die innere Würde、訳では「精神的尊厳」）を奪い去ることはできない、と、「尊厳」の文字を確認することができる。Vgl. Walther Hofer (Hrsg.), Der Nationalsozialismus Dokumente 1933-1945, 1957, S. 333（邦訳：ワルター・ホーファー（救仁郷繁訳）『ナチス・ドキュメント』（ぺりかん社、1969年）454頁）。

12) Vgl. Christiane Moll, Die Weiße Rose, in: Peter Steinbach und Johannes Tuchel (Hrsg.), Widerstand gegen den Nationalsozialismus, 1994, S. 460-461, 池邊範子「ドイツ連邦共和国における『白バラ』評価をめぐって」史論53号（2000年）特に77-80頁。

げるクライザウ・グループとの関係では、最後のビラが、モルトケの手にも渡り[13]、またノルウェー、スウェーデン、イギリスへと広まっていった。

2 クライザウ・グループによる「ドイツの新秩序に関する諸原則」

クライザウ・グループ（クライザウ・サークルとも）は、ヘルムート・ジェイムズ・フォン・モルトケを中心とした、知識人たちによる反ナチ抵抗運動のグループであった[14]。「白バラ」とクライザウ・グループの違いは、前者が学生主体であり、その主張も、ナチ体制からの離反以上のものではなかったことに対して[15]、後者の主体が法律家・外交官・大学教授・神学者などであり、そして《ナチスに対抗し得てナチ打倒後の体制につき、「もうひとつのドイツ」と言われるようなものを構想していた》といった点である[16]。この

---

13) 参照、對馬・前掲（注5）82頁、関・前掲（注8）160頁。他にも、クライザウ・グループの一員のデルプが「白バラ」とコンタクトを取っていたことが知られているが（vgl. dazu, Ger Van Roon, Neuordnung im Widerstand. Der Kreisauer Kreis innerhalb der deutschen Widerstandsbewegung, 1967, S. 273 f.)、2つのグループの相互の関係については、別途検討を深めてみたい。

14) クライザウ・グループについての詳細は、對馬『ナチズム・抵抗運動・戦後教育――「過去の克服」の原風景』（昭和堂、2006年）第Ⅱ章を参照されたい。

15) この点で、シュタウフェンベルク、ヴィッツレーベン、トレスコウなどの「高級職業軍人」たちとの対比で、彼らの信念がショルらの信念より劣ったものと見なすことはできないとしながら、「彼らにナチス・ドイツといわば正反対の、何もかもまったく逆の対極的な一つのドイツのイメージだけでも描くことができたかと言えば、おそらくそれは不可能だったろう」として、白バラ（や、犯行当時16歳であったヘルムート・ヒューベナーによるナチ批判のビラ）と対比するものとして、参照、池田浩士『［増補新版］抵抗者たち 反ナチス運動の記録』（共和国、2018年）、(6-)62頁（本稿との関連では、より広く31-68頁）。62頁で池田は曰く：「これら誠実な将校［服部注：シュタウフェンベルクら］たちのなかには自己と祖国に対する責任はあったとしても、たとえば〈白バラ〉のビラから語りかけてくるような他者との関係における責任と、現実にはまだ生まれてさえいない人類の未来の世代に対する責任を、これら地主貴族（ユンカー）たちは知っていただろうか？」（傍点（ゴマ点）は池田による）。

16) 参照、對馬・前掲（注5）5-6頁・85-86頁以下など、クライザウ・グループにおける「クライザウ構想」については、特に172-194頁。クライザウ・グループ以外にも、ライプチヒ市長でもあったゲルデラーを中心とした「ゲルデラー・グループ」や、国防軍内部の反ヒトラーの軍人たちの集まり（對馬・同書94-98頁など）といった、抵抗運動（その定義如何もあるが）については、グループの性格・目標などの異同があるが、本稿ではクライザウ・グループのみを扱う。

グループが立てた新秩序の綱領につき、数回考察が重ねられるなか、「人格の不可侵の尊厳（[die] unverletzliche[n] Würde der menschlichen Person）」という用語が確固たるかたちで表れる[17]。ここでは、邦訳が存在する、1943年8月9日付の、「ドイツの新秩序に関する諸原則」の草案の該当箇所を、以下のとおり挙げておこう：

> 「3. 全体主義的な良心強制の廃止と、人格の、侵すべからざる尊厳の承認とは、その実現に努力すべき法・平和秩序の基礎である（Brechung des totalitären Gewissenzwangs und Anerkennung der unverletzlichen Würde der menschlichen Person als Grundlage der zu erstrebenden Rechts- und Friedensordnung）。各人は全責任を負いつつ、各種の社会的、政治的、国際的生活分野において互いに協力する。労働および所有の権利は、人種、民族、信仰の別なく、すべて公けの保護下に置かれる」[18]。

このように、「人格の」尊厳という形であるが、「尊厳」が、法・平和秩序[19]

---

17) Vgl. van Roon, a.a.O. (Fn. 13), S. 551, u. a.; auch von der Pfordten, a.a.O. (Fn. 1), S. 46. 對馬によれば、1943年1月8日の、ゲルデラー・グループとクライザウ・グループとの会合で、人間の尊厳や法の支配の原則をかかげることでは一致していたが、特に《国民意識を刷新するために何を基本に据えるか》で相違があった、とされる（保守主義的なゲルデラー・グループは伝統的・旧来の価値を、クライザウ・グループはヨーロッパ的視野から、ホロコーストへの贖罪の自覚を、それぞれ基礎とする）。参照、對馬・前掲（注5）126-127頁。反ナチの「抵抗運動」に関する先行研究者の山下公子は（尤も、山下の「抵抗運動」概念については、後掲書15頁・245-260頁を参照）、クライザウ・グループが「国家と政府の基盤に『人権』を置く」ことと、その「国家構想の基本にはキリスト教が置かれており、これがこの構想を奇妙に見せる原因の一つである」と説く。参照、山下公子『ヒトラー暗殺計画と抵抗運動』（講談社、1997年）179頁、本稿との関連では広く129-209頁。但し、山下・同書は、クライザウ・グループをはじめとした「抵抗運動」において、本稿が拘る「尊厳（Würde）」概念への言及を欠いているように見える。

18) Hofer (Hrsg.), a.a.O. (Fn. 11), S. 334 (邦訳456頁、傍点は服部による). Vgl. auch van Roon, a.a.O. (Fn. 13), S. 561.

19) 小論では手に余るのは、クライザウ・グループにおける「秩序」概念の問題である。彼らの考えの中で、「自然的な秩序（natürliche Ordnung）」という表現がよく見受けられ（vgl. Günter Brakelmann, Christsein im Widerstand: Helmuth James von Moltke. Einblicke in das Leben eines jungen Deutschen, 2008, etwa S. 89）、それは後述する（キリスト教的）自然法論などとも関係してくるところであろう（vgl. Brakelmann, a.a.O., S. 127-130）、かかる秩序重視の思考（vgl. etwa van Roon, a.a.O. (Fn. 13), S. 472) が、例えば、「具体的秩序思考」と、思想上、どういった関係にある

の基礎として、綱領に据えられたことは、前項で見た「白バラ」のビラにおける「人間の尊厳」の侵害を糾弾する形よりも、「原理・原則」を志向したものである。この点は、上述した、両者の活動の視線の相違ないし主体の相違として把握され得る。だが、後述するように、クライザウ・グループの活動自体は、戦後直ちには、今日のような形で脚光を浴びたわけではなかった、と言われている。

3　小括[20]

これら２つの反ナチ抵抗運動において表れた「尊厳」とは、何を意味していたのだろうか？　換言すれば、彼らは「尊厳」の概念をどのように理解していたのであろうか？　ドイツにおける研究を一瞥した限り、それぞれが複数の人間で構成されていた集団であってそれぞれの思想をひとくくりにすることが難しいこともあるからであろうか、概括的な研究はどうもほとんど見受けられない。ただ、双方に共通する思想的背景として、キリスト教の影響を指摘することは許されよう。この点を「法（法律ではない）」との関連で強引ながらまとめると、「キリスト教的自然法論」が鍵となる。「白バラ」については、上述のほか、例えば、グァルディーニによる追悼では、イエス・キリストへの信仰と犠牲に関連づけて説かれている[21]ことが、意味深である。「クライザウ・グループ」――とりわけモルトケとトロット――については、自然法論との関連が指摘されており、この線では、ボンヘッファーやバルト

のか否か、慎重な検討を要する。ここでは、未だ考察が深められているとは言い難い、かかる問いのみ投げかけておく。

20)　その他、あまり知られていないようであるが（對馬・前掲（注5）には出てこない）、1945年4月に起きた「バイエルン自由行動（Die Freiheitsaktion Bayern）」が掲げた綱領の中の10番目に「人間の尊厳の回復」が掲げられていることも付言しておこう。Vgl. Wolfgang Benz, Der Deutsche Widerstand gegen Hitler, 2014, S, 91 f. これに時間軸的に先立つ「白バラ」と、後述するように戦後その州憲法の第100条に「人間の人格の尊厳」を掲げた、《バイエルンという土地の共通性》は、「尊厳」概念にとっての同地方の重要性を示唆するように思われる。

21)　Vgl. Romano Guardini, Die Waage des Daseins, in: Die Waage des Daseins. Zum Gedächtnis von Sophie und Hans Scholl, Chiristoph Probst, Alexander Schmorell, Willi Graf, Prof. Dr. Huber und Hans Carl Leipelt, 1946, S. 9-19.

の考えなどとの考察が既に行われてきている[22]。モルトケについては、人間の内にある尊厳や人間らしい共同体(menschenwürdig)について、例えばスピノザの影響のほか、同じメンバーのデルプについても自然法的な考えが、例えば良心の自由について存することが、既に指摘されている[23]。グループの中心メンバーの一人であり、外交官（外務省の参事官）でもあり、その立場から外国の要人とも関係していた、アダム・フォン・トロットについても、その自然法論の立場から、「人間の自由と尊厳」を重視していたことが知られており、その活動の中には、1939年の秋にハリファックス卿について記した報告書の中に、キリスト教―カトリック的な文脈で、人間の生の本質的な必要と尊厳という文言が、英語で見受けられる[24]。

　後述するように、旧西ドイツのボン基本法制定に際して、人間の尊厳をめぐる議論においても、自然法の位置づけが問題とされた。自然法（論）は、戦後におけるその（具体的な）採否についてはさておき、戦時～戦後直後において「人間の尊厳」が説かれるにあたり、「通底」するものとなっていたことは、事実として否定できないであろう。

---

22) Vgl. Klemens von Klemperer, Naturrecht und der deutsche Widerstand gegen den Nationalsozialismus. Ein Beitrag zur Frage des deutschen »Sonderwegs«, in: Peter Steinbach und Johannes Tuchel (Hrsg.), Widerstand gegen den Nationalsozialismus, 1994, S. 43-53; Andreas Schott, Adam von Trott zu Solz: Jurist im Widerstand, 2001, vor allem S. 70 ff.（キリスト教について）u. S. 74 ff.（自然法について）．これらの「正面からの」検討に比して、小論の主張は、抵抗運動における「人間の尊厳」とキリスト教との関係を示唆するに止まる。ボンヘッファーとクライザウ・グループとの関連については、例えば、グループの一員であるペルヒャウ（牧師）との繋がり（彼はボンヘッファーと昵懇のヘフテンを通じて同グループの一員となった）などについて知られている。参照、對馬・前掲（注５）65-66頁。

23) Vgl. Brakelmann, a.a.O. (Fn. 19), etwa S. 66, 90 f., 93, zu Delp S. 127 f., usf.

24) Vgl. Hans Rothfels, Trott und die Außenpolitik des Widerstandes, Vierteljahrshefte für Zeitgeschichte, 12. Jahrgang Heft 3, 1964, S. 305 f. und S. 313-315; Schott, a.a.O. (Fn. 22), S. 145 Fn. 142.

III ナチズムにおける《Würde―尊厳》概念（？）

1 ヒトラー『わが闘争』における《Würde―尊厳》概念の指摘
（小松美彦説）

　実は、「人間の尊厳」を侵害した主体であるナチスの側からも「Würde」の概念が唱えられていたということが、我が国において注目されている。「人間の尊厳」概念自体に批判的な立場にある小松美彦は、ヒトラー『わが闘争』の中に、「Würde」概念が使用されていることを指摘する。厳密に考えれば、『わが闘争』が出版されたのが1925-26年であるから、同書を扱うことは、検討対象の時期を《第２次世界大戦時・戦後直後》に限っている本稿の趣旨とは若干ズレるが、戦後とりわけボン基本法における「人間の尊厳」との関連という観点から、かかる指摘にも目を向けておこう。確かに、小松に従って『わが闘争』を見ると、同書に「Würde」という概念が登場することを、「国家社会主義の国家観」に関する件の、以下の一節に確認できる。

> 「それゆえ、民族主義国家の最高の目的は、文化供給者としてより高い人類の美と品位［Würde］をつくりだす人種の本源的要素の維持を心がけることである。われわれはアーリア人種として、国家のもとに、この民族の維持を保証するだけにとどまらず、その精神的、理念的能力をいっそう育成することによって、最高の自由にまで導く民族のいきいきした有機体だけを考えることができるのである」[25]。

　この引用文における「Würde」を、小松は「尊厳」と訳し直す[26)27)]。小松の

---

25) Christian Hartmann u.a. (Hrsg.), Hitler, Mein Kampf. Eine kritische Edition, Band II, 2016, S. 1009（und auch S. 1008 Anm. 32）。邦訳：アドルフ・ヒトラー（平野一郎・将積茂訳）『わが闘争（下）』（株式会社 KADOKAWA、改版2001年）37頁（同所の訳文はゴシックになっているが、服部が明朝体に改めている）。

26) 参照、小松美彦『生権力の歴史 脳死・尊厳死・人間の尊厳をめぐって』（青土社、2012年）257（-258）頁。以下、本文では、「（人間の）尊厳」の概念の歴史に関する理解に対して批判を加えるが、小松自身も、この概念史について同書で――バイエルツの業績に主に従い――展開している（同書59頁以下）。だが、小松の同書の概念史に関する行論は、哲学・思想史における諸見解に関して、《「尊厳」概念それ自体に定位する》というよりも《「人格」概念を梃子としてそれら諸見解を生命倫理的観点へと引き

見解は、「人間の尊厳」概念が、ルネサンス期のピコ・デラ・ミランドラ以降、ナチスにおいても実は採用されている、と説く。小松は、「人間の尊厳」概念の伝統において、「精神を身体より上位に見ている」点に注目しており、精神的側面の育成を目指していたヒトラーおよびナチズムにおける人種主義における"精神的に価値のある人物"の助成を、ナチズムの安楽死思想（ビンディング／ホッヘの見解を含む）の基礎にあることを立論の基礎としている[28]。

2　この見解は正しいか？——„Würde" 概念の歴史的展開からの批判

　私は、この点に関するドイツの研究を簡単に渉猟したが、興味深いことに、小松のような形で『わが闘争』の中に「尊厳」概念が採用されていることに注目し、それが安楽死思想へと直結するような形で難じるものを、表だっては他に見いだせていない。この点についてはさらなる調査が俟たれるところではあるが、その事情として、次の２つの点が考えられる。即ち、ⓐ小松が説くようにナチズムにおいて「尊厳」概念（それは Würde の他の意味を排除した上での立論であることに注意が必要である）が重要な役回りを（実は）果たしていた、とする見方が一つである。もう一つは、ⓑナチズムにおいては（小松とは異なり）「Würde」は（日本語の、および「人間の尊厳」と一般的に言われる意味における）「尊厳」としては解されておらず、少なくともドイツにおける「尊厳」の概念史（あるいは理念史）の中では、戦後のボン基本法および現在の「Menschenwürde」に関連するものとしては捉えられていない、と考えるものである。ⓐとⓑは相互に排他的ではないであろうが、卑見は後者ⓑに

つけて理解しようとする》点に、特色がある。この小松の概念史の理解を、本稿が影響を受ける先行研究のそれとの《観点の違い》という点で片付けることも不可能ではないが（本文で後述するように、小松の考察およびその主張自体には傾聴すべきところは本稿も認める）、「尊厳」概念自体の理解を深めるという点では、小松の見解をそのまま受け容れるわけにはいかない——というのが、私の意図するところである。

27)　その他、民族裁判所（人民法廷）について、裁判長のフライスラーの公判のあり方を報告するテレックスにて、当時の法務大臣のティーラックは、フライスラーの話しぶりに「裁判の厳粛と尊厳（der Ernst und die Würde des Gerichts）」を傷つけた、としている。Vgl. Hofer, a.a.O. (Fn. 11) S. 356（邦訳488頁、尤も、ここでの Würde の訳は「威厳（ないし「威信」）」のほうがしっくりくるかもしれない）。

立つ。重要となるのは、《上述の引用文における「Würde」概念がどのような意味を持つのか》という問題である。小松は、この「Würde」概念を「尊厳」と訳し直すわけだが、この点については、2つの疑問を投げかけておきたい。第1の疑問は、仮に小松の言うように『わが闘争』における上記の文中における「Würde」概念が「尊厳」と訳されるとして、そこで言う「尊厳」というものが何か、じっくりと検討する必要がある、ということである。第2の疑問は、「Würde」に関して、日本語の「人間の尊厳」の概念に通常考えられるものとは別の（ないしそれとはズレた）意味が、『わが闘争』のこの文脈において考えられ（てい）るのではないか、ということである。両方の疑問点には、《Würde（ないしdignitas）概念の多義性および歴史的意味の展開の可能性》についての意識が通底している。卑見は——そしてこれはおそらくドイツにおけるWürde概念についての、上に引いた『わが闘争』の当該文章の自然な読解になるものと思われるが——、「文化供給者として（als kulturspendend）」・「美（Schönheit）」といった言葉と親和的であり歴史的にも学問分野的にも繋がりの深い「品位」という訳語や意味合いが強い、と思案する。美学におけるWürde概念を念頭に置くと、これに論及したものとして、シラーを挙げることができる。この点に関するシラーの直接的な文献である „Über die Anmut und Würde" (1793年)は、邦語で「優美と尊厳について」と訳されることが事実多い[29]。だが、シラーにおける「Würde（尊厳）」とは、可動的な美であり《美しい魂》によって動かされる（変化し得る）ものとしての《優美》（Anmut）と《偶然的なもの》（Zufälligkeit）という点でパラレルなものであり、崇高な志操（Gesinnung）の、人間が自らの衝動に対する精神の自由を表現

---

28) 参照、小松・前掲（注26）特に259頁。
29) Friedrich von Schlller, Über Anmut und Würde, 1793 の邦訳は、2種類存在する：シラー（大庭米治郎譯）「優美と尊嚴とに就て」『美學論集 上巻』（岩波書店、1925年）67-174頁、シラー（實吉捷郎譯）「優美と品位について」新關良三編『シラー選集 2 論文』（冨山房、1942年）113-184頁。シラーおよび美学関係の文献を一瞥すると、Würde に「尊厳」の訳語を充てるものがたしかに（比較的）多い。例えば、参照、内藤克彦『シラー』（清水書院、1994年）直接的には163頁、W. ヘンクマン・K. ロッター（後藤狷士ら監訳）『美学のキーワード』（勁草書房、2001年）172・282-283頁（「尊厳」・「優雅と尊厳」の項）。

したものであるとされる。かかるシラーの「Würde」は、後述するように、「人間の尊厳」の今日的・一般的な意味の中心をなしている、カントの「尊厳(Würde)」概念——とりわけ《内面の・その中核において変わり得ない、自己立法という特質》——とは異なる性質を有するものとされる[30]。話を『わが闘争』に戻すと：同書で説かれている「Würde」なるものが、カント的な意味なのか、それともシラーについて今しがた述べたような「美学」的な文脈と密接に絡む意味なのか、ひいては小松が重視するようにピコ的な意味なのか、概念史における位置づけや各説との繋がりについては、ヒトラーの思想および同書（所）の内実をきちんと解き明かすことを通じて慎重に解明しなければならない。関連して言えば：ヒトラーは、人権についても、「最も神聖な人権」を「同時に最も神聖な義務」であるとして、「それは最もすぐれた人類を保持することによって、人類のより尊い発展の可能性を与えるために、血を純粋に保つように配慮することである」としている[31]。しかし、ヒトラー自身の考えが、人権や人間の尊厳と反したものであることについては、『わが闘争』に関するドイツの研究においても指摘されている[32]（小松の

---

30) Vgl. von der Pfordten, a.a.O. (Fn. 1), S. 37. 本稿のシラー理解については同所に負う。

31) Hartmann u.a. (Hrsg.), a.a.O. (Fn. 25), S. 1027 (und auch S. 1026 Anm. 56, これはヒトラーが一般的（普遍的）な人権という理念を拒否したことなどに関する注であり、同注は小論の本文で後述する点にも関連する). 邦訳：ヒトラー（平野・将積訳）前掲（注25）47-48頁（同所の訳文はゴシックになっているが、服部が明朝体に改めている）。小松は、前掲書（注26）において、自己決定権にも批判を加えており（同書第二章）、小松の同所の議論を日本の憲法学における議論を前提に敷衍すれば、『わが闘争』の同所を以て小松が（ナチスにおける）「人権」概念にも批判を加えるもの、と予見することも不可能ではない（が、その点に関する批判が、本文以下および次注で挙げる文献となる）。

32) Vgl. dazu Barbara Zehnpfennig, Hitlers Mein Kampf. Eine Interpretation, 3. Aufl. 2006, S. 182. ついでに言えば、ツェーンプフェニヒの同書においては、小松が重視する、小論本文で引用した「Würde」概念が出てくる箇所につき、少なくとも、（日本語の）「尊厳」という観点からの論及は、管見の限り、見出せなかった。このことは、《ドイツでは、『わが闘争』の当該箇所につき、少なくとも「（人間の）尊厳」には関連しないものと理解されている》か、あるいは《ドイツでは、何らかの理由により（例えば、ヒトラー『わが闘争』が長らく禁書であったことなど）、同書につき「（人間の）尊厳」との関連性が、実は存在するのだが、そのことをドイツ人が気付いていない》

自己決定権批判については後述する)。

　以上を要するに、小松が(ピコと)ヒトラー『わが闘争』とを、両者がWürde という概念を用いているということにほぼ専ら注目し、これを以て「尊厳」の問題性(ナチスにおける優生学への繋がり)を指摘していることは、性急な考察であると言わざるを得ない。この点は、既に、他者によって、小松に直接批判が行われているところでもある[33]。付言すれば、小松の行論の出発点にある肝心のピコについても、突き放した見解が見られる。小松は、アガンベンに依拠しているからか、ピコの弁論録[演説]『人間の尊厳について』が「『人間の尊厳』という言葉を書名にはじめて冠した『人文主義のマニフェスト』」と称されることを指摘し、ピコの同書から「『人間の尊厳』概念の基底を剔抉する」[34]。だが、フォン・デア・プフォルテンは、このピコの演説において、「《*dignitas humana*》ないし《*dignitas hominis*》という表現は、一回も出てこない。つまり、ピコは、人間との関連では、*dignitas* という言葉・概念を使用しておらず、むしろ逆にそれを避けてさえいる」と言う[35]。第二に(この点は小松も言及しているが)、この演説のタイトルがピコによるものではなく、没後にエムサーによって、著作集にタイトルが付け足された、という事情である[36]。ピコ自身の見解については紙幅の都合から割愛

　のか、という、2通りの解釈が可能であろう。卑見は前者を採る。
33)　他者による指摘として、参照、小松『生を肯定する いのちの弁別にあらがうために』(青土社、2013年)例えば53頁以下、62-63頁(香川知晶との対談中の香川の発言箇所)、197-198頁・204-205頁(金森修との対談中の金森の発言箇所)・217頁・237-243頁(小泉義之との対談中の小泉の発言箇所)。
34)　参照、小松・前掲(注26)204頁(以下)。強調(ゴマ点)は小松による。小松は、本文で後述する、ピコのタイトルの問題についてもアガンベンに従い指摘しているが(同書206頁)、本稿(が依拠する von der Pfordten 説)との違いは、ピコ自身がそもそも「人間の尊厳」概念自体の使用を避けている、という点にある。
35)　Von der Pfordten, a.a.O. (Fn. 1), S. 25 ff. 続けて曰く:「ピコは、一回だけ、我々が熱心に見習うべき対象である天使の『尊厳』について語っている([De hominis dignitate, Über die Würde des Menschen] S. 11 (邦訳:大出哲・阿部包・伊藤博明訳『人間の尊厳について』(国文社、1985年)22頁)。ピコが十分に知っているファーチョとマネッティらによるテキストに鑑みると、《このようにピコにおいて人間との関連で「尊厳 dignitas」という語が欠けているということを単なる偶然である》と想定してはならないであろう」。

するが、重要なことは、小松が説くほど、ピコは、「(人間の) 尊厳」論の中で重視されるものではない——少なくとも、この点での小松の見解については、前提の段階で大きな異論が存する——という点である。

IV　むすびにかえて

　小論の冒頭で述べた、戦後の（西）ドイツで制定された、ボン基本法第1条第1項における「人間の尊厳」の規定と、IIで見た反ナチ抵抗運動とは、どのような関係にあるのだろうか？　この点については、私自身の検討不足を棚上げにするつもりはないが、ドイツの研究状況では、確固とした論究がまだ十分ではないように見える。あるいは、そのことは、《反ナチ抵抗の諸運動と、戦後の当該概念および関連諸規定との直接的な関係が無いもしくは薄い》ということを暗示するものなのだろうか？

　ボン基本法（の制定）に至るまで、占領軍からの指令〜ドイツ側の立案、コブレンツでの会議、ヘレンキームゼーでの会議、議会評議会での審議[37]、という経緯を辿っている[38]。肝心の、ボン基本法第1条第1項については、先行業績によれば、1946年12月のバイエルン州憲法（第100条）をはじめ、「人間の人格の尊厳」等の文言を規定しており、その影響が指摘されている[39]。

---

36)　Vgl. von der Pfordten, a.a.O. (Fn. 1), S. 26. 小松・前掲（注26）206頁も参照。

37)　Vgl. von der Pfordten, a.a.O. (Fn. 1), S. 47; näher dazu Erhard H. M. Lange, Die Würde des Menschen ist unantastbar. Der Parlamentarische Rat und das Grundgesetz, 1993, insb. S. 118-127.

38)　この点に関する邦語文献として、参照、小林昭三「『ボン基本法』の制定経過に関する覚書」早稲田政治經濟學雜誌161号（1960年）113-136頁。次注に挙げる田口論文も参照。青柳幸一『憲法における人間の尊厳』（尚学社、2009年）3-44頁は、日本国憲法との関連（同法における「個人の尊重」「個人の尊厳」概念の規定を含む）を含め、概括的な言及を行う。その他、以降の「人間の尊厳」に関する議論については、玉蟲由樹『人間の尊厳保障の法理——人間の尊厳条項の規範的意義と動態』（尚学社、2013年）がある。

39)　邦語文献として、参照、田口精一「ボン基本法における人間の尊厳について」法學研究33巻12号（1960年）特に172-180頁、櫻井智章「基本法に与えたバイエルン憲法の影響」毛利透ら編『比較憲法学の現状と展望』（成文堂、2018年）特に149-156頁。櫻井・同所においては、《バイエルン憲法の影響》という観点が強く働いていることもあ

とりわけ、議会評議会においては、原則問題委員会におけるホイスとカルロ・シュミットとの間での議論が知られている。フォン・デア・プフォルテンによるまとめに依拠すると[40]：ボン基本法の第1条第1項に規定される尊厳の内実に関する議論としては、1948年9月23日に開催された上記委員会において、テオドア・ホイス（後の連邦大統領）と、カルロ・シュミット（SPDの政治家）との間での議論があった。シュミットが第1条を定式化するにあたり、「人間に値する生存の尊厳」ということを提案したことに対して、ホイスが「人間の本質的存在^{Wesen}の尊厳」ということを唱えた。ホイスの考えでは、シュミットの「生存^{Dasein}」という表現がいささか「生物学的」なものであるが、尊厳はこれに対して人間自身の内に存在するものと考えられていた。このホイスの提案を軽く変更した定式化が貫徹され、現在に至る第1条第1項となった、ということである。

小論の関心からすると、「白バラ」やクライザウ・グループにおける「尊厳」概念と、（憲法会議〜制定過程と）ボン基本法における「人間の尊厳」との（直接的）関連性は、小論の関心にも拘わらず、現段階の卑見によれば、「薄い」と判断せざるを得ないところでもある[41]。その解明のために必要な、《戦後のこれらの過程でキーマンとなる各人物と、Ⅱで見た戦時期の抵抗運動における諸アクターとの（人的）関係などについて突き止める》という作業に、現時点で十分に取り組めているわけではない。尤も、ドイツにおいても、戦時期（ナチ期）における「尊厳」概念と、戦後のボン基本法における「人間の尊厳」との関係（もっと言えば連続性）についての研究はさほど進んで

り、ナヴィアスキーの見解の重要性が注目されている（ナヴィアスキーについての文献として、本稿では次のもののみ挙げておく：Hans Nawiasky, Die Grundgedanken des Grundgesetzes für die Bundesrepublik Deutschland, 1950, v. a. S. 25 f.)、ドイツ語の文献ではナヴィアスキーへの言及が無いものも在る（vgl. Lange, a.a.O. (Fn. 37))。

40) Vgl. von der Pfordten, a.a.O. (Fn. 1), S. 47. Siehe auch Der Parlamentarische Rat 1948-1949: Akten und Protokolle, Bd. 5/I, Ausschuß für Grundsatzfragen, 1993, S. 72.
41) そう考える理由の一つは、議会評議会の議事録（注40の文献参照）において、どうも、「白バラ」の面々や、モルトケらへの言及が、一見したところ見受けられないことにある。この点はさらなる考究が俟たれる。

いるとは思われない。この点を考えるにあたり、考慮すべき事情としては、Ⅱで見た戦時期の抵抗運動が、戦後直後すぐに（再）評価されたというわけではなく、むしろ冷ややかな視線を以て見られていた、という事実である。對馬によれば、占領下における非ナチ化の中で、ドイツ人による反ナチ運動の存在は無視され否定され伏せられた、とされ、東西ドイツが分断されてから、これらの運動に光が当てられることとなった[42]。即ち、個々のアクターの次元はさておき、反ナチ抵抗運動、ひいてはそこにおける「尊厳」概念は、この憲法制定に至る段階（時期）では、事実として、（あまり）知られていなかった、という可能性がかなり高い。しかしながら、他方で、この会議においては、他にも、既に「人間の尊厳」を規定していた、世界人権宣言の影響についても注目されていることにも注意が必要である[43]。歴史を俯瞰すると、反ナチ抵抗運動―ボン基本法とは、キリスト教的「自然法」で以て――薄い形ではあるが――繋がっていた、と見ることも可能であり、ことを「尊厳」概念について言えば、おそらくはこの線が、戦時～戦後直後とを繋ぐラインであったのであろう。無論、そうだからといって、所謂（戦後の）自然法ルネッサンスについては、ナチ期との関連で、冷徹な分析が必要であ

---

42) 参照、對馬・前掲（注5）216頁以下。
43) Vgl. Lange, a.a.O. (Fn. 37), S. 119. 具体的には、1948年11月18日の原則問題委員会の第22回目の会議では、マンゴールド（彼の自然法への考えについては別途検討が必要であろう）が、世界人権宣言の前文（における「人類社会の全ての構成員の固有の尊厳と平等で譲ることの出来ない権利とを承認することは、世界に於ける自由、正義及び平和の基礎を構成するので…」の文言（岩沢雄司編集代表『国際条約集 2016年版』（有斐閣、2016年）289頁より）、会議ではドイツ語のものが引かれている）の参照を促していることが知られている。Vgl. Entstehungsgeschichte der Artikel des Grundgesetzes (bearbeitet von Klaus-Berto v. Doemming, Rudolf Werner Füsslein und Werner Matz), JöR, Bd. 1, 1951, S. 50. 世界人権宣言における「人間の尊厳」概念（の起草・制定過程）については、邦語文献として、次のものがある：小坂田裕子「国際人権法における人間の尊厳（一）・（二）―世界人権宣言及び国際人権規約の起草過程を中心に―」中京法学46巻1・2号（2012年）25-57頁、同巻3・4号（同年）101-122頁。また、本稿の全体の構成からすると、世界人権宣言の思想的な基礎にもなっている、ジャック・マリタン（の「人間の尊厳」論）に対する小松の批判（参照、小松・前掲（注26）274-279頁）についても云々する必要があるが、機会を改めて行いたい。

ることは、いくら強調してもしたりないところである[44]。

　他面で、Ⅲで見た小松の見解、即ち《（ピコ～）ヒトラーの『わが闘争』～ボン基本法》とを「人間の尊厳」で連続して捉えることは、私見によれば、ピコ（を「人間の尊厳」論のいわば転轍手的な）理解と、『わが闘争』のWürde概念（が「尊厳」とは直接的に言い難いが故）の含みに鑑みて、やはり無理があるように思われる。要は、「人間の尊厳」を法秩序の頂点かつ基盤に配しているドイツにおける当該概念の研究の次元は、単一の思想家（アガンベンなど）に依拠する形でなぞらえていって済ませられるような浅薄なものではない、ということである。『わが闘争』における「Würde」概念について、卑見は、むしろ、美と品格というセットで論じられている文脈（例えば「政治の美学化」[45]など）を念頭に、《ナチズムにおける美学（と国家論）》という観点から、問題を見ていくべきではないかと考えている[46]。

　重要なことは、「尊厳」の多義性、そしてそれぞれの意味の歴史的展開を、いまいちどきちんと整理することであろう。例えば、フォン・デア・プフォルテンは、その著『人間の尊厳』（注1参照）において、「尊厳」とされるものにつき、人間の内面に関わる／外面に関わる、不可変の／可変的な、必然的であるか否か、といった基軸を立て、自律（自己決定）、平等、社会的立場（諸身分・立場におけるもの、歴史的・文化的には日本語での「品位・品格」と言ってもよい）、これらの前提となる経済的・物質的条件、という4つの意味が、「尊

---

[44]　参照、青井秀夫『法理学概説』（有斐閣、2007年）第13章（併せて第12章・第14章）。
[45]　この点に関する最近のものとして、参照、田野大輔『魅惑する帝国――政治の美学化とナチズム』（名古屋大学出版会、2007年）特に終章。
[46]　ちなみに、我が国においても、戦時期において、《日本の伝統の強さと美しさ》が強調され、しかもそれは大東亜戦争の戦局と結びつけられて説かれていた。一例として、参照、廣濱嘉雄『御民吾と日本の傳統』（日本放送出版協會、1943年）47-62頁。廣濱・同書は、教職適格審査において問題とされた一冊ではあるが、この「美しさ」如何の議論が同審査において問題とはされていない。なお、拙稿「廣濱嘉雄の法理学に関する一考察――三重構造論とその展開を中心に――（二）」松山大学論集26巻5号（2014年）319-323頁では「判定書案」をおこしたが、判定書自体（写、手書き）については、「人事／2010／H27不適格者関係綴」に収められている。判定書自体と「判定書案」とでは大きな違いは存しないが、このあたりの点を含め、廣濱については改めて論じる予定である。

厳」の内容となっていると指摘し、それぞれにつき歴史的展開をまとめている。こうした分類についても、色々と考えられるであろうが、西洋における尊厳ないしWürdeの概念が持つ広がりを、分野を超えておさえつつ、その本質的な意味を確定していくことが、かかる複雑ながら重要な「人間の尊厳」の概念をいわば「モノにする」ために、欠かせない作業であると言えよう。

だが、実は、より本質的な問題として、日本人にとって「尊厳」なるものの理解のあり方如何？ という問題が横たわる[47]。小論に残された紙幅がもはや少ないが、《日本における「尊厳」概念》につき、簡単に整理しておこう。我々にとって肝要な問題を2点挙げておこう。1点目は、これらの「尊厳」の内実に関わるものであり、端的には、《ここでいわれている「尊厳」とは何か》という問題である。2点目は、かかる「尊厳」の《主体》は誰なのか、という点である（あるいは、ここで「主体」という着眼の仕方が西欧近代的なものではないか、という異論の余地もあるが、それはさしあたり横に置く）。この問いに関する私見を披瀝しておけば：1つ目の問いについては、日本人にとっての「尊厳」とは、今日の意味における「権威」・「威厳」という意味合いが、なおも強いように思われる、ということである。これは、2つ目の問いとも繋がる。即ち、戦前～戦時期の複数の（公的）テキストにおいて、「尊厳」の主体は、「國體」や天皇、皇室といった《権威のあるもの》が考えられていた。これが戦後初期においても確認され得るのであり、さらには、今日の我々にも通底するところでもあるように感じられるのである。

まず確認しておくべきことは、《日本語の「尊厳」は、欧米の原語（dignitas, Würdeなど）の翻訳語として作られたのではなく、言葉としてそれ以前より存在していた》という事実である。よく挙げられるのは、江戸時代の水戸学のテキストであり、そこでの「尊厳」の主体は「國體」であっ

---

[47] 日本における「（人間の）尊厳」に関する議論については、別稿を予定しており、以下の本文では、本稿に関わるところにつき、ポイントとなる点のみを簡単に触れるに止める。「尊厳」を日本（語）の観点から扱うものとして、長町裕司・永井敦子・高山貞美編『人間の尊厳を問い直す』（上智大学出版、2011年）に所収されている、大橋容一郎、瀬間正之、北條勝貴、高山貞美、田中裕による各論稿があるが、本稿の関心と大きく異にするため、これらへの言及は割愛する。

た[48]。

　ここから明治に移り、確かに、上述した欧米の原語の訳語として「尊厳」が充てられる。早い段階でそのような訳語の理解を行った一例として、吉田静致『國民道徳の新修養』(教育新潮研究會、1914年) がある[49]。同書では、ヘーゲルを引きながら、「人間の尊厳」を説き (同書43-44頁)、さらには優生学について、人間の尊厳を毀損する旨を述べて反対していることに注意を促しておこう (同書155頁)。だが、同時に、「國體の尊厳」という用語も語っている (同書217頁以下)。

　小論の考察範囲の限定性に鑑み、戦後直後に関するテキストに目を向けよう[50]。哲学者の長谷川三千子は、昭和20年8月15日に流れた「玉音放送」を

---

[48] 参照、徳川斉昭「弘道館記」今井宇三郎・瀬谷義彦・尾藤正英校注『水戸学 (日本思想大系 53)』(岩波書店、1973年) 230-232頁。ここでは、国体自体に尊厳があるという見解が見られる。本稿では「尊厳」にスポットを当てているが、その主体としての「國體」概念についても、水戸学は重要である (長谷川・後掲 (注51) 255-258頁も参照)。

[49] 吉田静致『國民道徳の新修養』(教育新潮研究會、1914年)。吉田静致 (1872-1945) については、参照、山田孝雄「吉田静致博士の人と思想」精神科学創刊号 (1962年) 44-49頁。

[50] 戦後の法体制・政治体制への大きな転換点の一つとして、極東国際軍事裁判 (東京裁判) を外すわけにはいかない (これに関する最近の文献として、国士舘大学極東国際軍事裁判研究プロジェクト『新・東京裁判論 GHQ戦争贖罪計画と戦後日本人の精神』(産経新聞出版、2018年) のみを挙げておく)。では、この裁判およびそれに至る一連のプロセスで「尊厳 (dignity)」が問題となったり、重要な概念となったりしたかというと、簡単にサーヴェイした限りでは、必ずしもそうではないようである。例えば、同裁判に関する規定類の中で「dignity」が出てくるのは、「極東国際軍事裁判所手続規定」の第3条 (公判廷の秩序維持) に「裁判所の威信 (dignity of the Tribunal)」とあるくらいである。この条文の邦訳を以下挙げておくと (法務大臣官房司法法制調査部『戦争犯罪裁判関係法令集 第Ⅰ巻』(1963年) 74頁より。なお原文は同73頁に掲載されている):
　　第3条　公判廷の秩序維持
　　　[極東国際軍事裁判所] 条例第12条の規定に従い、かつ、同条の定める懲戒権に基づき、裁判所は、裁判長により、法廷における秩序の維持に任ずる。被告人又はその他の者が、裁判所の命令を遵守せず又は裁判所の威信を損傷する行為があったときは (for failure to observe and respect the directive or dignity of the Tribunal)、裁判所の公判廷から退席させられることがあるものとする。
　また極東国際軍事裁判の判決自体でも (Neil Boister and Robert Cryer (ed.), Documents on the Tokyo International Military Tribunal, 2008 に拠る)、「dignity」

聞いた日本人の精神が「麻痺状態」にあるとして、この分析を『神やぶれたまはず』で行っている。同書の終盤で、長谷川は、「国体」の概念につき後期水戸学（藤田東湖）のテキストに一瞥し、近代以降の西洋の政治思想が「君主主権」か「国民主権」かの間の（君民の、国内の）対立を前提としていることと対照的に、「上下あひ和す」という政治道徳を基本とする日本の伝統思想（国体）がもっとも理想的な政治思想であるとしつつ、しかし、ぎりぎりの国家存亡の危機においてはこれが困難なジレンマを生みだしてしまう、と指摘する。長谷川は、入江隆則による『敗者の戦後』〔（文藝春秋、2015年）351頁〕からの次の一節を受け、「国体尊厳」の姿を見る：

> 「一九四五年の日本の戦略降伏のいちじるしい特徴は、天皇を護ることを唯一絶対の条件にしたことだった。同時に天皇は国民を救うために『自分はどうなってもいい』という決心をされていて、こんな降伏の仕方をした民族は世界の近代史のなかに存在しないばかりか、古代からの歴史のなかでもきわめて珍しい例ではないかと思う」[51]。

この入江のテキストのなかに、東湖の「国体尊厳」の姿そのものを見つつも、長谷川は、「日本は降伏することもしないこともできない」というおそるべきジレンマを「もつとも簡明に描き出してゐる」とする[52]。降伏をめぐる混沌とした状況について一言してから、長谷川は次のように分析する：「降伏すれば自分たちの命は助かるかもしれないが、それは敵に天皇陛下の首をさし出すことにほかならない――これは国体思想云々の以前に、人間としての尊厳を問われる選択と言ふべきであらう」[53]。

　　　　概念は、多数意見で1ヶ所（ibid. p. 589）、パール判決で2ヶ所（ibid. p. 1311 and p. 1344）に見られるに止まる（この点はさらなる精査を要する）。同裁判に先立つニュルンベルク裁判においても、おそらく同様であって、「dignity」概念が表立って重要な役回りを果たしたとまでは言えないのではないだろうか。
51）　長谷川三千子『神やぶれたまはず――昭和二十年八月十五日正午』（中央公論新社、2016年）258頁。なお、同書は歴史的仮名遣いで書かれており、同書からの直接引用についてはそのまま引用する。
52）　参照、長谷川・前掲（注51）258頁（ゴマ点は長谷川自身による）。
53）　長谷川・前掲（注51）259頁（ここの傍点は服部による）。「ジレンマ」については、同253頁・285頁のほか、それが最も分かりやすく説示されている、同261頁の次の一節を引いておこう：

小論では、長谷川がここで説こうとしている、戦後の「国体の護持」をめぐる問題の当否は横に置く。問題は、ここで長谷川が「人間[54]としての尊厳」という用語を急に持ち出してくることであり、卑見はこれに違和感を禁じ得ない。《長谷川の考察が戦後直後の当時の人たちに対する現在の視点からのものだ》というのであるということを汲んだとしても、《戦後直後の人々[people][55]の間に、「人間としての尊厳」という概念があったのか》について、論証が必要である。この論証は、私自身の課題でもあるが、卑見は、長谷川の見解と異なり、《戦後直後の人々には、やがて1946年に公布された日本国憲法（および1947年に改正された民法旧第1条の2（当時））に規定された「個人の尊厳」という用語が出現した時点が、「尊厳」というもの（それは無論「物」で

　　　「…大東亜戦争の末期、わが国の天皇は国民を救ふために命を投げ出す覚悟をかため、国民は戦ひ抜く覚悟をかためてゐた。すなはち天皇は一刻も早い降伏を望まれ、国民の立場からは、降伏はありえない選択であつた。
　　　これは美しいジレンマである。と同時に、絶望的な怖ろしいジレンマでもある。そして、この美しくも怖ろしいジレンマを、自らの現実的な政治課題として負はされたのが、このときの日本政府であつた」。

54)　あるいは、より本質的な問題は、長谷川の行論における「人間」概念（の不明確さ）である。本文で引いた（前注より続く）文章に続くところで長谷川は、誰かを身代りに差し出すことによって自分の命が助かるという〈卑怯者の道〉を選ぶことにつき、「たとへその『誰か』が、取るに足らないやうな人間であつたとしても、そのやうにして生き延びた人間の生には、その後一生のあひだ、卑怯と卑劣の汚辱がこびりついたま、となる。まして、それが天皇陛下の生命とひきかへにあがなはれるといふことになれば、そのことによつて生き延びた日本国民は、卑怯だの卑劣だのといふより、もはや端的に日本国民ではなくなつてゐる、と言ふべきであらう」（長谷川・前掲（注51）259頁、傍点につき、黒点は服部、ゴマ点は長谷川による）。この箇所で、（「取るに足ら」なくても本来は尊厳の主体として考へられるべきはずの）「人間」が「（日本）国民」に置き換へられていることに、長谷川の（分析が前提している）人間観、ひいては尊厳観を垣間見ることが可能である。即ち、長谷川の思考回路においては、「日本国民」であることに、「人間としての尊厳」を説く（ないし「尊厳」を認める）条件が設置されているのである。だが、「人間（として）の尊厳」とは、「取るに足らないやうな人間」にも当然に認められるべきものではないのか。

55)　ここで私が《人々＝people》としていることの背景は、所謂《和辻 vs. 佐々木論争》において、天皇が国民であるかが争点の一つとなったことを念頭に置いていることである。この点が明白な箇所として、参照、和辻哲郎「國體變更論についての佐々木博士の教を乞ふ」世界15号（1947年）51-52頁、佐々木惣一「國體の問題の諸論點――和辻教授に答ふ――」季刊法律學4号（1948年）33-35頁、和辻「國體變更論についての佐々木博士の教示をよむ」表現1巻5号（1948年）16頁。

はない）が「国民」ないし「人々(people)」にとって自分に関わる Sache であるという契機(Moment)であったはずだった》、と思案する。別言すれば、長谷川が入江のテキストを読み主張するところの、《玉音放送を人々(people)が聞いた頃に、「人間の尊厳」という「概念」自体が人々(people)の内に存していたのか否か》実証されなければならない。別言すれば、終戦直後という時間を限定して考えると、その当時、「尊厳」の「主体」として（まだ）考えられていたのは、端的には、「天皇」「皇室」「国体」というものであったはずである。一例は、1949（昭和24）年5月24日に廃止される新聞紙法の第42条に、「皇室ノ尊厳ヲ冒瀆シ政体ヲ変改シ又ハ朝憲ヲ紊乱セムトスル事項ヲ新聞紙ニ掲載シタルトキハ発行人、編輯人、印刷人ヲ二年以下ノ禁錮及三百円以下ノ罰金ニ処ス」とあったことである[56]。論点を深めるために、同時期における重要な憲法判例である、いわゆるプラカード事件（最大判1948（昭和23）年5月26日刑集2巻6号529頁）を一瞥しよう：同判決において、「尊厳」という用語を確認できるけれども、その主体は、「天皇及び皇族」（霜山精一・沢田竹治郎意見、同553頁）、「天皇（の地位）」（庄野理一意見、同559頁）である（控訴審（東京高判1947（昭和22）年6月28日同607頁）においても、不敬罪の制定につき説示する件で「天皇等の尊厳」・「天皇の尊厳」という用語がある（同608-609頁））。注意を向けるべきは、「天皇」以外を尊厳の主体として見えていたはずの立場である弁護人側からの、上告趣意書における「尊厳」の主体である。正木昊の上告主意においては、マッカーサーの記事における "The dignity of the state will become the dignity of the individual citizen…" という一節を引きながらも（同567頁）、尊厳の主体としての「個人（個々の市民）」ということには言及が無い（控訴審における「天皇等の尊厳」の引用文（同569-570頁）は横に置く）。布施辰治の上告趣意では「傳統的天皇位の尊嚴」・「天皇位の尊嚴」・「天皇等の尊嚴」・「天皇制天皇位の尊嚴」・「傳統的天皇制的尊嚴」（同583-585頁、控訴審中の文言への言及も含む）、青柳盛雄の上告趣意では「天皇」や「天皇個人」につき、「尊厳」・「特殊の尊厳」を（同596-601頁、控訴審中の文言への言及も含む）、といった形で語られる。しかし、彼ら弁護人たちがこれらの表現で《天皇の尊厳》を俎上に載せるということを意図していたとはいえ、それに代替されるべきはずの「人間の

「尊厳」はおろか、新たに日本国憲法下において既に見られていた「個人の尊厳」という用語も見いだせない。刮目すべきは、本件の被告人である、松島松太郎の上告趣意であり、「天皇の尊厳」とあるが（同579頁）、尊厳の主体として、自らはおろか、「一般人」（同576頁）・「人民」（同578頁）・「勤勞人民」（同579頁・580頁）を観念していない。これら事実は、市民（の人権、あるいは「尊厳」）のために立ち上がったであろう彼ら弁護団、さらには「一般人」「（勤勞）人民」である被告人における、「尊厳」の主体についての認識（の（不）十分さ）を示すものとしては、十分である。同時に、長谷川の行論中の「人間としての尊厳」云々を語るための地盤が当時確固として存立していたかどうかにつき、大きな異論を突きつける《ファクト》でもある。

本稿の全体の趣旨に遡ると、日本の戦時期における、ドイツにおける反ナチ抵抗運動に類似した「抵抗運動」に包摂され（得）る活動につき、《その主体たちにおいて、「人間の尊厳」が観念されていたか、いたとすればどのような意味でか》という問いが立てられる。紙幅をもはや超過しているこの小論では、この問いに正面から答えを出すことは、筆者の能力の限界も相俟って、能わざるものである。これらの問いについては、上記「プラカード事件」の弁護人たちの戦時下の言説の分析が俟たれるところであるが、卑見は、少なくとも、前者の問い（日本の「抵抗運動」における人間の尊厳の観点の存否と軽重如何）については、肯定的な回答を出すことにためらいを感じている。

私見は、この「プラカード事件」において「人間の尊厳」——あるいは「尊厳」概念——が、我々の（このような表現が最適か分からないがさしあたってしっくりくる言葉で言えば）「モノになっていない」ことが示されている、と思案する。この私見は、あるいは、2016年に発生した所謂「やまゆり園障害者殺傷事件」の被告人が「（人間の）尊厳」を自らの「考え」に配置している[57]

---

56) 参照、我妻栄編集代表『旧法令集』（有斐閣、1968年）67頁。傍点は服部による。
57) 参照、月刊『創』編集部編『開けられたパンドラの箱 やまゆり園障害者殺傷事件』（創出版、2018年）33頁・119頁。もとより、被告人のかかる「尊厳」概念の意味については、別途、慎重な検討を要するであろう。小松・後掲（注58）313頁は、被告人の「『人間の尊厳』とは、心が備わっていること」としているが（同285頁も参照）、卑見

ところとも関連するであろう。この事件におけるかかる経緯を注視する小松[58]の用心深さと、優生学—安楽死・尊厳死との連続性の問題意識如何については、たしかに傾聴に値するところはあるが、それ以前に、そもそも、「尊厳」なるものが何なのかについて、我々は、実はまだ「モノにしていない」という段階が続いているように見える。

　上述したように、「人間の尊厳」の概念は多義的であり、しかも「個人の尊重」・「個人の尊厳」との異同についても色々論じられていることも手伝い、日本法ひいては日本社会において、収まっているとは言い難いような状況にある。ドイツの「人間の尊厳」概念につき、とりわけ基本法第1条第1項における同概念をそっくりそのまま「移植」することはおろか、それを念頭に色々と論じること自体が、実は空回りするかのような事態に陥っていないだろうか。このあたりの点は、いったん検証されてよいように思われる。その上で、ドイツが辿ったように、まずは、我々の現実を直視しながら、「プラカード事件」の当事者側においても認識されなかったであろうところの、希求されるべき尊厳として、「人間に値する生存」という点から、「人間の尊厳」を根付かせていくことが、当該概念を我々のまずは「モノにする」ための、確かな歩みとなるであろう[59]。

　　はより注意深い考察が必要であると思案する。
58)　参照、小松『「自己決定権」という罠　ナチスから相模原障害者殺傷事件まで』（言視舎、2018年）281-319頁。小松の自己決定（権批判）論についての検討についても、他日を期したい。
59)　これは、篠原敏雄のライフワークである「市民法」論が、おそらく、少なくとも「一旦は」意識したものの、本格的に取り上げられなかった点であると思われる。「一旦は」というのは、篠原がマイホーファーの見解を取り上げた際に、その「人間的な社会」について言及しているところである（参照、篠原敏雄『市民法学の可能性―自由の実現とヘーゲル、マルクス―』（勁草書房、2003年）84-104頁、特に95-104頁）。だが、篠原の市民法論の主体が——人間それ自体ではなく（！）——あくまで「市民」であり、その行動の舞台も「市民社会」であって、そして篠原の視線も、「現実の人間」それ自体の把握よりはむしろ、理想とされるであろう「市民」——篠原の言葉では「士民」——に向いていた（参照、同『市民法学の輪郭　「市民的徳」と「人権」の法哲学』（勁草書房、2016年）70-89頁、特に88頁）。篠原の最晩年の姿（国士舘大学極東国際軍事裁判研究プロジェクト・前掲（注50）39頁の写真を参照されたい）は、それを体現していたものと映る。

［付記］本稿は、JSPS 科研費（JP19K01253）および2019年度南山大学パッヘ研究奨励金Ⅰ－A－2の研究成果の一部である。

法の概念と性質について

濱真一郎

I　法の概念と性質
II　法の性質は変化するか
III　法は必要不可欠な特徴を有するか
IV　むすびに代えて

I　法の概念と性質

　H. L. A. Hart は、主著の『法の概念』(初版は1961年) において、法の概念について分析を行ったが、概念 (concept) とは何であるかについては詳しく論じていなかった。J. Raz は、概念とは何かについて検討した上で、法の概念を分析することは、その概念が指し示している法の性質 (nature) の検討なのである、という見解を提示している。

　＊本章では、Raz の *Between Authority and Interpretation*[1] を BAI と略記し、参照する際に本文中に頁数と共に記す。

　Raz によると、概念は、哲学研究の対象であり、概念分析の標的であるが、それは哲学的に作り出されたものである。なお、概念には、非哲学的に

---

1) Joseph Raz, *Between Authority and Interpretation: On the Theory of Law and Practical Reason* (Oxford University Press, 2009).

作り出すことが可能なもの（たとえば「製品概念」など）もあるが、Razは哲学的な概念に焦点を合わせる。哲学的なものであれ、非哲学的なものであれ、概念とは、人々が対象ないし現象をどのように心に思い描くかに関係している（BAI, p. 18）。

　論者のなかには、一方で、概念について、それを語句（word and phrase）の意味と同一視する者がいる。他方で、概念について、それを対象の性質と結合させる者がいる。後者の論者としては、たとえばG. RyleやHartがいる。彼らは心や法の概念の説明をなす際に、心および法の性質についての説明を提供しようとしていた（BAI, pp. 18-19）。

　Razによると、以上の両方の研究手法（概念を（語句の）意味と同一視する研究手法と、概念を性質と結合させる研究手法）には正しい部分もあるが、両方とも間違っておりミスリーディングである。というのも、概念は、世界の諸側面についてのわれわれの把握の仕方なのであり、そして概念は、言葉（words）およびその言葉の意味（概念は言葉によって表明される）と、事物（概念が対応している事物）の性質との中間に、存在しているからである（BAI, p. 19）。

　以上で、概念についてのRazの説明を確認した。次に、法の概念についての彼の議論を見ていこう。Razによると、法に関しては、法の概念とその意味（法という言葉の意味）は同じではないということが容易に分かる。Hartは、「法」という言葉の意味を説明していないし、それを説明しようと試みてもいない（BAI, p. 19）。

　すなわちHartは、よく知られている社会制度の性質を説明しようとしている。言語のなかには、この社会制度に対応する言葉をもっている言語もあれば、もっていない言語もある。英語圏では、「法」という表現の意味は、法の概念と同一ではない。もちろん、われわれ（英語圏の人々）は法の概念（the concept of law）という表現をするし、その概念を利用したり言及したりする。しかし、われわれは、「法（'law' or 'the law'）」という表現を用いなくても、たとえば裁判制度や立法制度や国家が制定したルールについて語ることで、法について語ることができる。さらに重要なのは、われわれが法について（科学の法則などについてではなく、社会制度としての法について）語っているか

否かは文脈に依存する、ということである。指示的意味（reference）（筆者なりに言い換えれば、言及されている事柄の意味、ここでは社会制度としての法のこと）が文脈によって確定可能であるならば、特定の語句（ここでは「法」という言葉）を用いて概念を確定する必要はない（BAI, p. 20）。

さて、ある対象の概念を理解するためには、その対象のすべての必要不可欠な特徴を理解する必要があるだろうか。Razによると、そうではない。たとえば、正三角形と等辺三角形の概念は同じではないが、正三角形の必要不可欠な特徴は、等辺三角形の必要不可欠な特徴と同じである。人は、正三角形の特徴が等辺三角形の特徴と同じであることを知らなくても、正三角形の概念を把握することができるであろう。この例が示すように、ある概念を把握するためには、（その概念が指し示す）対象のすべての必要不可欠な特徴を理解する必要はなく、その対象の最小限の特徴を理解すればよいものとされる（BAI, p. 21）。

Razは次に、以上での検討を踏まえて、概念の説明とはどのようなものかについて論じている。彼によると、ある概念の説明は以下の四つの部分で構成される。すなわち、第一に、ある概念が、どの事物の概念であるかを確定し、その事物のすべての必要不可欠な特徴を知るための（すなわち、その事物の概念を完全に熟知するための知識の）条件を定めることである。第二に、その概念を完全に熟知するために必要な理解とは何か、について説明することである。第三に、その概念を知るための最小限の条件を説明することである。第四に、その概念を最小限に把握するために必要な能力を説明することである（BAI, pp. 21-22）。

Razによると、以上の第一の部分は、ある概念が何についてのものなのかを確定する。他の三つの部分は、その概念がどのようなものであるかを確定するのである（BAI, p. 22）。

興味深いことに、Razは、ある概念を保有するための「最小限の条件」に言及している。Razはさらに、彼の言う「概念の保有のための最小限の条件」は、部分的にはわれわれの通常の考えと対応している、とも述べている。この考えによると、人はある概念を保有することなしに、その概念に関

する事柄を知ることができる。たとえば、人はNという概念を有さなくても、Nが動物であると知ることができるだろう。人は藤色の概念を知らなくても、藤色が色であると知ることができるだろう。人はヘビの概念を知らなくても、ヘビが卵を産むことを知ることができるだろう (BAI, p. 22)。

Razはこれらの事例において、ある概念を最小限に保有するための必要条件のなかで、その概念を理解するために必要不可欠ではないような特徴を示している。人はそうした特徴を知ることによって、その概念を正確に使用できるようになるために十分な知識を有することがある、ということをRazは示そうとしているのである (BAI, p. 22)。

なお、人は、自分が理解していない概念に言及することさえできる。たとえば、私の友人たちが昨日、残酷さの概念について論じていたとして、私はその概念について知ることなく、友人たちがその概念について論じていたことに言及できるだろう (BAI, p. 23)。

さて、Razによると、ある人物が新しい概念を発明したり発展させたりすることも可能である。しかしながら、大部分の概念は、その概念を使用する多くの人々のなかの一人とは独立して存在している。われわれは、概念を発明ないし発展させるというよりは、その概念を学んでいる。われわれの概念の豊かさと、われわれの能力の限界を前提とすれば、一人の個人が創造ないし修正できるのは概念のほんの周辺部分に限られるのである (BAI, p. 23)。

Razによると、彼は以上の検討を通じて以下を示したいと考えている。ある事物の概念の説明は、その事物の性質についての説明とほぼ同じである。ただし、その二つの説明は別個のものである。さらに、法理論の主たる任務は、法の性質についての説明である。法の概念についての説明は、法の性質についての説明の補助的なものである。すなわち、法の性質についての説明の一部に、人々が法をどのように把握 (perceive) しているかについての説明——法の概念を有する人々が生活している国において法はどこに存在しているか、法は人々が有している法概念によって影響を受けるか、という問題についての説明——が位置づけられるのである (BAI, p. 24)。

Ⅱ　法の性質は変化するか

　Raz は次に、法はその性質を変えることができるか、という問いを扱う。彼の言う「法の性質」とは、「法の必要不可欠な特徴（essential properties）」のことである。すなわち、それらがなければ法が法でありえなくなるような特徴のことである（BAI, pp. 24-25）。

　法の必要不可欠な特徴は、当然ながら、法にとって普遍的なものである。なぜなら、それらの特徴は、法に、それがいつどこに存在しようとも、見出されるにちがいないからである。さらに、それらの特徴が偶然的なものではなく、普遍的な特徴であるのは、経済的ないし社会的な状況に左右されることなく、それらの特徴の欠けた法が存在しないからである。なお、このことは、それらの特徴を有さないような社会制度ないし規範体系が存在しない、ということを意味しない。異なる時代や社会に存在する社会制度のなかには、様々な点で法と似ているものがある。しかし、そうした社会制度は、法の必要不可欠な特徴を欠いているならば、法体系ではないのである（BAI, p. 25）。

　さて、以上の Raz の見解には疑いが向けられている。すなわち、変わることのない性質を法が有するというのは間違いではないか。なぜなら、法の性質は変化しているからである。たとえば、ローマ帝国の法や、封建時代のヨーロッパ諸国の法や、絶対主義の時代の法について考えてみよう。「法」は、これらの異なる時代において異なる意味を有していたし、近代西洋の法観念はこれらすべてと異なっている。一つの時代の法に必要不可欠なものは、別の時代の法に欠けていた。これらの事実を見逃す法理論は、よい法理論ではない（BAI, p. 25）。

　しかし、Raz はこの疑念に対してこう反問している。すなわち、法はその性質を変えることができるのだろうか。もちろん、ある国の法は変化しうるし、実際に変化する。もしも、ある国の制度や実践（それらがその国の法を形作っている）が、法に必要不可欠な特徴を欠くことになったならば、それは、

その国において法がその性質を変えたということではないのではないか。それはむしろ、その国はもはや法体系をもたない、ということなのではないか (BAI, p. 25)。

結局、Raz によれば、法はその性質を変えることができると主張する人々は、「〜の性質」という用語の非哲学的な用法を用いている。それに対して、ラズ自身は、確固とした哲学的慣例に基づいて、「法の性質」という用語および、それと類似する「法の必要不可欠な特徴」という用語を、法（体系）が法であるために保有すべき特徴として用いている (BAI, p. 25)。

Raz の哲学的な用法に対しては以下の反論がある。すなわち、「法の性質」ないし「法の必要不可欠な特徴」という表現の哲学的な用法は、法の性質が時とともに変化するという事実を覆い隠してしまう。これでは、法の説明に関する理論的・哲学的な発展を、助けるというよりも、それを不明瞭にしてしまうのではないか (BAI, p. 26)。

Raz によると、この反論には正しい部分もあるが、間違っている部分もある。彼がすでに認めているように、「〜の必要不可欠な特徴」および「〜の性質」という表現の哲学的な用法は、これらの表現がもっている唯一の用法ではない。たとえば、資本主義の発生に伴い、国家の性質が大いに変化したと述べるのは、適切であり正しい。あるいは、所有権と契約の絶対的な保護は国家の必要不可欠な機能となった、と述べるのも適切であり正しい。言い換えれば、「X の性質」はしばしば、X に関する重要と思われる特徴に言及するためにも、用いられるのである。すなわち、X の特徴が、X が X であるために決定的なものでないとしても、「X の性質」という表現が用いられるのである (BAI, p. 26)。

以上で確認したように、「〜の必要不可欠な特徴」および「〜の性質」という表現には、哲学的な用法と、非哲学的な用法がある。Raz は前者の用法を用いているのである。なお、Raz が、哲学的な意味で「〜の性質」および「〜の必要不可欠な特徴」という表現を用いているとすると、法はその意味での性質を有していると、彼はあらかじめ想定しているのではないか、と疑われるかもしれない。もちろん、Raz はそう想定しているからこそ、そうし

た表現を用いているのである。彼はそのことをはっきりと認めた上で、自分は以下の点を確認しておきたいと述べている。すなわち、「〜の必要不可欠な特徴」および「〜の性質」という観念が、哲学的な観念であるというだけで、それらの観念が不適切になるわけではないし、法の性質の探究について疑義が生じるわけではない、という点である（BAI, p. 26）。

III　法は必要不可欠な特徴を有するか

　以上で、「法の性質」および「法の必要不可欠な特徴」という用語の、Raz の用法について確認した。さて、Raz は次に、法は性質を有するだろうか、法は必要不可欠な特徴を有するだろうか、という問いへと進む。先述のように、（非哲学的な意味での）法の性質は、時代と共に変化する。あるいは法の性質は、それぞれの文化や哲学ごとに変化するし、さらに、われわれの自己理解や社会の理解の仕方によって変化する。とすると、法には、（哲学的な意味での）性質ないし必要不可欠な特徴は備わっていないのではないか。もしそうだとすると、法理論が、法の性質の説明を目指しているとするならば、それは失敗を運命づけられているのではないか（なぜなら、説明を目指している法の性質がそもそも存在しないのだから）（BAI, p. 27）。

　以上から、「法は一つの固定した性質を有する」という考えは幻想なのではないのか、という疑念が生じるであろう。しかしながら、Raz によると、そもそも以上のような議論の仕方は適切ではない。というのも、何かが必要不可欠な特徴を有しているという信念は、その何かがそのような特徴を有しているということの前提条件ではないからである。たとえば、水が H_2O によって構成されるということをわれわれが信じていなくても、水はその特徴を有している。水がその特徴を有しているというのは、われわれがそれを信じていなくても、正しい。それと同じく、法が性質ないし必要不可欠な特徴を有しているかは、法はそれらを有するとわれわれが信じているか否かとは、関係がないのである（BAI, p. 27）。

　結局、重要なのは、「法の性質」という表現についてのわれわれの共通理

解ではないし、法の概念が時代とともに変化するという事実でもない。むしろ、重要なのは、法制度の性質——法の概念が指し示すところの法制度の性質——である（ここで言う「法の概念」とは、われわれが現時点で保有・使用しているそれのことである）。反論（法には性質はない、あるいは性質があるとしてもそれは変化する）が成り立つためには、法は（哲学的な意味での）必要不可欠な特徴を有さない、ということが示されねばならないものとされる（BAI, p. 27）。

　さらに、Razによると、法は性質を有さないとか、法は必要不可欠な特徴を有さないという主張に対しては、明白な反証を示すことができる。すなわち、われわれは、特定の制度は法的であり、他の制度は法的ではない、という仕方で法について理解している。法的なものと非法的なもののこうした区別は、われわれが法について理解しているということを部分的に示している。たとえば、われわれは、ゴルフ部の会則は法体系ではなく、独立国家は法体系を有するということを知っている。あるいは、われわれは、英国議会の法令は法的に拘束力があり、私の近所に住民以外の立入を禁じる取り決めは法的妥当性（法的効力）を有していない、ということを知っている。こうした例が示すように、われわれは区別をすることができている。法律家、政治家、官僚、および一般人は、現にこうした区別をしているのである（BAI, pp. 27-28）。

　Razは以上の例を示すことで、すなわち、われわれが法的なものと法的でないものを区別できているという事実から、法は性質を有しているということを示している。ただし、以下の主張をなす者もいる。すなわち、「法概念に変化が生じている」という語り方は、そうした変化がいったん生じたら、それはもはや同じ概念ではない、ということを示しているのではないか。同じ言葉（「法」）を共有しているけれども、「新しい法概念」は「古い法概念」に取って代わっているのではないか（BAI, p. 28）。

　Razによると、こうした主張に対しては、法は家族的類似性的な概念である、という反論をなすことができるかもしれない。家族的類似性的な概念によって指し示される諸項目（以下の事例における第一、第二、第三のもの）は、共通の特徴を、すなわち必要不可欠な特徴を共有していない。たとえば、第一

のものがA、B、Cという特徴を有していて、第二のものがB、C、Dという特徴を有していて、また第三のものがC、D、Eという特徴を有しているときに、それらの三つのものは家族的類似性的な概念を有する（BAI, pp. 28-29）。

ただし、Razによると、多くの概念が家族的類似性的な概念であるというわけではない。さらに、法概念は家族的類似性的な概念である、という議論の仕方は、われわれの関心からすると的外れである。家族的類似性の観念はWittgensteinによって提示された。それは、言葉や表現の意味を説明するための厳格すぎる方法に、反対するための観念であった。ところが、法理論は、法の必要不可欠な特徴を説明するために、特定の言葉の意味を説明しようとしてはいない。結局、Razによると、われわれは言葉の意味ではなく、社会制度の類型学を探究している。われわれは、探求している制度に必要不可欠な特徴に言及することによって、その制度の類型学を構築しているのである（BAI, p. 29）。

Razによると、言葉の意味の探求と、（その言葉が指し示す）制度の性質の探求のあいだの区別は、法理論においてしばしば見失われる。たしかに、研究対象によっては、言葉の意味の探求と、制度の性質の探求が重なることがある。しかしながら、それは「法」には当てはまらない。すなわち、法学者は時々、「法」という言葉は、国家法や裁判などに言及するためだけに用いられていると、自分たちが考えているかのように書くことがあるが、これは正しくない。「法（則）(law)」という言葉は、科学、文法学、論理学、言語学などの分野でも用いられている。さらに、法──法学者が関心を有しているそれ──は、「法」という言葉によってではなく、それ以外の専門用語（「単純不動産権」、「無遺言死亡者」等）や日常用語の特別な用法（「株式(share)」、「債務証書(bond)」等）によって語られることもある。あるいは、われわれが人々の「権利」や「義務」について語るとき、それらは法に従って主張されることもあれば、道徳的に主張されることもある。以上から、法の性質についての説明は、「法」という言葉の意味の説明とは同義ではありえないとされる（BAI, pp. 29-30）。

では、法の性質——必要不可欠な特徴——の説明とは何か。われわれは、特定の社会制度の性質を説明しようと試みているのだから、われわれは法の性質を説明するための社会科学的な理論構築を目指している、という理解もありうる。Razによると、この理解はある意味で正しい。しかしながら、この理解は、法の性質の説明についての誤った理解を促してしまう。すなわち、たしかに特定の概念（あるいは分類や類型）が、学者によって提唱されることはある。しかしながら、法の概念に関しては、それは学者が、特定の社会現象を説明するために役立つからといって導入するような概念ではない。むしろそれは、われわれが社会を理解するなかで定着してきた概念である。法の概念は、われわれの社会に普及している概念であり、われわれ一人ひとりが（程度の差はあれ）慣れ親しんでいる社会制度を特徴づけるために用いられる概念である。さらに、法の概念は、われわれが自分たちの社会だけでなく、他の社会を理解する際にも、中心的な役割を果たす概念なのだとされる（BAI, p. 31）。

結局、Razによると、われわれは法の性質について研究しているときに、われわれが自分たちをどのように自己理解しているのかについて、研究しているのである。特定の社会制度を法として同定するのは、社会学者や、政治学者や、社会を研究するその他の学者なのではない。われわれが特定の制度を法的なものだと考えるのは、自分たちの社会についての自己認識の一部である。われわれは、法の性質について研究しているときに、そうした認識を研究しているものとされる（BAI, p. 31）。

しかし、なぜわれわれは、法についてのわれわれの自己認識を研究すべきなのか。言い換えれば、われわれの目的は、われわれの文化やその法概念（についてのわれわれの自己認識）の研究ではなくて、法の性質の研究だったのではないのか。Razによると、この問いに対する答えはイエスでありノーである。われわれは、法の性質についての自分たちの理解を改良することを目指している。法は、社会制度の一種であり、法という社会制度は、法の概念によって（その社会制度の特徴を）拾い上げられたり、法の概念によって（その社会制度の特徴を）指し示されたりするのである。よって、法の性質について

のわれわれの理解を改良するために、われわれは、法の概念についての理解を想定し、その理解を改良してゆくものとされる (BAL, p. 31)。

IV　むすびに代えて

　本稿で確認したように、Razは、法の性質の研究のためには、法の概念の研究も必要であるという議論を行っている。なお、英米では、Razとは異なる研究手法も提示されている。A. MarmorやB. Leiterは、法の概念ではなく、法そのものの性質について検討を行っている。N. MacCormickは、人々が採用するのが望ましい実質的な法の捉え方を提唱している。R. Dworkinは、法実践の構成的解釈（法実践を道徳的に最善の形で提示する試み）に従事している[2]。

　さて、法の性質の分析はわれわれの自己理解についての研究なのである、というRazの主張については批判がある。すなわち、Dworkinによれば、われわれの自己理解のためには、法について研究するよりも、小説、政治、伝記、深層心理学、社会科学について研究する方がよい。さらに、われわれは自分たちが何者であるかを知るためではなく、われわれが何をなすべきかを知るために法の特徴について考察するのである[3]。

　Razには以下の批判もある。すなわち、彼は国家法を典型とする法概念について分析しており、非国家的な法の存在の可能性に目を背けているのではないか[4]。以上で確認した諸問題については、稿を改めて検討することにしたい。

---

[2]　これらの議論状況を整理した文献として以下がある。Andrei Marmor and Alexander Sarch, 'The Nature of Law', in *Stanford Encyclopedia of Philosophy* (Fall 2015 Edition) 〈https://plato.stanford.edu/entries/lawphil-nature/〉、2019年4月18日検索。

[3]　Ronald Dworin, *Justice in Robes* (Harvard University Press, 2006), p. 229. 宇佐美誠訳『裁判の正義』（木鐸社、2009年）286頁。

[4]　William Twining, *General Jurisprudence: Understanding Law from a Global Perspective* (Cambridge University Press, 2009); Brian Z. Tamanaha, 'Insights about the Nature of Law from History' (The 11th Kobe Lecture, 2014), in Kosuke Nasu (ed.), *Archiv für Rechts- und Sozialphilosophie*, Beiheft 152 (2017).

「第三者委員会」の法社会学
―― 「市民法学」との関係で ――

福井康太

- I　はじめに
- II　「第三者委員会」の位置づけ
- III　「第三者委員会」に期待される活動と機能
- III　観察を観察する拠点としての「第三者委員会」
- IV　結びに代えて：法のエンフォースメントについて

I　はじめに

　篠原教授の訃報に接し、衝撃を受けた。篠原教授は最近になって「市民法学」に関するこれまでの研究をまとめる作業に集中しておられ、ますます活発に研究を進めておられると認識していた。本稿は、篠原教授のあまりに急な逝去に寄せて、私自身の研究と「市民法学」とを結びつけてみようとする試みである。とはいえ、私自身は「市民法学」に本格的に取り組んだことはなく、表面的な理解のもとに議論を進めざるを得ない。私の理解する「市民法学」とは、現代社会において「市民的自由」をいかにして確保していくかに関わるプロジェクトであるというものである。この理解に基づいて、「市民社会」における様々なステークホルダーの「市民的自由」を確保するための試みの一つとして、私が近年関心を持っている組織不祥事対応手段としての「第三者委員会」を位置付けてみたいと思う。

企業等の組織が存立危機に陥るような不祥事があとを断たない[1]。そのような中で企業等の組織が不祥事によって引き起こされた存立危機を乗り切るための方策として「第三者委員会」[2]を頻繁に用いるようになってきている。「第三者委員会」は、企業のみならず、学校、病院、自治体などの組織で、様々な性格、規模の不祥事に対応するために、事態収拾の切り札として設置される委員会である。「第三者委員会」に対する社会的期待は大きく、国家的規模での危機的事態に対処するための方策として用いられることすらある[3]。

　一般に、「第三者委員会」は、不祥事を起こした組織の内部に、中立的な調査を実施する独立の委員会として設置される。以下では、そのような「第三者委員会」がどのような活動を期待され、いかなる機能を発揮し、どのようにして不祥事の再発防止策をエンフォースするのか、といったことについて、法社会学的視点から考察する。

II 「第三者委員会」の位置づけ

1 「第三者委員会」の法的位置づけ

　「第三者委員会」の基本的なあり方を規定している「日弁連ガイドライン」によれば、「第三者委員会」とは、「企業や組織において、犯罪行為、法令違

---

[1] 本稿で「不祥事」というのは、犯罪行為、法令違反、社会的非難を招くような不正・不適切な行為等のことを言う。

[2] 「第三者委員会」は、企業等組織が不祥事の危機対応の一環として、その危機的状況の収拾策として、弁護士等の専門家に委嘱して立ち上げるのが一般的である。この委員会には、中立の立場で不祥事の再発防止策等を策定し、これに基づいて当該組織に一定程度の介入を行うことが求められる。この委員会は、「調査委員会」、「外部委員会」、「外部調査委員会」、「独立調査委員会」、「特別委員会」、「事故調査委員会」など様々な呼称で呼ばれることがあり、不祥事を起こした組織との関わり方も様々である。なお、「第三者委員会」は、不祥事の危機対応のために用いられるばかりでなく、予想される利害対立に備えるための中立的審査機関として立ち上げられることもある。

[3] 平成23（2011）年3月に東日本大震災によって引き起こされた福島第一原発事故に関して、国会、政府、民間、東電に四つの「事故調査委員会」（第三者委員会）が設置されたことは、なお記憶に新しい。この点について、経済産業省調査室・課「福島第一原発事故と4つの事故調査委員会」調査と情報 第756号（2012）1-20頁。

反、社会的非難を招くような不正・不適切な行為等が発生した場合及び発生が疑われる場合において、企業等から独立した委員のみをもって構成され、徹底した調査を実施した上で、専門家としての知見と経験に基づいて原因を分析し、必要に応じて具体的な再発防止策等を提言するタイプの委員会」であるとされる[4]。その目的は、「すべてのステークホルダーのために調査を実施し、その結果をステークホルダーに公表することで、最終的には企業等の信頼と持続可能性を回復すること」にあるとされる。もっとも、このガイドラインに法的拘束力はなく、「第三者委員会」は、このガイドラインを完全に遵守する形で設けられるとは限らない。「第三者委員会」と経営陣が主導する「内部調査委員会」との境界線は曖昧である。

　ここで、確認しておくべきことの第一は、「第三者委員会」は組織が契約ベースで任意に設置する委員会だということである。委員会の構成は、一般的に、法律の専門家であり、守秘義務を課される弁護士を中心とし[5]、事案に応じて、不祥事に関連する技術等の専門家や公認会計士等の専門家が加わるのが一般的である。「第三者委員会」は、あくまで不祥事等の危機対応のために、実務上の知恵として生まれた企業等組織の自浄手段とも言うべきものであって[6]、諸外国に類例をみるものではなく、日本で独自に発展してきた危機管理手法の一つであると考えるべきであるとされる[7]。

2　「第三者委員会」の中立性、独立性

　「第三者委員会」の最も重要な価値は、その独立性ないし中立性にある。

---

[4]　日弁連ガイドライン　第一部　基本原則。URL：https://www.nichibenren.or.jp/library/ja/opinion/report/data/100715_2.pdf（最終アクセス平成31［2019］年1月6日）

[5]　不祥事の影響が海外にまで及び、アメリカ合衆国等ディスカバリー制度をもつ国の当事者から民事訴訟を起こされる可能性がある場合には、弁護士の秘匿特権が重要となるのであり、弁護士以外の専門家を「第三者委員会」のメンバーとする場合にはこの点に留意すべきであるとの指摘もある。この点につき、塩崎彰久「第三者委員会ガイドライン弾力的運用の薦め―企業不祥事調査に関する実務上の留意点―」ビジネス法務　平成23（2011）年8月号104頁以下。3.（3）を参照。

[6]　中村直人「第三者委員会の信頼性の基準」金融・商事判例1332号（2010）1頁。

[7]　同旨、竹内朗「日弁連ガイドライン後の第三者委員会の現状と展望」自由と正義64巻3号（2013）56-59頁。

というのも、不祥事を起こした当該組織とは距離のある、中立独立の機関が当該組織の事実を解明し、原因の究明を行い、再発防止策を策定することが、この委員会に期待されているからである。とはいえ、バイアスの全くかからない中立性、独立性などというものは現実には存在しない。ここにいう中立性、独立性とは、当該組織と委員会の間に利益相反性がないという意味で捉えるべきであり、しかも、それは相対的なものに留まると理解する必要がある。

そもそも、「第三者委員会」の調査活動に当該組織の協力を積極的に引き出すという観点からは、完全に外部者のみからなる「第三者委員会」では、組織から調査協力を十分に得ることができない。むしろ、内部者を関与させることによって、組織内の調査協力を積極的に引き出し、より踏み込んだ原因究明を行うということも、当該組織の社会一般の信頼回復に資する場合はありうる。

要するに、「第三者委員会」の中立性、独立性は、利益相反性があるかどうかだけで形式的に判断されるべきではなく、むしろ、委員会の構成に対して主要なステークホルダーが異議申立をすることがなく、また、それが社会一般の信頼回復にとってマイナスというより、むしろプラスに働くといった事情を考慮して判断されるべきものだと考えられる[8]。

Ⅲ 「第三者委員会」に期待される活動と機能

1 「第三者委員会」に期待される活動

それでは、「第三者委員会」に期待される活動とはどのようなものか。一般的に、「第三者委員会」に期待される活動は、①事実関係の解明、②原因の究明、そして③再発防止策の策定である[9]。「第三者委員会」に期待され

---

[8] この点につき、塩崎前掲「第三者委員会ガイドライン弾力的運用の薦め」3.(6)を参照。

[9] これらの活動は、日弁連第三者委員会ガイドラインにおける「第三者委員会」の定義に含まれている。

る活動として、④経営者等関与者の責任の有無、程度の解明、責任追及もしばしば挙げられるが、これは必要な場合に別個の委員会を設けて行うことが多いのであり、「第三者委員会」固有の役割とは言いがたい。

（1）事実関係の解明　不祥事が起こった際に、「第三者委員会」に最初に期待されるのは、事実関係の解明である。組織全体が危機に陥るほどの不祥事が起こったときには、まず、何が起こったのか、起こったことの何が問題なのか、問題事象はいつ始まり、まだ継続しているのか、その問題に誰が関わったのか、どのようにして問題が深刻化し、また、どのようにしてそれが露見するに至ったのか、損害は誰にどれだけ生じているのか、といったことについて、詳細に把握することが、まずもって求められる。この点、「日弁連ガイドライン」は、調査の対象となる事実は、「第一次的には不祥事を構成する事実関係であるが、それにとどまらず、不祥事の経緯、動機、背景及び類似案件の存否、さらに当該不祥事を生じさせた内部統制、コンプライアンス、ガバナンス上の問題点、企業風土等にも及ぶ」としており、広範な背景的事実まで含めて調査することを期待している[10]。

（2）原因の究明　解明された事実を前提として、また事実解明作業と並行して、「第三者委員会」に求められるのは、不祥事の原因究明である。「第三者委員会」の基本的な目的は危機対応であり、したがって、問題の原因を明らかにして取り除くことが期待されることは言うまでもない。究明されるべき原因は、不祥事の性質に応じて異なり、事故であれば技術的な問題を含む原因、不正行為事案であれば、その発生原因、さらには問題を長期化させた組織風土など、様々なことが究明すべき対象となる。

（3）再発防止策の策定　不祥事に際して、組織の危機を収束させるためには、同種の問題が今後繰り返し起こることがないようにすることが重要であり、「第三者委員会」には、その役割が強く期待される。「第三者委員会」の正当性は、その組織の性質に応じた、実効性ある再発防止策を策定できるかどうかにかかっている。「第三者委員会」は、再発防止策として、不

---

10)　日弁連ガイドライン第一部第1の1.(1)。

祥事を起こした企業等の組織風土を改めるための提案をしたり、新たなチェック体制の導入を求めたりするが、時として関与者の責任の有無、程度を明らかにして、一定の社内処分を行うことを提案することもある。もっとも、「第三者委員会」に期待される役割は基本的には不祥事で混乱している組織の危機収拾であって、関与者の責任追及を目的としないのが一般的であり、責任追及の役割はあくまで派生的だと考えるべきである[11]。

2 「第三者委員会」が不祥事対応において果たす機能

それでは、「第三者委員会」は、事実解明、原因究明、再発防止策の策定といった活動を通じて、不祥事を起こした企業等組織にどのような貢献をするのだろうか。これは「第三者委員会」の機能に関わる問題である。この点については、委員会の立ち上げ時期とも関連して、つぎの三つの機能が挙げられる[12]。

（1）危機管理対応　不祥事を起こした企業等の組織が、まずもって「第三者委員会」を必要と考えるのは、危機事態を収拾するためである[13]。このためにこそ、早急な「第三者委員会」の立ち上げが求められるのである。もっとも、この委員会には経営陣の委嘱の範囲を超えて権限を行使することは期待されておらず、まして経営陣に代わって組織再編を行い、新たな経営体制を構築することは全く期待されるものではない[14]。

とはいえ、「第三者委員会」が、不祥事がもたらした組織の危機への対応において、できることは決して少なくはない。特に、経営陣が不祥事に関与しており、現執行部がステークホルダーの信頼を失ってしまっている場合に

---

[11]　池田辰夫「第三者委員会とは何ものか？― serendipity から「手続過程論」へ ―」伊藤眞・松尾眞・山本克己・中川丈久・白石忠志編『石川正先生古稀記念論文集：経済社会と法の役割』商事法務（2013）1024-1026頁。
[12]　池田前掲「第三者委員会とは何ものか？」1026頁。
[13]　國廣正「『第三者委員会』についての実務的検討（上）」NBL 903号（2009）27頁以下。
[14]　そもそも「第三者委員会」には経営陣に代わって組織体の運営を完全に掌握する権限も能力もない。そのようなことを経営陣が「第三者委員会」に認めれば株主代表訴訟が起こされるであろう。

は、危機事態収拾に当たることができるのは「第三者委員会」を措いてほかにないことも多い。この意味で、一定の限界は負っているとはいえ、不祥事における企業等組織の危機管理対応は、「第三者委員会」の最も重要な機能である。

（2）**資本市場規律維持**　　不祥事を起こした企業等組織が上場会社である場合、しかもその不祥事が粉飾決算等である場合には、資本市場秩序に混乱をもたらすことは避けられない。その企業が大企業であればあるほど、資本市場秩序に大きな混乱をもたらすことになる。そのような事態を回避し、資本市場規律を維持すべく証券取引等監視委員会が設けられているが、「第三者委員会」には、証券取引等監視委員会と連携して、市場規律の強化に向けた取り組みをすることが求められるという見解がある[15]。この点、資本市場規律の維持は、企業等組織が持続的安定的に経営を行っていくためには不可欠の前提となるのであり、これは上場するすべての企業等組織に共通する利益である。したがって、「第三者委員会」がこのような利益を無視してよいということにはならない。それゆえ、部分的であるとはいえ、資本市場規律維持もまた「第三者委員会」に期待される重要な機能の一つということになる。

（3）**企業価値維持**　　企業等組織には、株主、従業員である労働者、投資家、消費者、監督官庁、周辺住民など、様々なステークホルダーがあり、それぞれ異なる利害を有している。したがって、短期的にみれば、「第三者委員会」に対する期待は、それぞれのステークホルダーによって異なることになる。もっとも、それらのステークホルダーの利益も、中長期的に見れば、その企業等組織が社会的に期待される生産活動やサービス提供を行い、社会に利益をもたらす存在として、企業価値を維持するという点では共通してくる。そして、当該組織が不祥事を起こした場合に、その企業価値を維持回復する決め手となるのは、「第三者委員会」の策定する再発防止策である。

---

15) 佐々木清隆「証券投資当局が示す第三者委員会の役割とは」ビジネス法務 2010年7月号66–70頁。國廣正「第三者委員会と資本市場の規律」金融・商事法務 1900号（2010）97頁以下。

短期的に見た場合、「第三者委員会」が調査を行い、当該組織の不祥事について明らかにすることで、企業価値が損なわれることも起こりうる。調査結果が公表されれば、株価は下がる可能性があり、また当該企業等組織はサービス停止や商品回収等をせざるを得なくなることもあり、従業員等労働者も辞めていくことになるかもしれない。しかしながら、不祥事を起こした企業等組織も、もう二度と同様の不祥事を起こすことはないという信頼を作り上げることで、徐々にその企業価値を回復することができる。場合によっては、それで旧弊を取り除くことができれば、「雨降って地固まる」ということにもなる。したがって、たとえ短期的にはマイナスとなっても、中長期的に企業価値を維持回復するために、「第三者委員会」による調査活動は必要不可欠と理解すべきであろう。

Ⅲ 観察を観察する拠点としての「第三者委員会」

1 「第三者委員会」についての社会学的考察の必要性

もっとも、そのような機能があると言っても、それを実効的に推し進めるエンフォースメントがなければ「第三者委員会」が調査して策定した再発防止策は絵に描いた餅となる。「第三者委員会」の再発防止策はどのようにして実効的にエンフォースされ、不祥事を起こした組織の信頼回復に貢献するのだろうか。ここでは、「第三者委員会」の再発防止策のエンフォースメントを考察する前提として、いくつかの法社会学的視点を示しておきたい。

2 「観察の観察」とその機能

ドイツの社会学者ニクラス・ルーマンは、「観察」とは、人々が他の人々とコミュニケーションを行うにあたって、そのコミュニケーションをどのように意味づけするかに関わる営みであるとしている。すなわち、人が他の人々と関わるコミュニケーションは、例えば、それがある事柄の科学的真偽を問題とするコミュニケーションであれば、それは科学システムにおけるやり取りとして観察され、そのように整序される。適法／違法、権利／無権利

といったことがやり取りされる場合であれば、それは法的コミュニケーションとして観察され、そのようなやり取りとして整序される。権利義務の争いや適法性をめぐる争いは、まさにこのような法的コミュニケーションであり、法的プログラム（制定法や判例等「条件プログラム」）[16]を参照しつつ、適法／違法、権利／無権利をめぐるやり取りが継続的に行われることになる。

もっとも、このようなコミュニケーションは、当事者が同じものを争う視点（ファーストオーダーの視点）では閉じられることはない。つまり、どちらが正しい／正しくないとか、どちらが権利者／無権利者であるということは確定されず、ずっとこれを争うコミュニケーションが続くことになる。このようなコミュニケーションに終止符を打つためには、そのようなやり取りを一歩引いて観察する、「観察を観察する」視点（観察の観察）が必要となる。

「観察の観察」とは、例えば、Aが「私が権利者だ」と主張し、Bが「いや私こそが権利者だ」と主張して争っている場合に、一歩引いた立場から、制定法や判例といった法的プログラムを参照して、法律要件を満たすのはBであり、Bこそが権利者であるという決着を付けることができる観察（セカンドオーダーの観察）である[17]。この観察の審級に裁判等の法的手続が位置づけられる。筆者が指摘したいのは、「第三者委員会」もまたこの「観察の観察」の審級に位置づけられるということである。第三者委員会は、不祥事を起こした組織から独立して、中立的な形で事実を解明し、また原因の究明を行う。いわば、組織自身の観察を少し離れて観察するというスタンスで問題を精査し、再発防止策を立てるのである。

「観察の観察」は何故に有意義なのか。この点、当事者による観察はそれぞれ盲点をもっている。当事者は当事者自身の所為を客観的に観察できない[18]。このことを、不祥事を起こした組織に引き寄せて言えば、組織の当事

---

16) 「条件プログラム」と、これと区別される「目的プログラム」については、拙著『法理論のルーマン』56-58頁。

17) 福井前掲『法理論のルーマン』61-62頁。

18) Vgl. Humberto R. Maturana, Francisco J. Varela, *Der Baum der Erkentnis: Die biologishen Wurzeln menshlichen Erkennens*, Goldmann, Deutschsprachge Auflage 1987 (Originale Auflage 1984), S. 21-28.

者は、自らの組織風土のどこに問題があるのか、長年続いてきた社内慣行のどこが不適切なのか、それは違法なのか適法なのか、といったことを冷静に判断できない。まさにそこが組織の当事者の盲点なのである。他方、当事者による観察を「第三者」が距離を置いた視点で観察すれば、何が問題なのか、その慣行は適切か不適切か、ひいては違法に及ぶのではないかといったことが、より鮮明に判断できる。

このように、「第三者」による「観察の観察」には、組織の当事者自身にはできないことが可能なのであり、そこにこそ観察を観察する第三者の存在意義がある。

3　再発防止策のエンフォースメント

「第三者委員会」が事実解明、原因究明を行い、これに基づいて再発防止策を立てたとしても、それが遵守されないとしたら意味がない。この点、「第三者委員会」が策定した再発防止策には、法的拘束力はない[19]。もっとも、だからといって再発防止策が遵守されないというわけではない。多くの組織が、「第三者委員会」が策定した再発防止策を忠実に実行している。

この点、企業等組織は、グローバルな市場において厳しい競争に晒されている。企業等組織は、グローバルに広がる資本市場、商品・サービス取引市場、そして労働市場で、競争に生き残っていかなければならない。このような競争のなかで特に重要となるのが、当該組織に対する内外のステークホルダーからの「信頼」である[20]。この信頼を維持できなければ、企業等組織はグローバル市場で生き残って行くことはできない[21]。

内外のステークホルダーから信頼を獲得し、維持し、高めていくことは、

---

19) ただし、上場企業の場合には、証券取引所の上場ルールによって、再発防止策を実行しないような場合には上場廃止となることから、この場合には再発防止策に事実上の強制力が働いていると言える。
20) Vgl. Niklas Luhmann, *Vertrauen*, Lucius & Lucius, 4. Auflage, 2000（Original Auflage, 1968），邦訳 大庭健、正村俊之訳『信頼：社会的な複雑性の縮減メカニズム』勁草書房（1990）。
21) Siehe zum Prozess der Vertrauensbildung, *ebenda*, S. 53-57, 邦訳76-83頁。

実際上容易なことではない。しかも、不祥事を起こした企業等組織は、この信頼をいったん失っているのである。企業等組織が不祥事によって生じさせた不信を覆し、信頼を回復するためには、その不祥事の全貌を解明し、原因を究明し、再発防止策を策定し、これを遵守することを内外のステークホルダーに十分に信じさせることが必要不可欠である。企業等組織が独立中立の「第三者委員会」を組織して調査を委嘱し、事実解明、原因究明を行わせ、再発防止策を策定するのは、このアピールのためであり、再発防止策を遵守することは、いったん損なったステークホルダーの不信を信頼に転化し、さらにそれを高めていくための方策なのである。このようなことから、企業等組織は「第三者委員会」の策定した再発防止策を否応なく忠実に遵守せざるを得ない。不信を信頼に転じ、それを維持し、高めていくことへの社会的圧力こそが、「第三者委員会」の再発防止策をエンフォースする事実的な力なのである。このようにして、「第三者委員会」が策定した再発防止策は、ある種のソフトローとして機能することになる。

Ⅳ　結びに代えて：法のエンフォースメントについて

ここまで不祥事を起こした企業等組織の危機対応の一環としての「第三者委員会」に期待される活動や機能について概観し、「第三者委員会」による再発防止策のエンフォースメントの事実的な力について法社会学的に分析してきた。グローバル化された現代社会では、主権国家の枠内で司法や行政によって強制力で実現される法規範の意義は相対的に低下している。これに代わって、社会一般の「信頼」や、評価機関の評価を利用した、様々な規範の事実的なエンフォースメントが大きな力をもつに至っている[22]。このような

---

22) 平成20（2008）年に採択された東京大学グローバル COE プログラム「国家と市場の相互関係におけるソフトロー——私的秩序形成に関する教育研究拠点形成」（およびその前身の東京大学21世紀 COE プログラム「国家と市場の相互関係におけるソフトロー——ビジネスローの戦略的研究教育拠点形成」）の中心メンバーは民商法の研究者であり、企業コンプライアンスやガバナンス、契約のエンフォースメントにおけるソフトローの役割、そしてその国家法との関係性が重要なテーマとなっていることが窺われ

エンフォースメントは国家による強制を伴わないという点からは「市民的自由」をより拡張するもののようにも思える。

しかしながら、問題視すべきことは、ここにいう事実的なエンフォースメントには十分な手続保障が欠けているということである。司法や行政など、国家が関わる法規範のエンフォースメントには、一般的に、事前の聴聞や異議申立等の手続保障の機会が設けられている。これに対して、事実的な力によるエンフォースメントには捕らえどころがなく、コントロールが難しい。不祥事の際には、当該企業等組織に対する信頼喪失への社会的反応として、ネット等を通じたバッシングがしばしば発生するが、これによって、当該組織が必要以上に大きな譲歩を強いられ、場合によっては市場から撤退を余儀なくされる[23]。当該企業等組織にそのようなバッシングに対する「反論権」のようなものが保障されない現状のもとでは、事実的エンフォースメントへの過剰な依存は、なお危険視せざるを得ない[24]。「市民法学」の観点からこのような規範の事実的エンフォースメントを認めていくためには、なお手続保障上の課題は多く残されていると言わざるを得ない。

篠原教授の追悼にはいささか不似合いな論稿になってしまったが、教授の冥福を心から祈りたい。

【付記】
本稿は、阪大法学第67巻第3・4号（2017）に掲載した「『第三者委員会』についての法社会学的考察―ソフトローをエンフォースする事実的な力をめぐって―」を改稿のうえ転載するものである。転載をお認め頂いた大阪大学法学会に心から感謝いたします。

る。以上につき：http://www.gcoe.j.u-tokyo.ac.jp/（最終アクセス平成31［2019］年1月5日）。

[23] SNSを用いたバッシングで不祥事を起こした企業が致命的なダメージを受けるということはしばしばある。

[24] ちなみに、「第三者委員会報告書格付け委員会」は、その格付けに対する対象となった調査報告書の関係者による反論を同委員会のウェブサイトに掲載する機会を保障しており、関係者に対する手続保障に配慮している。以上に付き：http://www.rating-tpcr.net/about/#policy（最終アクセス平成31［2019］年1月5日）。

篠原市民法学と民事訴訟法学の交錯
―― 民事訴訟目的論に関する一試論 ――

福永清貴

Ⅰ　はじめに
Ⅱ　篠原市民法学
Ⅲ　民事訴訟目的論と中村英郎民事訴訟法学
Ⅳ　おわりに

Ⅰ　はじめに

　故篠原敏雄教授は、「基礎法学なしの法解釈学は方向性を持たず、法解釈学なしの基礎法学は無力である」[1]と述べて、この二つの領域を媒介する学問的立場として「市民法学」を主唱された。そして、「市民法学」の体系を支える根本的で基礎的な原理は、人間諸個人の自由・平等の確立と自由な諸個人による連帯的な共同性の実現であると唱えて[2]、「立憲主義」と「共和主義」を基軸とする国家論（国家構造論）を展開されている。

　本稿は、そのような篠原市民法学の基本的立場、とくにその国家論を踏ま

---

1) 篠原敏雄「市民法学とホロコースト」法律時報82巻7号66頁（平成22（2010）年）。
2) 篠原・前掲注（1）66頁。篠原敏雄「市民法学の法哲学的基礎―市民社会論と自由の実現―」河内宏・大久保憲章・采女博文・児玉寛・川角由和・田中教雄編『市民法学の歴史的・思想的展開』52頁（信山社、平成18（2006）年）では、「現代法を支える諸個人が自由・平等・独立な主体であること、そして、そのような個人が相互に友愛的で連帯的な共同性を形成することである」と表現されている。

えて、民事訴訟制度の目的論を考察するものである。民事訴訟法の目的論については、諸説あり、近時は多元説や棚上げ論など様々な見解が主張されている[3]。そのため、「民事訴訟目的論」自体について、疑問を呈する見解もある[4]。しかし、筆者は、民事訴訟目的論には大きな意義があると考えている。すなわち、中村英郎教授が指摘されるように、訴訟制度の目的が何であるかを明らかにすることは、その制度の解釈・運用を規定し、方向づけることが可能となり、またそれによって統一した訴訟理論を構築することができる[5]と考えるからである。また、青山善充教授も述べられているように、「民事訴訟の目的を問うことは、『民事訴訟とはなにか』を問うことであり、それによって民事訴訟制度の本質を的確に把握できる」[6]と思われる。本稿

3) 民事訴訟目的論に関する学説の詳細については、高橋宏志『重点講義民事訴訟法（上）』1頁以下（有斐閣、第2版補訂版、平成25（2013）年）等参照。

4) 高橋・前掲注（3）23頁。高橋教授は、「目的論は、抽象度が高く、優劣の基準も明確でないことから、非生産的な神々の争いとなりやすい。また、その意義は従来考えられていたほどではなさそうであり、そうだとすれば、目的論を綿密に検討し自己の態度を決定することをせずとも、民事訴訟法のそれなりの講義・研究は出来そうである。」と述べられている。ただ、一方で、御自身の立場は目的論不要説ではなく、「民訴目的論は無意味な議論ではない。具体的解釈論・立法論を直接に正当化する基準とはならないのが通常だと思われるが、しかし、ものの見方・考え方として、それまで気が付かなかった問題点・解釈論を気付かせたり、ある学説の首尾一貫性の検証等に資することを通じてその学説の補充・調整に役立ったりすることがありうる。」とも述べられている。

5) 中村英郎「民事訴訟制度の目的について」木川統一郎博士古稀祝賀論集刊行委員会編『木川統一郎博士古稀祝賀　民事裁判の充実と促進　上巻』1頁（判例タイムズ社、平成6（1994）年）〔民事訴訟における二つの型　民事訴訟論集第六巻所収、111頁以下（成文堂、平成21（2009）年）〕。

6) 青山善充「民事訴訟の目的と機能」伊藤眞・山本和彦編『民事訴訟法の争点』6頁（有斐閣、平成21（2009）年）。また、青山教授は、「あらゆる制度は一定の目的のために作られている以上、その目的の認識が制度全体の理解を容易にするのである」と主張され、「従来の目的論は、民事訴訟制度全体の把握を置き去りにして目的論だけが独り歩きしていた感があるが、民事訴訟の全体構造の理解とかけ離れた目的論は意味がない」と主張されている。青山教授は、目的論を論ずる視点として、そもそも「民事訴訟とはなにか」を問う際に、「時空を超えた民事訴訟か」「あるべき民事訴訟か」「日本の現行制度たる民事訴訟か」があることを指摘される。本稿は、「日本の現行制度たる民事訴訟」すなわち、国家としての枠組みの中に存在・機能する制度としての現行の民事訴訟制度における目的論を考察の対象としている。そして、民事訴訟制度の目的を客観的に見出す作業、すなわち制度がそのために存在する究極の目的（存在理由）

は、とくに中村英郎教授が唱えられた訴訟法系論に基づく分析手法に示唆を得て、「市民法学」という新たな観点から改めて「民事訴訟目的論」についての理論的考察を試みるものである。民事訴訟法目的論に関する学説の分析については、すでに優れた先行研究がある[7]が、紙幅の関係上、本稿の考察対象を権利保護説・私法秩序維持説・紛争解決説のみに限定し、近時の学説を検討の対象から除外することを予めお断りしたい。また、わが国の「民事訴訟目的論」の中で戦後に主張された兼子一教授の「紛争解決説」について、戦前の「私法秩序維持説」からの変説を踏まえながら「権利保護説」の再評価を試みることにする。

以下では、まず、本稿が前提とする篠原市民法学（国家構造論）と中村民事訴訟法学（法系論）の概観を述べた後、篠原市民法学の国家構造論と中村民事訴訟法学の法系論に基づいて、民事訴訟目的論を考察する。

Ⅱ 篠原市民法学

ここで紹介する「篠原市民法学」とは、前述の如く基礎法学と法解釈学を媒介する学問的立場である[8]。その「篠原市民法学」を支える基本的論理（市民法の原理）は、「自制自律自主自尊の自由な人格の形成」の原理および「そのような自由な諸人格の共同による自由な連帯的な共同体の形成」の原理の2つからなる。そして、前者を「主体性の原理」として、基本的にカント道徳哲学・実践理性の理論に基礎を置き、後者を「共同性の原理」として、『法哲学』に結実するヘーゲルの理論に基礎を置く[9]。そのうえで、現在の日本国家については、立憲主義と共和主義を原理的に基本骨格としてい

を客観的に発見しようとする立場〈認識論としての目的論〉を志向する。つまり、〈実践論としての目的論〉を考察するものではない。
7) 民事訴訟目的論に関する文献の紹介については、紙幅の関係で割愛させていただくことを予めお断りする。高橋・前掲注（3）に詳しいのでそちらを参照されたい。
8) 篠原・前掲注（1）66頁。
9) 篠原敏雄『市民法学の輪郭「市民的徳」と「人権」の法哲学』223頁（勁草書房、平成28（2016）年）。

ると結論づける[10]。そして、「立憲主義」を権利の保障および権力分立に即して捉え、「共和主義」を①国家の自立なしに個人の自立なく、個人の自立なしに国家の自立なしということ、②伝統・慣習・共通の文化・人倫等の共通の善を自覚すること、そして③そうした共通の善に国家共同体の構成員が参加する倫理的義務があることと捉える[11]。

「民事訴訟目的論」との関係で着目すべきは、篠原市民法学がわが国の法の継受と国家の構造について分析した点である。すなわち、篠原教授は、まず明治期において、「資本主義的市民社会の形成およびその法的保障のための法体系の形成は、当然、それらの形成において既に経験を積んでいた諸外国から、受け継ぎ、移植しなければならなかった」[12]と指摘する。そして、それはいわゆる太平洋戦争での敗戦後にも法体系の基幹部分において行われたとして、「敗戦後の法の継受は、法体系の編成原理の根本的変換をもたらした点で、明治期の法継受と比べて、まさるともおとらない重要な意義を持つ」[13]と評価する。篠原教授は、国の在り方と密接に関連しているわが国の二つの憲法、すなわち明治憲法（1889年の大日本帝国憲法）と現行憲法（1946年の日本国憲法）の背後に控えている国家の構造に着目して分析している。具体的には、「明治憲法の背後にある国家の構造は、天賦国権・国賦人権型の国家（天賦国権型国家）であり、現行憲法の背後にある国家の構造は、天賦人権・民賦国権型の国家（天賦人権型国家）である」[14]と指摘する。そして、「天賦人権型国家においては、まず、目的となるのは、国民・市民の権利の保障・実現であり、その必要な限りで、国家に権限を与えるというものである。市民が目的であり、国家はその手段である。市民は、自らの生命・自由・幸福追求を、他人のそれらを侵害することなしに、保持・保全することを第一義とし、それらの一層の充実のために市民相互の約束を介して国家を

---

10) 篠原・前掲注（9）224頁。
11) 篠原・前掲注（9）224頁。
12) 篠原敏雄『市民法学の可能性―自由の実現とヘーゲル、マルクス』236頁（勁草書房、平成15（2003）年）。
13) 篠原・前掲注（12）236頁。
14) 篠原・前掲注（12）237頁。

形成するのである。したがって、国家のすべての活動は、市民の基本的人権の保障・実現にあるし、その保障・実現のために独裁権力ではなく分立した権力の構造を採るのである」[15]と分析し、この結果、「わが国は、欧米の近代の社会思想・法思想の骨格をなす自然法・基本的人権、民主主義体制を、継受することになった」と結論づける[16]。このことは、後に述べるように、民事訴訟目的論の理論的考察に極めて重要な視点を与える。

Ⅲ　民事訴訟目的論と中村英郎民事訴訟法学

1　わが国の民事訴訟目的論

戦前に「権利保護説」と「私法秩序維持説」が主張され、権利保護説が通説的地位を有していたが、戦後になり「紛争解決説」が主張されて通説となり、その後「多元説」や「手続保障説」「棚上げ論」等が主張されている[17]。ここでは、本稿が考察の対象とする前3者のみを紹介する。すなわち、権利保護説は、自力救済を禁止したことの代償として国家が私人の権利の保護を引き受けることになり、それが民事訴訟であると説くものである。これに対して、私法秩序維持説は、国家は自ら制定した民法・商法等による私法秩序を維持し、その秩序の実効性を確保するために民事訴訟を設けていると説く。そして、紛争解決説は、歴史的にも訴訟がまずあって、その結果から権利や私法が整備されてきたのであるとして、民事訴訟の目的は端的に私的紛争の解決にあると主張する。

2　中村英郎民事訴訟法学の法系論

つぎに、中村英郎民事訴訟法学の法系論について紹介する。中村英郎教授は、「訴訟制度というのは歴史の所産である。だから歴史を知らなければ現在の制度を正しく理解することは出来ない」として、歴史に基づいた研究を

---

15)　篠原・前掲注（12）237頁。
16)　篠原・前掲注（12）237頁。
17)　高橋・前掲注（3）1頁以下。

志向されたことを述懐されている[18]。そこで、ドイツ法の歴史を研究され、ローマ法とゲルマン法の二つの流れの上にドイツ法が築かれた過程から、ローマ法系（規範出発型）民事訴訟とゲルマン法系（事実出発型）民事訴訟が全く異なる思考のベクトルを持っていることを発見されている。つまり、大陸法系民事訴訟はその源をローマ法に発し、英米法系民事訴訟はゲルマン法の流れを汲むものであることを指摘する[19]。これを敷衍すれば、以下のように説明できよう[20]。大陸法系民事訴訟制度はローマ法に遡る。ローマの民事訴訟の中心にあったのはアクチオ制であった。ローマは早くから成文法をもち、すべての法律問題はこの成文法を出発点として考えられている。ここでアクチオとは、現在いうところの実体法上の請求権と訴訟法上の訴権とを合わせもつものである。すなわち、訴訟はこのアクチオを出発点として考えられたのであり、アクチオ（権利）を実現するために訴訟制度があった。このようなアクチオ（権利）から出発して訴訟を捉える考え方は、その後ローマ法の継受によりドイツに伝えられ、それが今日の大陸法系民事訴訟の基盤になっている。つまり、実体法は人々の権利義務に関する法律関係を定め、その権利が相手方によって承認されないとき、権利者は国家に対し訴えを起し救済を求めることができる。かくして、大陸法系民事訴訟制度は当事者の権利保護を目的として成立したものということができる。これに対して、英米法系民事訴訟制度は、ゲルマン法に遡る。ローマは強大な国家権力を背景として、早くから全領土に行われる制定法をもっていたが、同時代のゲルマンにはこれに比すべき法は存在しなかった。そこには、先祖より子孫に代々伝えられた正義と平和の秩序が不文の慣習法として支配していた。それは古代ギリシア法にいうノモス（nomos）とほぼ同じものということができる。法は人々の法的確信の中にあったのであり、それは人によって意識的に制定されるものではなく、発見されるものであった。訴えとは、社会の平和を破られ

---

[18] 中村英郎「私と民事訴訟法研究」早稲田法学第71巻第4号21頁（平成8（1996）年）。
[19] 中村・前掲注（5）3頁。
[20] 中村・前掲注（5）5頁以下。

たことに対する非難であり、判決はそこに行われるべき法を発見し秩序を回復することであった。ここでの訴訟制度は社会の平和を維持すること、換言すれば紛争の解決を目的とするものであったということができる。中村英郎教授は、同じく民事訴訟制度といっても、日本やドイツなどの大陸法系民事訴訟制度とイギリスやアメリカなどの英米法系民事訴訟制度とは、訴訟についての発想の出発点を異にする全く異質な制度であることを強調する[21]。つまり、訴訟あるいは裁判には「事実」と「規範（法）」の二つの要素があるが、問題はその何れから出発して訴訟を捉えようとするかである。成文の実体法体系をもつ大陸法系民事訴訟は、規範から出発して訴訟を把握し（規範出発型訴訟）、成文の実体法をもたない判例法主義の英米法系民事訴訟は、事実から出発して訴訟を構想している（事実出発型訴訟）と主張する[22]。

Ⅳ　おわりに

　わが国における法の継受の歴史に基づいて民事訴訟目的論を鳥瞰すれば、次のように説明できよう[23]。すなわち、日本は明治23年（1890年）にドイツ民事訴訟法を模範とした民事訴訟法を制定したが、それに伴いドイツの学説・判例も日本に入ってきた。その頃、ドイツにおいては権利保護請求権説の立場に立つ学説が支配的であり、日本の民事訴訟法学はこの学説の影響の下に成長した。そして、訴訟制度の目的についていえば、当事者の権利保護にあるとする見解が通説として行われたのである。しかし、昭和期に入って、ドイツにおいてナチスが政権を獲得し、その全体主義的イデオロギーに適合するものとして私法秩序維持説が有力に説かれるようになると、わが国でも兼子教授がそれに追随した。しかし、第二次世界大戦が終わってみると、国家主義的な色彩の濃い私法秩序維持説は、民主主義が強調されるようになった時代の風潮にはそぐわない。そこで、私法秩序維持説を支持してい

---

[21]　中村・前掲注（5）3頁。
[22]　中村・前掲注（5）4頁。
[23]　中村・前掲注（5）17頁以下。

た兼子教授は、まず紛争を解決しなければならないという国家的な要請があり、実体法はその裁判をする際の基準として存在するだけであるとして、訴訟制度の目的は紛争を解決するためにあると主張する。この紛争解決説に対して、中村英郎教授は次のような原理的批判を加えている。つまり、この考え方は、「成文の実体法体系をもたない事実から出発して訴訟を捉える英米法系民事訴訟制度（事実出発型訴訟制度）の理論であり、成文の実体法体系をもつ大陸法系民事訴訟制度の下では通用しない考え」[24]である。また、中村英郎教授は、この紛争解決説が主張され広められたのには、次のような日本特有の事情があったと指摘する[25]。つまり、「紛争から出発して訴訟を捉え、事件の中から正義を発見するというのがアメリカ法の基本的な考え方であり、それがそのまま紛争解決説のバックボーンを形成している」[26]と喝破されている。

　これは当時の歴史的・社会的状況に照らし合わせると至極的を射た指摘であるように思われる。兼子教授による紛争解決説主張の時期は、わが国の戦後占領期（1945年から1952年）におけるGHQのWGIP（War Guilt Information Program）政策の下での戦後法制改革期と軌を一にしている[27]。この点について、竹下守夫教授も、兼子教授の紛争解決説には、戦後、兼子教授が日本の法学会の代表としてGHQと接触する立場にあったことからくるアメリカ法学の影響があったのではないかと指摘している[28]。また、中村英郎教授

---

24) 中村・前掲注（5）20頁。
25) 中村・前掲注（5）20頁。
26) 中村・前掲注（5）21頁。
27) 出口雄一『戦後法制改革と占領管理体制』（慶應義塾大学出版会、平成29（2017）年）に詳しい。また、WGIPについては、関野通夫『日本人を狂わせた洗脳工作』（自由社、平成27（2015）年）を参照されたい。
28) 中村・前掲注（5）『民事訴訟における二つの型』136頁。高橋・前掲注（3）6頁注（6）に極めて興味深い記述がある。ここには本文で述べたように、中村英郎教授も引用されている竹下守夫教授の指摘が紹介されている。すなわち、「当時の兼子理論そして紛争解決説には、兼子教授が日本の法学界の代表としてGHQと接触する立場にあったことからアメリカ法学の影響があるのではないかという指摘を受けた」とのことである。これを受け、高橋教授は、「示唆に富む指摘であり、また、こう考えると、アメリカ法学の影響が相対的に薄れたその後の時期での、前述の民訴法体系における紛争解決説の定義の後退現象（？）もよく理解できるであろう」と述べられてい

は、戦前に兼子教授が唱えられていた私法秩序維持説に対しても、「訴訟制度は自力救済に代わる紛争解決の制度として登場したものであり、当事者のため設けられた施設である。私法秩序維持の指標の下に、国家の司法権が市民生活に積極的に関与することは好ましいことではない。成文の実体法をもつ国の訴訟理論として私法秩序の維持も重要ではあるが、それは当事者の権利保護に先行するものではない。裁判所の裁判により私法秩序は維持され、また紛争も解決する。しかし、それは当事者の権利保護のためなされた裁判の反射的結果と理解すべきである」と批判されている[29]。

以上の考察の下に、中村英郎教授は、わが国の民事訴訟制度の目的について、「日本の法体系はドイツ法の流れをくむものであり、大陸法系に属している。整備された成文の実体法とそれとタイアップする訴訟法をもち、その民事訴訟は規範出発型のそれを構成している」。したがって、「訴訟制度の目的は当事者の権利を保護するためにあると言わなければならない」と結論づけている[30]。

これらの中村英郎教授の研究では、周知の歴史的事実に基づく客観的かつ原理的な検討がなされており、そこから析出された「規範出発型民事訴訟」と「事実出発型民事訴訟」の類型化は説得力をもつ。そこで、中村英郎民事訴訟法学が提示する「規範出発型民事訴訟」・「事実出発型民事訴訟」類型論（分析手法）に基づき、わが国の民事訴訟法がローマ法の系統に属する大陸法に淵源を持つことを前提とすれば、民事訴訟制度の目的は当事者の権利を保護するためにあると考えるのが整合的である。他方で、篠原市民法学が提示

る。ただ、高橋教授は、「そうではあるけれども、兼子説においては、目的論は自己の理論の体系化のために用いられていた（アメリカ法の影響はあるが、そのように換骨奪胎していた）というのがここでの仮説である」とも述べられている。筆者は、学説もその理論が展開された時間（時期）・空間（置かれた立場・状況）に既定されるという側面が多分にあり、それを無視することはできないと考えている。これまで、GHQによる戦後占領体制（WGIP）による民事訴訟法学界への影響についての検討は十分にはなされていないように思われる。占領期の検閲体制（閉ざされた言論空間）の下での民事訴訟法学説についても、検討の必要性や意義があるものと考えるが、他日を期したい。

29) 中村・前掲注（5）27頁。
30) 中村・前掲注（5）26頁以下。

するように、現行憲法の背後にある国家の構造は、天賦人権・民賦国権型の国家である。そして、天賦人権型国家の目的は、国民・市民の権利の保障・実現であり、その必要な限りで、国家に権限を与えるというものである。それゆえ、国家のすべての活動は、市民の基本的人権の保障・実現にある。これが、篠原市民法学が主張する国家（構造）論であり、そのことを前提とするならば、民事訴訟は、他者との関係において市民の自由が侵害されたときに、その自由を実現するためのものであるといえる。つまり、市民の自由を守り権利を実現する共同体が国家であり、その意味において中村民事訴訟学の大陸法系民事訴訟制度とも通底する。したがって、篠原市民法学の国家構造論は、当事者（市民）の権利（自由）保護を目的とする大陸法系（規範出発型）民事訴訟制度を理論的に基礎づけるものといえよう。くわえて、篠原教授は、「国民の精神・意識によって、法、国家、市民社会、歴史の在り方は、大きく変わる。変わるどころではなく、むしろ、精神・意識が、それらの諸制度の転轍手となって、それらを主導していくことさえ、あるのである」[31]とも指摘する。このことから、中村英郎教授が規範出発型訴訟制度とは整合性をもたないと指摘する[32]戦後の兼子教授の紛争解決説（私法秩序維持説からの変説）は、まさにわが国の戦後のGHQによる占領政策（WGIP）に影響された日本人の精神に深く関わっているとも評価できよう。

　以上のように、民事訴訟制度の目的について、篠原教授や中村教授の歴史貫通的な分析の視点から考察すれば、権利保護説の理論的正当性が基礎づけられるものと考える。本稿は、民事訴訟目的論に関する「市民法学」という新たな分析の視点からの一試論にすぎないが、基礎法学と解釈法学を架橋する議論の一助となれば幸いである。

　最後に、研究生活の一時期を同僚として過ごす機縁に恵まれ、篠原教授の「市民法学」に関する示唆に富む研究[33]の成果を間近に見て肌で感じること

---

31)　篠原・前掲注（9）「はしがき」参照。
32)　中村・前掲注（5）20頁。
33)　篠原・前掲注（12）239頁。篠原教授は、「法を学ぶ者は、市民法原理の意義について不断に想いをめぐらし、現代法を捉えていかなければならないのである」と主張する。法を学ぶ者として、肝に銘じておきたいと思う。

ができたことに感謝の意を表したい。ご冥福を心よりお祈りする。

中世ローマ法学における解釈概念の諸相
―― C. 6. 28. 3 への Baldus の註解を中心に ――

松島裕一

I　解釈概念と C. 6. 28. 3
Ⅱ　C. 6. 28. 3 への Baldus の註解
Ⅲ　解釈と説明

I　解釈概念と C. 6. 28. 3

　実定法学において条文の解釈は欠かすことのできない作業だが、いったい解釈とはいかなる行為であろうか。法律学全般にかかわるこの根本的な問いは現代の法哲学（法学方法論）のみならず、西欧中世・近世においても市民法大全の註釈書や個別の論攷のなかでさかんに議論されていた。本稿ではそうした議論の一端を明らかにすることを目的として、中世ローマ法学を代表する法学者 Baldus de Ubaldis（1327-1400）の註解のひとつを取り上げてみた

※　本稿において〔　〕はすべて筆者（松島）による挿入であり、……は筆者による省略である。また中世・近世の註釈書からラテン語原文を引用するにあたって、原典で使用されている省略形を筆者の理解に基づいて復元し、〔　〕で示した。ただし、よく使用される一般的な省略形については煩雑さを避けるため、逐一復元することはしなかった（例えば、ff. が「学説彙纂」の省略形であることなど）。ラテン語原典中のイタリック体などは特に断りのないかぎり原文どおりである。また学説彙纂はモムゼン版、勅法彙纂はクリューガー版にそれぞれ依拠している。

い。それが本稿の副題に掲げた C. 6. 28. 3 への註解である。

　そもそも「解釈 (interpretatio)」という語を含む法文は市民法大全のいたるところに点在しており、中世ローマ法学における解釈概念を知ろうとすれば、それらの法文に付された註釈を参照する必要がある。そのなかでもおそらく最も有名な註釈が、D. 1. 2. 1 に施された標準註釈 (glossa ordinaria) の次の一節だろう。「解釈という言葉は本来の意義では語句の明確な意味を示すことだが、ここではより広義に、それらを修正したり限定したり拡大するために用いられている」[1]。この註釈では解釈概念が本来的な意義と非本来的な意義に二分されており、当時より解釈という語に相異なる複数の機能が含まれていたことが窺われる。ほかにも、皇帝や裁判官など解釈主体の相違に応じて法解釈の分類を試みた、D. 1. 3. 37 への標準註釈が有名である[2]。

　本稿が注目する C. 6. 28. 3 への Baldus の註解も、そのような解釈概念をめぐる註釈のひとつにほかならない。わが国ではほぼ無名のこの註解を紹介するにあたって、まずは C. 6. 28. 3 の訳文を以下に掲げておこう。C. 6. 28 の章題は「脱漏と廃除について (De Liberis Praeteritis vel Exheredatis)」であり、当該法文では現代の法学用語で言うところの相続人の廃除が扱われている[3]。

　　「次のようなかたちで、ある者が自分の息子を相続から廃除したとしよう。「我が息子は私の財産とは無関係とする」。この場合、こうした文言 (verba) が作成されたことにより、当の息子は相続から脱漏されたのではなく、廃除されたものと理解すべきである。というのも、遺言者の意図 (sensus) がき

---

1) *Digestum Vetus, seu Pandectarum Iuris Civilis cum Commentariis Accursii*, t. 1, Lugduni, 1627, ad D. 1. 2. 1 (Glossa *interpretationem*), col. 22. « verbum interpretationis in proprio sensu denotat vocabuli apertam significatione[m]: hic tamen largius ponitur pro correctione, arctatione, & prorogatione: ut i[nfra] *ad Tertull[ianum] l. j. §. qui operas.* »

2) Glossa ordinaria, *op. cit.* (n. 1), ad D. 1. 3. 37, (Glossa *usa fuit*), col. 43. 詳細については、拙稿「法思想史学における有権解釈概念の一断面：後任者は前任者の法令を解釈できるか」摂南法学53号（2017年）41-45頁参照。

3) ローマ法における「廃除」の簡潔な説明として、M・カーザー『ローマ私法概説』（柴田光蔵訳、創文社、1979年）557頁以下、原田慶吉『ローマ法 改訂』（有斐閣、1955年）344頁、船田享二『ローマ法入門 新版』（有斐閣、1955年）207頁以下など参照。

わめて明白であるとき、文言の解釈には意図にまさるほどの効力はないからである。」（傍点は筆者）[4]

このように C. 6. 28. 3 それ自体はごく短い法文だが、ここには中世の法解釈方法論を語るうえで看過できない重要な用語が含まれている。それが文言（verba）と意図（意味 sensus）である[5]。

II　C. 6. 28. 3 への Baldus の註解

結論のみを記せば、中世から近世にかけて法解釈における重要な課題は、文言と意図（意味 sensus）、あるいは文言と真意（mens）との対立を解消することであった。法解釈方法論史の研究で有名な J. Schröder が指摘しているように、「出発点は、法律の文言（Worte, "verba"）と真意（Sinn, "mens"）の対立である」[6]。そしてこの対立は、結局のところ、文言に対して意図ないし真意が優位することで解決される。その典拠となりうるローマ法文がまさに C. 6. 28. 3 であり、M. Kriechbaum によれば、D. 1. 3. 17、D. 33. 10. 7. 2 と並び、「C. 6. 28. 3 は解釈というテーマにおいて意図（意味 sensus）の優位を強調する箇所」として理解された[7]。このことを反映して、同法文の註解においてもしばしば真意の優位が説かれている。

4）C. 6. 28. 3 « Si quis filium proprium ita exheredaverit: 'ille filius meus alienus meae substantiae fiat', talis filius ab huiusmodi verborum conceptione non praeteritus, sed exheredatus intellegatur. cum enim manifestissimus est sensus testatoris, verborum interpretatio nusquam tantum valeat, ut melior sensu existat. »

5）中世・近世の法解釈論の特徴については、後掲の J. Schröder および M. Kriechbaum の研究に加えて、次の文献を参照されたい。Maclean, I., *Interpretation and Meaning in the Renaissance*, Cambridge University Press, 1992、森征一「中世ローマ法学者の法解釈論」法学研究71巻 3 号（1998年）、田中実「15世紀普通法学の法解釈方法論の一端：コンスタンティヌス・ロゲリウス『法解釈論』覚書」金山直樹編『法における歴史と解釈』（法政大学出版局、2003年）。

6）Schröder, J., *Recht als Wissenschaft; Geschichte der juristischen Methodenlehre in der Neuzeit (1500-1933)*, 2. Auflage, C. H. Beck, 2012, S. 58.

7）Kriechbaum, M., „*Verba* und *mens* in den Interpretationslehren des Humanismus." in: Schröder, J. (Hg.), *Theorie der Interpretation vom Humanismus bis zur Romantik -Rechtswissenschaft, Philosophie, Theologie*, Franz Steiner Verlag, 2001, S. 49.

例えば、Albericus de Rosate（c. 1290-1360）の註解では「真意は文言よりも重要である」[8]と明快に述べられており、Paulus Castrensis（1360/62-1441）にも似たような記述を見出すことができる[9]。ほかにも筆者が参照できた勅法彙纂の註解書――ただし、Accursius（1182-1260）以降から1500年頃までに執筆されたものに限る――では、多かれ少なかれ、「真意」と「文言」への言及がなされている[10]。

ところが、これとは対照的に、同法文中の「解釈」を正面から扱った註解は意外なほど少ない。たしかに Bartolus de Saxoferrato（1313/14-57）の註解では「解釈」への言及が見られるものの、そこでの説明は「意味が明瞭であるとき、解釈にたよってはならない」[11]という簡潔な指摘にとどまっている。標準註釈もわずかに「解釈。すなわち、真の意味であり、脱漏ではなく廃除を示している」[12]と述べるのみである。

以上のような状況に鑑みれば、C. 6. 28. 3 において「解釈」に焦点を当てた Baldus の註解は異彩を放っていると言えよう。管見のかぎり、Baldus の同註解を扱った邦語文献は存在しないようなので、長くなることを承知しつつ、参考までに原文と試訳を脚注に掲載しておこう[13]。

---

8) Albericus de Rosate, *In Secundam Codicis Partem Commentaria*, Venetiis, 1585, ad C. 6. 28. 3, fol. 52v. (n. 1) « Mens potior est verbis. »

9) Paulus Castrensis, *In Secundam Codicis Partem Commentaria*, Lugduni, 1585, ad C. 6. 28. 3, fol. 58r. (n. 3) « mens, & intentio loquentis, quando de ipsa constat, plus debet attendi quam proprietas verborum ab eo prolatorum. »（「話者の真意および意図が明白である場合、話者によって発せられた言葉（文言）の本義よりもそれらに留意しなければならない。」）

10) 本文に挙げた法学者の註解書を除けば、筆者が閲覧できたのは、Cynus de Pistorio（c. 1270-1336）、Angelus de Ubaldis（1327/28-1407）、Petrus Philippus Corneus（1420?-93?）、Alexander Tartagnus（1423/24?-77）、Jason de Mayno（1435-1519）の註解書である。

11) Bartolus de Saxoferrato, *In Secundam, atque Tertiam Codicis Partem Commentaria*, Venetiis, 1595, ad C. 6. 28. 3, fol. 24r. (n. 1) « q[ua]n[do] sensus est clarus, no[n] est recurrendu[m] interpretatione[m]. »

12) *Codicis DN. Iustiniani cum Commentariis Accursii*, t. 4, Lugduni, 1627, ad C. 6. 28. 3 (Glossa *interpretatio*), col. 1537. « id est, verus sensus, qui non praeteritionem: sed exheredationem designat. »

13) Baldus de Ubaldis, *In Sextum Codicis Librum Commentaria*, Venetiis, 1577, ad C. 6.

この註解を一読すれば明らかなように、Baldus は「解釈」の意味内容をさしあたり五つに分類している。最初の用例では「解釈」が翻訳 (transfero) と同義であることが示され、二番目から四番目の用例では——現代の法律学

28. 3, fol. 92v. « Interpretatio non debet fieri ad literam, sed ad sensum, quia sensus verborum praevalet. hoc dicit. ¶ Et not[a]. quod interpretatio dicitur pluribus modis. uno modo dicitur, id est expositio vocabuli, sicut interpres dictur ille, qui dat intelligere verba, seu idiomata diversarum linguarum, ut ff. de verborum obligationib[us]. l. j. in fi[ne]. & hoc modo sunt interpretes illi, qui transferunt verba de Greco in Latinum, ut ff. de excusat[ionibus]. tutor[um?]. l. j. & dicitur interpres is, qui unam linguam exponit per alteram, vel unam linguam transfert in aliam. ¶ Secundo modo dicitur interpres ille, qui verba exponit ad verum intellectum, ponderata potius ratione quam cortice & superficie vocabulorum, ut ff. de legi[bus]. l. si de interpretatione. & l. j. ff. de ori[gine]. iu[ris]. ¶ Tertio mo[do] d[icitu]r interpretatio adhaesio intellectus ad literam. & ista nunq[uam] tantum valet, q[uod] ratio non praepo[n]deret, ut hic. ¶ Quarto dicitur interpretatio modus significandi, at[t]ributus dictioni ab intellectu: ut quod hoc nomen assis, significet totam haereditatem, ut Insti. de haer[edibus]. insti[tuendis]. §. haereditas. ¶ Quinto modo dicitur intepretatio, disputandi subtilitas, quae prudentium authoritatem exigit, ut ff. de libe[ris]. & posth[umis]. l. cum quidam. de vulga[ri]. & pupilla[ri]. substitutio[ne]. l. in substitutione. & de ori[gine]. iu[ris]. l. ij. §. his legibus latis. & ista interpreatio dividitur, quia alia est restrictiva, alia extensiva, ut dixi in l. omnes populi. & facit quod no[tatur]. in l. j. §. qui operas, ff. ad Tert[ullianum]. ¶ Scias ergo, quod in l. nostra ponitur interpretatio pro rudi expositione, sensus autem accipitur pro vera expositione magis ad intellectum, quam ad corticem verborum, sicut j. quaestio. j. c. Marchio. Et ideo interpretatio est commune nomen, quod ad omnem expositionem adaptari potest. ¶ Scias tamen quod si statutum removet interpretationem, removere intelligitur de extrinseca, quae potest circumscribi: non de intrinseca, sine qua non potest scena duci, ut ff. de cond[icionibus]. & demo[nstrationibus]. l. in his. Sed quare hic, haec dictio, alienus, inducebat dubitationem? Respon[deo]. quia alienus, idem est quod extraneus, seu alienigena, in quo inepta est exhaeredatio. ad hoc ff. Carbo[niano]. edi[cto]. l. j. §. ide[m]. ait. sed tamen contrarium est ponderata mente testatoris, ut hic. »（「解釈は文字（litera）ではなく意味（sensus）に即して行わなければならない。というのも、文言（verba）の意味が優位するからである。〔当該法文は〕このように述べる。／だが、解釈は複数の仕方で述べられることに注意せよ。ひとつめの仕方によれば、〔解釈とは〕すなわち語句（vocabuli）を説明することであり、いわば解釈者は異なる言語の文言ないし語句にかんする理解をもたらす者である。D. 45. 1. 1 の最後あたり（§. 6）のように。この仕方によると、解釈者たちはギリシア語をラテン語に移し替える者たちである。D. 27. 1. 1 のように。解釈者とはある言語を別の言語のために説明する者、あるいはある言語を別の言語に翻訳する者である。／二つめの仕方によれば、解釈者とは文言を真の意味理解（知性 intellectus）に基づ

からすればやや奇異に思われるが——「解釈」における *intellectus* と *ratio* の役割が説かれている。そして最後の用例では拡張解釈と縮小解釈が取り上げられており、それらの解釈には学識が必要であることが指摘されている[14]。本来であれば、それぞれの解釈概念について、Baldus が参照する法

いて説明する者であり、語句の外装や表層よりも理由（本質 ratio）が考慮される。D. 1. 3. 37 および D. 1. 2. 1 のように。／三つめの仕方によれば、解釈とは意味理解（知性）を文字に合わせることである。それには、理由（本質）が重視されなくなるほどの効力はない。ここ〔C. 6. 28. 3〕でのように。／四つめによれば、解釈とは、知性によって語（dictio）に与えられるところの、表示の仕方（表示様態 modus significandi）である。I. 2. 14. 5 において、assis という名詞が全相続財産を表示（指示）するように。／五つめの仕方によれば、解釈とは論究の技巧であり、法律家たちの見識を必要とする。D. 28. 2. 19、D. 28. 6. 31、D. 1. 2. 2. 5 のように。そうした解釈は区分される。というのも、一方は縮小的なものであり、他方は拡張的なものだからである。D. 1. 1. 9 で私が述べたように。また、D. 38. 17. 1. 6 で述べられていることが有益である。／したがって、次のように理解されたい。われわれの法文〔C. 6. 28. 3〕では、解釈は素朴なかたちでの説明と捉えられており、他方、意味（意図 sensus）は語句の外面ではなく、知性に基づいた真の説明と解されている。C. 1, q. 1, c. 64 のように。それゆえ、解釈とはあらゆる説明（expositio）にあてはまる共通の名称である。／また、次のように理解されたい。ある法令が解釈を排除している場合、そこで排除されているのは制限可能な外在的なものであり、内在的なものではないと解される。それがなければ、公衆に指示を与えることができないからである。D. 35. 1. 16 のように。しかし、ここで問おう、〔C. 6. 28. 3 中の〕「無関係である（alienus）」という語は疑わしいものだったのだろうか。私の解答は次のとおりである。「無関係である（alienus）」とは「他人である（extraneus）」とか「外国人である（alienigena）」と同一であり、この語で廃除というのは不適切である。この点にかんして、D. 37. 10. 1. 9。しかし、遺言者の真意（mens）により反対のことが考慮されている。ここ〔C. 6. 28. 3〕でのように。」）

[14] 拡張解釈と縮小解釈にかんして、次に掲げる Baldus の註解の一節も参照。Cf. Baldus de Ubaldis, *In Primam Digesti Veteris Partem Commentaria*, Venetiis, 1577, ad D. 1. 1. 9 (7), fol. 15r. (n. 71) « Modo quaero, utru[m] unu[m] statutu[m] trahatur ad aliud eiusde[m] municipii? & dico q[uod] sic. unde posterius statutu[m] trahit ad se prius tribus modis; determinando. i[d est]. restringendo. & ista est interpretatio arctativa. supple[n]do. i[d est]. amplia[n]do. & ista est i[n]terpretatio exte[n]siva. ... ¶ Tertio modo posterius trahit ad se prius, ut corrigat. ... »（「私は問う、ある法令（条例 statutum）は同じ都市の他の法令に関係づけられるかと。私は言う、「然り」と。それゆえ、後法は前法に三通りの仕方で関わる。〔第一に、〕限界づけること、すなわち限定することによって。それは制限的解釈（interpretatio arctativa）である。〔第二に、〕補充すること、すなわち拡大することによって。それは拡張解釈（interpretatio extensiva）である。……／第三の仕方では、後法は前法を修正するかたちでそれに関わる。……」）

文と照らし合わせながら検討しなければならないが、ここでは紙幅の都合上、紹介のみにとどめておきたい。むしろ本稿ではこれらの五つの解釈概念から離れて、註解の最後あたりで触れられている「内在的な解釈（interpretatio intrinseca）」について簡単に補足しておこう。

Ⅲ　解釈と説明

たとえ明示的に解釈を禁じている法令であっても、「内在的な解釈」なるものを排除することはできない。このようなBaldusの主張は、例えば、次に掲げるD. 1. 2. 2. 5への彼自身の註解とも親和性が高い。

> 「そこ〔つまり、D. 1. 2. 2. 5の法文中〕に「当然の結果として〔解釈は法学者たちの見識を必要とするのが常である〕」とあるが、次の点に注意せよ。自然法上、すなわち万民法上、ある程度は、解釈は必要であると。それゆえ、いかなる制定法によっても〔解釈を〕禁止することはできない。〔解釈が〕必要であるならば、その反対は不可能であり、不可能な法令（条例 statutum）には効力がない。同じく、法廷での討論も不可欠である。」[15]

カノン法学者 Philippus Decius（1454-1535）はこれらふたつの註解——すなわち、D. 1. 2. 2. 5とC. 6. 28. 3へのBaldusの註解——を結びつけ、そこからあらゆる法令には内在的な解釈が必要であるとの結論を導き出している[16]。この一例からも「内在的な解釈」という解釈概念が後世の法学者たちに広く知られていたことが窺えるが、もちろん重要なのはその中身である。結論から述べれば、「内在的な解釈」とは、中世から近世の法学文献においてしばしば見られる「説明的解釈（宣言的解釈 interpretatio declarativa）」の別名にほかならない[17]。

---

15) Baldus de Ubaldis, *op. cit.* (n. 14), ad D. 1. 2. 2. 5, fol. 37r. « Ibi, naturaliter evenire, no[ta] q[uod] interpretatio neccessaria est quoda[m] modo de iure naturali, i[d est]. gentiu[m]: & ideo nulla c[on]stitutione po[tes]t p[ro]hiberi. nam si est necessaria, ergo eius c[ontra]ria est impossibilis, & impossibile statutu[m] no[n] valet. Ite[m] no[ta]. q[uod] disputationes fori necessariae sunt. »

16) X. 2. 1. 12へのDeciusの註解については、拙稿（前掲注2）51頁以下参照。

17) 両者が同一の概念であることは、Petrus de Ancharano（c. 1350-1416）の一節を引

現代の法律学では「説明的解釈」という術語が用いられることはほぼ皆無だが、この解釈の目指すところは、その名称のとおり、当該法文の意味を説明することである[18]。こうした説明的解釈と「内在的な解釈」が同義であることは、D. 28. 2. 29. 13 への Baldus の註解から読み取ることができる。ちなみに D. 28. 2. 29 では遺言の効力を定める法律 *lex Vellea* の解釈がテーマとなっており、その13項には「このように解釈すべきである (ita interpretandum est)」という一節が現れる。以下に引用した註解はこの点にかんするものである。

> 「第三に、次の点に注意せよ。ある種の事柄は解釈すること、すなわち趣旨を説明すること (declarari) と言われている。法令は、たとえそれが解釈を受け入れようとせずとも、趣旨の提示および説明 (declaratio) については受け入れる。というのも、解釈にはふたつあるからであり、すなわち〔そのひとつは〕内在的なものである。〔法令は〕つねにそのような〔内在的な〕解釈を受け入れる。内在的な解釈とは、語の本義ないし定義から生じるものである。後出 D. 32. 69. 1 のように。他方、外在的な解釈とは、発せられた文言の本性に即して理解することではなく、表に出ていない理由 (ratio) から生ずるものである。類似の D. 45. 1. 30 において Dinus が述べるように。だが、弁護人たちの活動に従い、法令がそのような解釈を受け入れないことがあるが、この点についてはここでこれ以上言及すべきではない。」[19]

　　　　用しながら、森（前掲注5）13頁がすでに示唆している。
18) 説明的解釈（宣言的解釈）の詳細にかんして、Schröder, *op cit.* (n. 6), S. 59ff. および同書（初版）の紹介論文である拙稿「解釈概念の歴史的展開：J・シュレーダー『学としての法』の紹介」法哲学年報2005（有斐閣、2006年）参照。加えて、近年のわが国の法学書においてこの解釈概念を取り上げるものとして、笹倉秀夫『法解釈講義』（東京大学出版会、2009年）44頁以下参照。
19) Baldus de Ubaldis, *In Primam et Secundam Infortiati Partem Commentaria*, Venetiis, 1577, ad D. 28. 2. 29. 13, fol. 70r. (n. 1) « Tertio not[a]. q[uod] aliquid d[icitu]r interpretari. i[d est]. declarari per exempla. & licet statuta non reciperent interpretationem, recipiu[n]t t[ame]n exemplorum positione[m], & declarationem: quia duplex est interpretatio. s[cilicet]. intrinseca. & istam semper recipiunt. intrinseca autem est illa quae procedit ex proprietate, vel diffinitione sermonis, ut i[nfra]. de leg[atis]. iii. non aliter. §. fi[nalis]. extrinseca vero est, qua[m] na[tura] verborum prolatorum non est apta comprehendere, sed venit ex tacita ratione, ut not[at] Din[us]. in simili, de verbo[rum]. obliga[tionibus]. l. sciendum. sed istam non recipiunt statuta s[ecundu]m practicam advocatiorum, de hoc non est hic plus dicendum. »

さらに Francesco Accolti (1416/17-88) は同じく D. 28. 2. 29. 13 の註解において上掲の Baldus の註解を参照しつつ、両者が同一の概念であることを次のように明言している。

> 「最初にここでは次のように述べられている、「このように解釈すべきである」と。時に、解釈は語を適切に説明するために行われる。そうした解釈は、D. 1. 2. 1 および D. 38. 17. 1. 6 の註解によれば説明的なものと呼ばれ、またここ〔D. 28. 2. 29. 13〕でのバルドゥス〔の註解〕によれば、内在的なものと呼ばれる。……」[20]

以上のように、Baldus と彼に続く法学者たちは「内在的な解釈」という解釈概念を駆使することによって、明示的に解釈を禁じている法令においてさえもそれを内在的に解釈(説明)することは可能であるし、また必要ですらあると考えたのであった[21]。

---

20) Francesco Accolti, *In Primam & Sedundam Infortiati Partem Commentaria*, Venetiis, 1589, ad D. 28. 2. 29. 13, fol. 97v. (n. 54) « Primo no[tatur] ibi, & ita interpretandum est. q[uod] interpretatio aliquando ponitur pro congrua verbi expositione, & vocatur ista interpretatio declarativa secundum glo[ssam]. in l. i. de ori[gine]. iur[is]. & in l. i, §. qui operas. i[nfra]. ad Tertul[lianum]. & vocatur ista intepretatio intrinseca, secundum Bal[dum]. hic, … »

21) 「解釈の禁止」というテーマにかんしては、森征一「中世イタリアの都市条例における解釈の禁止規定をめぐって：中世ローマ法学の解釈の学としての側面」『慶應義塾大学法学部法律学科開設百年記念論文集 法律学科篇』(慶應義塾大学法学部、1990年) 257頁以下に多くを教えられた。また、本稿に関連して、拙訳「V・W・フォルスターの法解釈理論 (1)」(近日、摂南法学56号に掲載予定) も併せて参照されたい。この翻訳は Valentin Wilhelm Forster (1574-1620) の著作『解釈者、あるいは法の解釈について (*Interpres, sive de interpretatione juris*)』(1613年) のなかから「説明的解釈」にかんする部分を訳出したものであり、そこにおいても説明的解釈が禁じられないことが明言されている。

法教義学の社会的役割
——『法システムと法解釈学』（ルーマン、1974年）と
『社会の法』（ルーマン、1993年）の間で——

毛利康俊

- I　はじめに
- II　法的決定の過程と法教義学
- III　比較
- IV　検討
- V　おわりに

I　はじめに

　ドイツの社会理論家、N. ルーマンは学問的キャリアの最初期と晩年に、「法教義学」を取り上げている。すなわち、『法システムと法解釈学』（1974年）と『社会の法』（1993年、主として第8章）である[1]。周知のように、彼にはこの間オートポイエシス論への転換があったため、彼の論述におけるターミノロジーは一変してしまった。そこで、彼の法教義学論において実質的に

---

1) Niklas Luhmann, *Rechtssystem und Rechtsdogmatik*, 1974, Kohlhammer（ニクラス・ルーマン著（土方透訳）『法システムと法解釈学』（日本評論社、1988年））; Niklas Luhmann, *Das Recht der Gesellschaft*, 1993, Suhrkamp（ニクラス・ルーマン著（馬場靖雄・上村隆広・江口厚仁訳）『社会の法　1／2』（法政大学出版局、2003年））．両書への参照指示は、本文中で「1974; S. 9 = 2頁」のように表記する（この例は『法システムと法解釈学』の原書9頁、訳書2頁を意味する）。なお、ルーマン理論のキー概念についての私の理解については、拙著『社会の音響学：ルーマン派システム論から法現象を見る』（勁草書房、2014年）を参照。

変わったところと変わらなかったところを確認することが、1つの課題となる。こうした課題の遂行を通じて、われわれは法や法教義学に対するルーマンに固有な視線の在り方を確認することができるだろうし、また、それはオートポイエシス論がルーマン理論になにをもたらしたかについてのケース・スタディーともなるだろう。

　本論を一部先取りすれば、われわれはそうした検討の結果、概念法学者、実定法実証主義者・ルーマンというイメージ[2]の修正を迫られることになるだろうし、また、それと表裏の、法教義学理解におけるルーマンの方向転換という解釈[3]も修正を迫られることになるはずである。本章では最後に、こうしたルーマンにかんするイメージの補正を踏まえて、法教義学についてのルーマンの理論の法理論的含意を若干検討することにしたい。

II　法的決定の過程と法教義学

　『法システムと法解釈学』と『社会の法』を読み比べてまず気づくのは、法教義学の社会内での位置とその作動様式についての見方が一貫していることである。

　まず、ルーマンは、法教義学を、学者その他が法テキストを読むという活動のなかでなく、事案処理の過程で働きつつある法概念・法規則・法原理の体系の相において捉えている。法学者の仕事は、この過程に関与する限りで理論的検討の対象となる（1974, S. 17f＝15頁以下; 1993, S. 345f＝473頁以下, S. 362ff＝491頁以下）。

　次にルーマンは、法的決定の過程において演繹論理が、誤謬発見器としての役割を果たすことを超えては、また、法概念・法規則・法原理の射程を限定することを超えては、主要な役割を演ずることはないと見ている（1974, S.

2）　Luhmann（1974）の序文によれば、当時、彼の議論は時代遅れの概念法学を擁護するものとして、心ある法律家たちの猛烈な反発を買ったらしい。

3）　ディーター・グリム「法的根拠としての〈裁判の結果〉：ドイツ連邦憲法裁判所の論証実務について」（グンター・トイプナー著（村上淳一／小川浩三訳）『結果志向の法思考：利益衡量と法律家的論証』東京大学出版会、2011年、所収）169-170頁を参照。

18f＝17頁以下; 1993, S. 384ff＝514頁以下, S. 400f＝532頁以下)。彼が前提にしているのは、事件の概念的把握―法概念―法規則の間には、意味的な内的連関があるという理解である。そして、彼は、個々の法的決定は、類似する過去と未来の法的決定例を参照しつつ、それらとの比較のなかでなされるということを強調する (1974, S. 20ff＝19頁以下; 1993, S. 349ff＝477頁以下)。

こうした見方自体は、必ずしもルーマンに特有というわけではない。問題は、そこからどのような帰結を導き出すかである。

Ⅲ　比較

次に『法システムと法解釈学』と『社会の法』を比較するために、いくつかの観点を設けよう。すなわち、念頭に置く法文化、ポレミクの対象、法教義学についてのポジティブな主張、システム・レファランス、理論的道具立てである。これらの観点で両著作を比較すると、別表のようになる。

全体として、法教義学についてのポジティブな主張は一貫していること、論題については『社会の法』が『法システムと法解釈学』を包摂する関係になっていることに気づかざるをえないが、理論的道具立ては一変している。そこで、両著作のなかで、それらが採用している理論的道具立てがどのように効いているかを確認していく必要がある。

1　『社会の法』(1993)

(1) **鍵算法における「形式」**　この概念は、テキストは解釈と不可分に存立するという主張を支えるために使用されている (1993, S. 338ff＝465頁以下)。

(2) **コミュニケーション**　ルーマンのコミュニケーション概念は独特である。すなわち、彼はコミュニケーションとは送信者から受信者へ同一的情報が流れることだという一般的な理解を自覚的に退け、それを情報／伝達―理解に媒介される情報の(再)産出過程と捉え直す。すなわち、そこで起きているのは、何者かが他者の(言語的ないし非言語的)振る舞いを観察し、

『法システムと法解釈学』(1974)	『社会の法』(1993)
<u>念頭に置く法文化</u> ・大陸法系	<u>念頭に置く法文化</u> ・大陸法系 ・英米法系
<u>ポレミクの対象</u> ・結果志向の法的思考および法理論	<u>ポレミクの対象</u> ・結果志向の法的思考および法理論 ・法的議論理論 ・脱構築派 CLS ・法と経済学（法の経済分析）
<u>ポジティブな主張</u> ・法教義学の位置 　　事案に対する決定過程で働く概念体系 ・法教義学の役割 　　法、司法システムの適切な作動を支える ・法教義学がそなえるべき全体的な質 　　一貫性が可能な限りでの複雑性	<u>ポジティブな主張</u> ・法教義学の位置 　　事案に対する決定過程で働く概念体系 ・法教義学の役割 　　法、司法システムの適切な作動を支える ・法教義学がそなえるべき全体的な質 　　十分な冗長性と両立するヴァラエティ
<u>システム・レファランス</u> ・全体社会 　　＊その構造としての「法」 ・司法システム	<u>システム・レファランス</u> ・全体社会 　　＊その構造としての「法」？ ・司法システム ・機能システムとしての「法システム」
<u>理論的道具立て</u> ・インプット－アウトプット図式 ・複雑性 ・ザイアンスの心理学	<u>理論的道具立て</u> ・オートポイエシス論 　　コミュニケーション 　　作動／観察　他者観察／自己観察 　　一次の／二次の／三次の観察 ・情報理論 　　冗長性／ヴァラエティ ・鍵算法

それを「なにかがなにかである」という情報の伝達行為と理解することにおいて、観察者側の方でなんらかの情報が産出されるという事態である。観察者の側で、そのまま「なにかがなにかである」という情報が産出されることもあれば、「『なにかはなにかではない』のに、その人は『なにかがなにかである』と考えている」という情報が産出されることもあるし、第三者的な視点からは両者における情報内容にズレが認められることもある[4]。

---

4) Niklas Luhmann, *Soziale Systeme*, 1984, Suhrkamp（ニクラス・ルーマン著（佐藤

ルーマンは、法的決定者は自覚的にこうした意味でのコミュニケーション過程のなかで目の前の事案に向っていると考えている。つまり、個々の法的決定は以前の諸決定―目の前の事案の決定―後の別の機会での諸決定という連鎖のなかで営まれる。法的決定者は、目の前の事案と類似した以前の諸決定を参照し、過去にどのような事案にどのような法概念・法規則が適用され、どのような決定が下されたかを、目の前の事案との類似性／差異の観点で判別しつつ、目の前の事案と適用可能性のある法概念・法規則の関係づけを調整して決定を下すのだが (1993, S. 350f = 478頁以下)、その際、自らのそうした決定行為が、後の法的決定者たちの同様の観察にさらされることを意識している (1993, S. 350 = 478頁)。

　（3）**鍵算法の演算**　ここでは「圧縮」と「再認」が重要である。つまり、前述したような、以前の諸決定―目の前の事案の決定―以後の諸決定の連鎖のなかで、事案と法概念・法規則・法原理の対が同一のものとして確認され続けることで、事案の類型とそれと対になる法概念・法規則の意味内容が固まり（圧縮され）、決定のたびごとに「再認」される (1993, S. 350f = 478頁以下, S. 368ff = 498頁以下, S. 386ff = 516頁以下)。

　ところで、この圧縮と再認の過程は、「コミュニケーション」の項で述べたような複雑な過程に媒介されたものであるから、そこにあるのは「繰り返し可能性 répétabilité」ではなく、デリダ的な「反復可能性 itérability」である (1993, S. 350 (FN. 33) = 757頁（注33))。

　（4）**作動／観察**　ルーマンにおいて「二次の観察」という言葉は多義的なので注意を要する。二次の観察とは、他者の観察を観察することであるから、同じ法システム内の行為者同士が相手の観察を観察することを意味することもあれば、法的行為者の観察を社会学者が観察することを意味することもある[5]。そこでルーマン自身も、前者を「システム内的な二次の観察」、

　　勉監訳『社会システム理論　上・下』恒星社厚生閣、上巻は1993年、下巻は1995年))の第4章を参照。
[5]　前者の意味での「二次の観察」の使用例として、Luhmann (1993), S. 340f = 468頁、S. 353f = 482頁、S. 382f = 512頁、S. 403ff = 535頁以下などを、後者の意味での使用例として Luhmann (1993), S. 352 = 480頁を参照。

後者を「三次の観察」と呼び分けることもある (1993, S. 372f = 502頁)。

法システムにおいて作動とは、一般人や法機関の法的決定である。法的決定を争う法的議論において生じているのは、決定そのものではないので「作動」ではなく (1993, S. 406 = 539頁)、「観察」であって、しかも、議論参加者は互いの主張を批判する限りで観察しているのであるから、「システム内の二次の観察」である (1993, S. 372f = 502頁)。

この二次の観察は、以前の諸決定―目の前の事案の決定―後の別の機会での諸決定という連鎖の一契機なので、法システムの作動連関の一契機として、法システムに属す。故に、それは法システムの、他者観察ではなくして、自己観察である (1993, S. 351 = 480頁)。生きて働きつつある法教義学は、こうした二次の自己観察の一契機である。

（5）**情報理論**　法システム、とくに司法システムにおいて形式的正義（等しきものは等しく扱え）、一貫性が重要ならば、そのなかで十分な冗長性（同じ情報の反復）が成り立つ必要がある (1993, S. 373f = 504頁以下)。一見したところ、冗長性とヴァラエティ（法システムのなかで可能なる行為連関のパターンの多様性）は相反するようだが、ルーマンはそれらが同時に強化されうることを強調する (1993, S. 352ff = 480頁以下)。ここにルーマンの法教義学への期待がある。なお、ルーマンが法には形式的正義ばかりでなくヴァラエティをも必要だとする理由は、彼が保守主義者でもポストモダン論者でもなく、古典的な市民的自由主義者だからだと見るべきであろう[6]。

以前の諸決定―目の前の事案の決定―後の別の機会での諸決定の間の冗長性は、法概念・法規則の体系が担保する。法概念・法規則の体系を所与としても、その元で、人びとのヴァラエティに富む法行動が可能である。法概念・法規則の体系は、その可能性を開くとともに制約する (1993, S. 355 = 487頁以下)。また法概念・法規則の体系は、法律家の事案のヴァラエティの把握のきめ細かさを可能にするとともに制約する (1993, S. 353f = 482頁)。社会の変動や人びとの価値観の変化のために、所与の法概念・法規則のもとで可能に

---

[6] この点につき、小山裕『市民的自由主義の復権：シュミットからルーマンへ』（勁草書房、2015年）を参照。

なる人びとの法行動の集合が不適切になったり、法律家の事例把握のヴァラエティが不適切になったりする場合は、法概念・法規則の体系は試行錯誤的に（進化論的に）修正される。この修正のきっかけも個別具体的な事案によって与えられる (1993, S. 365f＝489頁以下, S. 367f＝496頁以下, 401ff＝533頁以下)。

こうして法システムおよび司法システムにおいて冗長性とヴァラエティが高度に両立するには、法教義学の洗練と柔軟性が必要である (1993, S. 361＝490頁)。こうした法教義学の機能の無視ないし軽視という咎によって、ルーマンはポレミクの対象を批判するのである[7]。

（6）自己言及／他者言及　　事案・利益への言及は他者言及、法概念・法規則への依拠・言及は自己言及である。そして自己言及と他者言及はともにオートポイエティック・システムとしての法システムの作動の不可欠の構造的契機である。さらに冗長性とヴァラエティそれぞれの度合いは、ともに、法概念・法規則の体系の在り方に媒介される。ゆえに、上記（5）の法教義学に対する要請にいたる (1993, S. 393ff＝524頁以下)。つまり、ルーマンは利益と概念の調和を図ろうとしているのであって、概念法学、実定法実証主義者ではない。

2　『法システムと法解釈学』(1994)

（1）理論的道具立て　　この著作は、司法システムをインプット／アウトプット—モデルで捉え、法教義学をインプットとアウトプットを媒介する地位に位置づけている。加えてシステム論らしい理論的道具立と言えば、社会心理学者・R. ザイアンスの人間を対象とした実証研究を、類推的に司法システムに応用しつつ、結果志向が法教義学をゆがめることを説明しているところだけである（後述Ⅳ5(1)）。逆に言えば、法的決定の過程と法教義学の関係について、前記Ⅲ1(1)-(4)に対応する事態は事実上主張されて

---

[7]　結果志向の法理論について Luhmann (1993), S. 379ff＝509頁以下; S. 391f＝522頁以下、脱構築派 CLS について Luhmann (1993), S. 370ff＝500頁以下、法と経済学（法の経済分析）について Luhmann (1993), S. 22f＝16頁以下、法的議論理論について Luhmann (1993), S. 345＝472頁以下、S. 347ff＝474頁以下、S. 348f＝476頁以下、401f＝533頁以下を参照。

いたが、そうするための特別な理論的道具立ては欠けている。

（2）法教義学への期待　ルーマンは法と司法システムが一貫性と両立する限りでの複雑性を維持・達成するには、法教義学の洗練と柔軟性が必要だとする。この要請は、事実上、『社会の法』における要請と同内容である（一貫性と冗長性では後者の方が一般性が高く、複雑性とヴァラエティでは前者の方が一般性が高い用語であるという違いがあるだけである）。この観点からポレミクの対象を批判する点も、『社会の法』と同様である（1974, S. 31f＝38頁以下）。

結果志向の法理論を批判するトーンが強いため見落とされやすいが、『法システムと法解釈学』でも、事案のあるべき解決から遡及して法概念・法規則の体系が修正されること自体は、ルーマンも求めていた（1974, S. 31f＝38頁以下）。つまり、ルーマンは『社会の法』の時期に転向したのではなく、はじめから概念法学者、実定法実証主義者ではなかったのである。

Ⅳ　検討

以上の比較を踏まえ、次のようなことが言える。

1　一貫した主張

両著作の間で、法教義学の位置、役割、課される要請に関するポジティブな主張はおおむね一貫している。

2　扱われる論題の範囲と論証の緊密性

『社会の法』（1993）は『法システムと法解釈学』（1974）の内容をほぼ包摂し、かつより広い論題を扱っている。しかも、「コミュニケーション」「二次の観察」「冗長性」「形式」など緊密に関係する諸概念によって、法的決定の過程と法教義学の関係の記述から後者への実践的要請までが、より見通しよく、かつ他の社会領域と比較可能な形で論述されている。『法システムと法解釈学』では、法的決定の過程の記述を支える理論的道具立てに欠けるため、それと法教義学への要請との概念的連関が不分明である。

3　システム・レファランスの追加

　さらに『社会の法』によって『法システムと法解釈学』が実質的に補正されていることも無視できない。前者は「機能システムとしての法システム」(一般人もなす法的コミュニケーションからなるシステム)を自覚的な対象としているが、このシステムの役割は、規範的予期の安定化と革新である (1993, S. 131f＝139頁以下, S. 161ff＝173頁以下)。ここから、たえず自己更新すべき存在としての法教義学という像が出てくる。

　これに対し、『法システムと法解釈学』では、「法」＝全体社会の構造と司法システムだけが対象となっているので、静態的なイメージが帰結する。すなわち構造たる「法」への法教義学の寄与という論脈が前面に出て、かつ、前項 (Ⅳ 2) の事情もあいまって、概念法学者、実定法実証主義者・ルーマンというイメージが自然に帰結したものと思われる。

4　全体社会における法教義学の位置

　本節１で指摘したように、法教義学についてのルーマンの見解は、両著作を通じてほぼ一貫していた。しかしその含意を精査しようとするならば、全体社会のなかの法教義学の位置についてさらに慎重に検討する必要がある。というのは、全体社会が両著作で一貫してリファーされているところ、私の理解ではルーマンの理論はオートポイエシス理論の時期にいたってようやく、機能システムおよび全体社会の理論の結構を整えたからである[8]。全体社会はその内実からすれば日常世界と大きく重なる。とすれば、全体社会のなかに法教義学を位置づけるとすれば、司法システムの内部平面たる法教義学における自己調整とは、その全体社会への適応だという印象が生まれるかもしれない。しかし、後期のルーマンによれば、全体社会とは諸機能システム等の重合態として存立する、むしろ派生態なのである。したがって、法教義学が適応すべき安定した大地などというものは存在しない。よって、冗長性(一貫性)とヴァラエティ(複雑性)をより高度に両立させるべく絶えず自

---

8) この点についての私の理解については前掲拙著(注１)第６章を参照。

己更新すべしという法教義学への要請は、後期のルーマンにあっては、より微妙なバランスを要求されるそれだということになる。

5 『法システムと法解釈学』の独自性

（1）結果志向によって法教義学がゆがむ機構の解明　法システムが外的効果を及ぼそうとすることの反動という論点自体は、両著作で一貫している。しかし、この論点は、『社会の法』では、オートポイエティック・システムの自律性ゆえに、「結果」といっても法システムにとっての結果にすぎないとあっさり片付けられているところ (1993, S. 379ff＝509頁以下, S. 396f＝527頁以下)、『法システムと法解釈学』では、社会心理学者、ザイアンスの実証研究[9]の援用によって、丁寧に論じられている。

ザイアンスは、コミュニケーションのなかでの役割に応じて、つまり、情報の送信者になるか受信者になるかに応じて、人びとが認知構造をどのように相異なる仕方で調整しているかを実証的に調査した。ザイアンスがその際に採用した観点は、認知構造の、分化の程度（使用されるカテゴリの数）、複雑性の程度（カテゴリの階層化の程度）、統一性の程度（カテゴリ間の相互依存性）、組織化の程度（特定のカテゴリの使用が他のカテゴリの使用を方向づける程度）である。

ルーマンはこれらを、システムの大きさ (Größ)、異種混合性 (Verschiedenartigkeit)、相互依存性 (Grad der Interdependenz)、組織度 (Organisationsgrad) へと一般化する。そして、ザイアンスの研究結果から類推的に、入力されるあれこれの情報の処理過程に特化した社会システムは、その環境を一定の方向に変更しようと欲するものよりも、認知的諸カテゴリ、決定のための諸プログラム、組織的準備にかかわる装置は、より複雑でないもので足りるであろうと推定する。ここからさらにルーマンは、次のように推論する。つまり、法教義学が目的志向を強めるということは、司法システムの重点がインプット境界からアウトプット境界へ移動するということ

---

9) Robert B. Zajonc (1960), "The Process of Cognitive tuning in Communication", *Journal of Abnormal and Social Psychology*, Vol. 60, No. 2, 159-167.

であり、また司法システムが社会に対して受信者としてでなく送信者として振る舞うようになる程度が高まるということなのであって、その認知構造に過度な負担をかけ、場合によってはそれを破壊することにもなりかねない、と (1974, S. 25ff＝27頁以下)。

（2）**有意義な結果志向**　また、ルーマンによれば、法律家が結果志向のつもりでやっていることは、主として、法システムが外的結果を及ぼすことではなく、法的結果を考慮することであるが、それにはいくつもの類型があり、それらの内容と意義についての豊かな検討は『法システムと法解釈学』でのみなされている (1974, S. 39ff＝50頁以下)。

V　おわりに

　両著作を比較してまず気づくのは、法教義学の社会的位置づけとそれへの要請についての主張がほぼ一貫していたことである。ルーマンは、初期から一貫して、法教義学をば法テキストを読む活動のなかではなく、法実務のなかで働く姿において捉えることを主張していた。また彼は、法および司法システムが適切に働くためには、一貫性（形式的正義）と複雑性（法によって可能になる人びとの行動の多様性）が必要であって、そのためには法教義学が法実務において働く概念的思考を尊重するとともに、あるべき解決という観点から法概念・法規則・法原理の体系を不断に見直すことをも期待していた（これが概念的思考のただなかで可能であるというのがルーマンの見方である）。

　法学方法論の世界では、概念に基づく思考と結果からの考量を二項対立的に捉える傾向が強い。しかし、これがいつまでも続く不毛なシーソーゲームであるとすれば、ルーマンは、この不毛な二項対立を越える地点に立とうとしていると評価できる。

　ルーマンは、社会の変動と人びとの価値観の変化に、司法システム、ひいては法システムが対応できるための要石の役割を、法教義学に託した。法教義学がそのために備えなくてはならない質は、一貫性と両立する限りでの複雑性という、法教義学の全体に帰せられる質であったが、それが<u>全体的な質</u>

であることには注意が必要である。全体的質である以上、それは法学者や実務家が日々、専心している目の前の事案を解決するための論点探求には、直接は寄与しない（1993, S. 376＝506頁以下）。しかしルーマンは、その専心の仕方のありようによっては、かえって法教義学の全体的質が低下することに——法律家たちが自分で自分の首を絞めることにならないかという警告を発し、その具体的経路をいくつかの仕方で指摘しようとしてきた。法教義学そのものとは区別される法理論という理論水準があるとすれば、これはそこで取り上げられ検討されてしかるべき主張の1つであろう。

　こうして、ルーマンは社会理論家ではあるけれども、法律家が彼から学ぶべきものもあるように思われる。本章での検討からは、その際には次のことに注意を払うべきこととなろう。まず、『社会の法』(1993)の方が『法システムと法解釈学』(1994)よりも取り上げられる論題も広く、論証の緊密度も高かった。しかし後者には、結果志向の法思考が隘路に陥る機構の解明と、結果志向の法思考によって実際にはどのような積極的な意義を持つ営みがなされているかの検討という、前者にはない要素が含まれていた。したがって、われわれは今も両著作を相補的に読む必要がある。次に、両著作の間にはルーマン理論における全体社会の理論の一応の完成という出来事があり、それに従えば、法教義学へのルーマンの要請はいっそう動態的で微妙なバランスを要求されるものになる可能性があった。したがってわれわれがルーマンの法教義学論に学ぼうとするならば、それと全体社会の理論としてのルーマン理論の全体を自覚的に密接に関連づけて読んでいく必要があるだろう。

Hegel とドイツ刑法学
―― 近時の「Hegel-Renaissance」に寄せて ――

矢田陽一

- I　はじめに
- II　Hegel の刑法理論
- III　19世紀における Hegel 学派の隆盛と衰退
- IV　20世紀における（新）Hegel 主義の復権と離反
- V　現代ドイツ刑法学と Hegel
- VI　おわりに

I　はじめに

　近時、ドイツ刑法学において Hegel を再評価しようとする動きが活発化しつつある。ドイツでは、1968年、Ossip Kurt Flechtheim に端を発し[1]、次いで Ulrich Klug が「Kant および Hegel からの離反」（Abschied von Kant und Hegel）[2] を宣言したことによって、刑法学に対する Hegel の影響力は一時的に弱まったかにみえたが、結果からみると、そのような出来事もまたき

---

1) Flechtheim, Zur Kritik der Hegelschen Strafrechtsphilosophie, Archiv für Rechts- und Sozialphilosophie, Bd. 54, 1968, S. 539ff.
2) Ulrich Klug, Abschied von Kant und Hegel, in: Baumann (Hrsg.) Programm für ein neues Strafgesetzbuch, 1968, S. 36ff. 本論文の邦訳として、久岡康成訳「ウルリッヒ・クルーグ　カントとヘーゲルからの訣別」佐伯千仭編訳『新しい刑法典のためのプログラム』（昭47年・1972年）41頁以下。

わめて限定的な作用を有したにすぎず、1970年代後半以降、ふたたび彼の思想を批判的に、しかしながら積極的に受容しようとする者たちが、多数現れるようになる。また、2015年3月には、ケルン大学でHegel刑法学についての学際的な研究を目的とした大規模な集会が開催され、多方面から大きな注目を集めた[3]。このような状況に鑑みると、現在はいわば „Hegel-Renaissance" の時代にあるといえよう。「Hegel主義なくしては、ドイツにおける刑法学的思惟の歴史および現在を適切に把握することができない」[4]とまでいわれるほど、彼がドイツ刑法学に与えた影響は計り知れないものがある。わが国の刑法学とすこぶる緊密な関係にあるドイツ刑法学の動向を知っておくことは、様々な問題に関して今後あるべき議論の方向性を見定めるうえで、まさに必要不可欠であるといえよう。そのような意味で、Hegelがドイツ刑法学に対してこれまで残したもの、あるいはこれから生み出すであろうものを、いま一度確認しておくことは、決して無駄なことではないように思われる。そこで以下では、Hegelの刑法理論を概観したうえで、彼の意思を継いだ19世紀におけるHegel学派の隆盛と衰退、Hegelの思想を部分的に採り入れ、さらに発展させた20世紀の（新）Hegel主義とそこからの離反、および、現代ドイツ刑法学とHegelとの関係について、紙幅の関係上はなはだ概略的にではあるが、そのあらましを素描してみたいとおもう[5]。

Ⅱ　Hegelの刑法理論

ドイツ刑法学において今日使用されている基本的な概念が形成されたのは、18世紀から19世紀中頃にかけてであるとされる[6]。当時のドイツ刑法学

---

3) そこで発表された研究成果をまとめたものとして、Michael Kubiciel, Michael Pawlik, Kurt Seelmann, Hegels Erben?, 2017. 本稿もまた、ここから大きな示唆をえた。
4) Kubiciel, Pawlik, Seelmann, Einführung (o. Fn 3), S. 4.
5) Hegelとドイツ刑法学との関係について概略的に示すものとして、Kubiciel, Pawlik, Seelmann, (o. Fn 4), S. 1ff.
6) Vormbaum, Einführung in die moderne Strafrechtsgeschichte, 3. Aufl., 2015, S. 36ff, 45 ff.

にとっての大きな関心事は、いかにして刑法理論を哲学的な概念枠組みのもとで展開するかということであった。様々な刑法理論が哲学上の所産と結びつけられ、その状況はあたかも未知の化学反応を観察する実験室さながらの様相を呈していた。この時代、哲学は「法適用に途を照らす端女ではなく、むしろ、実務とりわけ立法に指示を与える主人」[7]としての役割を果たすこととなる。

そしてこの頃、ドイツ刑法学と哲学的思惟とが結びつきうるものであることを最も包括的な形で示したのが、Hegel である。Hegel は、『法の哲学』(Grundlinien der Philosophie des Rechts)[8]のなかで独自の思弁的な刑法理論を展開し、今日の刑法学にとってもきわめて重要な問題提起を数多くおこなっている[9]。

Hegel は、Kant が自然法則の支配する認識・経験可能な現実世界と理性の支配する精神世界とを対置し、これに応じて法と道徳とを峻別しようとする、いわゆる二元主義の立場にとどまっていたことを批判し[10]、自由な意志ないし精神が「抽象的な法（権利・正義）」(abstrakte Recht) から「道徳」(Moralität) を通じて最終的には「人倫」(Sittlichkeit) へと弁証法的に発展する過程で、現実と理性との矛盾・対立は止揚されなければならないとして、両者の一元的な統合を試みた[11]。

まず、Hegel によると、直接の、抽象概念としての意志、すなわち、あり

---

7) Eberhard Schmidt, Einführung in die Geschichte der deutschen Strafrechtspflege, 3. Aufl., 1965, S. 224.
8) Georg Wilhelm Friedrich Hegel, Grundlinien der Philosophie des Rechts, 1821, suhrkamp Taschenbuch, 14. Aufl., 2015.
9) 『法の哲学』以前の刑法理論については、Flechtheim, Hegels Strafrechtstheorie, 2. Aufl., 1975, S. 29ff.
10) Kant の二元主義的世界観に依拠しつつ、独自の刑法理論を展開したのが、Feuerbach である。Paul. Johann. Anselm Ritter von Feuerbach, Revision der Grundsätze und Grundbegriffe des positive peinlichen Rechts II, 1800, S. 127ff. Feuerbach の世界観および刑法理論については、山口邦夫「フォイエルバッハの刑法理論」『一九世紀ドイツ刑法学研究』(昭54年・1979年) 3頁以下、とりわけ17頁以下。
11)「理性的なものは現実的であり、現実的なものは理性的である」という Hegel の言葉は、彼の一元主義的なものの見方を端的に示している。Hegel, (o. Fn 8), Vorrede S. 24.

のままの自由な人格（Person）とその対象としての物件とが問題となる「抽象的な法（権利・正義）」の段階において、自由意志の現れである法そのものを侵害することが「不法」（Unrecht）であるとされる[12]。この点、犯罪を構成する「不法」はその本質において「むなしい」（nichtig）ものである暴力や強制から生じるが、法を元の状態に戻すためには同じく「むなしい」ものとしての暴力や強制によってこれを克服することが必要であるとする[13]。すなわち、犯罪者の特殊な意志（第1の暴力・強制）を一般の意志（第2の暴力・強制）のもとで否定し、法を回復することが刑罰の本質であるとする[14]。したがって、たしかに威嚇や矯正は刑罰の重要な「目的」（Zweck）ではあるが、「本質」（Wesen）ではないと解するのである[15]。

つぎに、Hegelは、自分自身を対象とする自覚的・反省的な自由意志の主体（Subjekt）が問題となる「道徳」の段階において、不法評価の対象となる「行為」（Handlung）の要諦を示している[16]。Hegelは、「主観的ないし道徳的な意志の表出」が「行為」であるとし[17]、これと目の前にある現存在に1つの変更を定立するところの客観的・物理的な「所為」（Tat）とを明確に区別する[18]。そして、「所為」の責任は、それ（「所為」）が「直接的な現存在のうちに実行されて、その結果が「わたしのもの」（meinig）となる場合に問題となりうるとされる[19]。すなわち、「所為」は外界に変化をもたらすものであ

---

12) G. W. F. Hegel, Philosophie des Rechts Nach der Vorlesungsnachschrift K.G.v. Griesheim 1824/25, in: Vorlesungen über Rechtsphilosophie, 1818-1831, hgg. von Karl-Heinz Ilting, Bd. 4, 1974, Rph. 90-94, S. 270.
13) Hegel, (o. Fn 8), Rph. §82, S. 172.
14) Hegel, (o. Fn 8), Rph. §99, S. 187.
15) Hegel, (o. Fn 8), Rph. §99, S. 188. このような観点からHegelは、Feuerbachの心理的強制説に対して、犬に向かって杖を振り上げるようなもので、人間を犬のように取り扱うものであると厳しく批判している。Hegel, (o. Fn 8), Rph. §99, S. 190.
16) Hegelの行為論および帰属論を詳細に分析・検討するものとして、松生建「ヘーゲルの帰属論の射程」斉藤豊治＝日高義博＝甲斐克則＝大塚裕史編『神山敏雄先生古稀祝賀論文集　第一巻』（平18年・2006年）19頁以下。
17) Hegel, (o. Fn 8), Rph. §113, S. 211.
18) Hegel, (o. Fn 8), Rph. §115, S. 215.
19) Hegel, (o. Fn 8), Rph. §114, S. 213. Hegelによると、「意志の法」（Das Recht des Willens）とは、自らの「所為」のうち、その表象のうちに含まれているものだけを

るから、その変化に「わたしのもの」という賓辞がつく限りで行為者は「責任」(Schuld) を負うが[20]、わたしの「企て」(Vorsatz) のなかにあったものだけ、つまり、自らが表象していたものだけがわたしに「帰属する」(zurechnen) として、ある変化に対してわたしに「責任」があったとしても、それが「企て」のうちにない限り、帰属されることはないとする[21]。換言すれば、偶然的に生起する事象において、みずからが表象し、目的のなかで知っているものだけが帰属の対象となるとするのである[22]。さらに、個別性の認識を意味する「企て」は普遍性の認識すなわち「意図」(Absicht) への移行を内包しているとし、ここでは特殊的な行為だけでなく、それと関連づけられる普遍的なものを「知るべきである」(wissen sollen) として、これに属する必然的な諸結果もまた、帰属されうるとする[23]。

以上のように Hegel は、刑罰論においては「法の否定の否定」(Negation der Negation des Rechts) による「法の回復」を、犯罪論においては主観的・道徳的な意志の表出である「行為」と客観的・物理的な身体的活動である「所為」とを区別する行為論を前提として、行為者が「企て」ないし「意図」した範囲内でのみ結果の帰属を承認するという帰属論を、それぞれ展開し、後世の刑法学の土台を築いた。

Ⅲ　19世紀における Hegel 学派の隆盛と衰退

以上のような Hegel の哲学および刑法理論を原則として承継し、さらに

「行為」として認め、それだけに責任をもつことをいうとされる。Hegel, (o. Fn 8), Rph. §117, S. 217.
20) Hegel, Vorlesungen (o. Fn 12), Rph. §115, S. 313.
21) Hegel, (o. Fn 8), Rph. §115, S. 216. Hegel によると、刑法ではこの点が特に重要となるとされる。
22) Hegel, (o. Fn 8), Rph. §117, S. 217. Hegel は、「所為」はもっぱら意志の責任としてのみ帰属されうることを「知の法」(Das Recht des Wissens) と呼んでいる。Hegel, (o. Fn 8), Rph. §117, S. 217.
23) Hegel, (o. Fn 8), Rph. §118, S. 222f. このような理解が過失犯を想定してのものであるか否かについては、争いがある。松生・前掲注16) 25頁。

発展させたのが、いわゆる Hegel 学派 (Hegel-Schule, Hegelianer) の刑法学者たちである[24]。Hegel 学派に属するものとして、一般的には、Julius Abegg、Cristian Reinhold Köstlin、Albert Friedrich Berner、Hugo Hälschner らの名を挙げることができる[25]。彼らの使用する用語は Hegel のそれと基本的に一致し、したがって、Hegel 哲学に対する知識なくしてはそれらを正確に理解することは困難である。彼らがとりわけ腐心したのは、もっぱら「Hegel によって規定された諸概念に特殊刑法的な彫琢を与えること」[26]であった。すなわち、彼らは、一方で、「Hegel によって触発された刑罰の概念と目的についての理解」をさらに深めつつ、他方で、犯罪論の任務は「自由を意志するところの自由意志」という Hegel の基本思想を「包括的な帰属論という形で具体的に展開すること」にあるとする点で共通の性格を有していた[27]。もっとも、彼らはたんなる Hegel 哲学の模倣者にすぎなかったわけではなく、その思想をさらに推し進め、そこから独自の思考体系を構築しようとしたという点で、その後のドイツ刑法学の発展に大きく寄与したことを見逃してはならない[28]。Hegel 学派は、19世紀の半ばまでドイツ刑法学において指導的な役割を演じることとなる[29]。

---

24) Hegel 学派の犯罪論を包括的に検討するものとして、Bubnoff, Die Entwicklung des strafrechtlichen Handlungsbegriffes von Feuerbach bis Liszt unter besonderer Berücksichtigung der Hegelschule, 1966. 刑罰論については、Ramb, Strafbegründung in den Systemen der Hegelianer: Eine rechtsphilosophische Untersuchnug zu den Straftheorien von Julius Abegg, Cristian Reinhold Köstlin, Albert Friedrich Berner und Hugo Hälschner, 2005.
25) 理論上多少の逸脱はあるものの、さらに Heinrich Luden の名がつけ加えられることもある。Vgl. Bubnoff, (o. Fn 24), S. 88ff. Luden の刑法理論に関しては、Carl-Friedrich Stuckenberg, Heinrich Luden, (o. Fn 3), 139ff.
26) Bubnoff, (o. Fn 24), S. 52.
27) Kubiciel, Pawlik, Seelmann, (o. Fn 4), S. 2. Hegel が行為と帰属をもっぱら故意の場合に限定して論じていたのに対し、Hegel 学派は実定法学者としての立場から故意と並んで過失をもそれらに組み込もうとした点に相違があるとされる。この点に関して、平場安治『刑法における行為概念の研究』(昭41年・1966年) 57頁参照。
28) Kubiciel, Pawlik, Seelmann, (o. Fn 4), S. 2.; Jakobs, in: Engel/Schön (Hrsg.), Das Proprium der Rechtswissenschaft, 2007, S. 115f.
29) Landsberg, Geschichte der Deutschen Rechtswissenschaft, Abt. 3, Halbband 2, Text S. 344f.

しかしながら、HegelおよびHegel学派の刑法理論は、1871年にドイツ帝国が設立され、同年にドイツ帝国刑法が施行される頃には、その支配的な影響力を急速に失うこととなる[30]。すなわち、それまでのドイツ刑法学では、州ごとに内容の異なる刑法典からいったん離れて「普通ドイツ刑法」を起草することに最も力が注がれていたが、ドイツ帝国刑法典が編纂されて以降は、まずもって「現行法を解釈する」ことが喫緊の課題となったのであった[31]。その結果、哲学的な構成方法の意義は著しく価値を落とし、かわりに「法典の構成関係」を明らかにすることに重きが置かれるようになる。換言すれば、「Hegel主義から実証主義への移行」[32]である。

このことは、たとえばドイツ帝国時代最も影響力を有する刑法学者であったKarl Bindingもまた、哲学体系を刑法学の礎石とすることに真っ向から異議を唱えたという事実からも、強く裏づけることができる。彼はいう。刑法学を何らかの哲学体系のもとに服せしめることは、学問の素材すなわち実定的な現行法に対する拘束性への攻撃以外のなにものでもないと[33]。さらには、Hegelが作り上げた「思弁的な空想の産物」は、法律家の間で哲学の価値を貶めただけでなく、法学を誤った方向へと導くものであるとさえ批判されたのである[34]。そして、Hegel哲学にとって代わり、実証主義刑法学と深く結びついたのが、当時目覚ましい発展を遂げていた自然科学である[35]。ドイツ刑法学は、人類学、社会学、心理学、犯罪学等の助けを借り、犯罪の事実的原因を探り、これと戦うということに少しずつ力点を移していくこととなる[36]。「学問は、形而上学がはじまるところで途切れる」[37]というLisztの

---

30) Losurdo, Hegel und das deutsche Erbe, 1989, S. 411ff.
31) Jakobs, (o. Fn 28), S. 117.
32) Radbruch, Die peinliche Gerichtsordnung Kaiser Karl V. von 1532, in: Neumann (Hrsg.), Gesamtausgabe, Bd. 11, 2001, S. 416.
33) Binding, Handbuch des Strafrechts, Bd. 1, 1885, S. 9.
34) Emil Lingg, Wesen und Aufgaben der Rechtsphilosophie, in: hgg. Grünhut, Zeitschrift für Privat- und Öffentliches Rechts der Gegenwart, Bd. 18, 1981, S. 42.; Ludwig von Bar, Geschichte des deutschen Strafrechts und der Strafrechtstheorien, 1882, S. 278.
35) 自然科学的実証主義者としてもっとも著名なのは、周知のとおり、Franz von Lisztである。

言葉は、当時のドイツ刑法学を取り巻く状況を象徴的に示しているといえよう。HegelおよびHegel学派の刑法理論は、自然科学的実証主義の登場によって、その命脈をいったんは絶たれてしまったのである[38]。

Ⅳ　20世紀における（新）Hegel主義の復権と離反[39]

自然科学的実証主義がつぎなる哲学的潮流としての新Kant学派価値哲学によって克服された後[40]、とりわけ1900年代初頭から幾人かの影響力のある刑法学者が哲学における新Hegel学派と歩調を合わせはじめ、ふたたびHegelに依拠した刑法理論を展開するようになる。この当時、みずから公然と「新Hegel主義」を標榜していたのが、Josef KohlerとFritz Berolzheimerである[41]。彼らは、「法・経済哲学論叢」（Archivs für Rechts-

---

36)　Liszt, Ueber den Einfluß der soziologischen und anthoropologischen Forschungen auf die Grundbegriffe des Strafrecht, in: Strafrechtliche Aufsätze und Vorträge, Bd. 2, 1905, S.75ff. 本講演の邦訳として、丸山雅夫「翻訳　刑法の基本概念に対する社会学的研究と人類学的研究の影響について」『ノートルダム清心女子大学紀要文化学編』8巻1号（昭59年・1984年）155頁以下参照。

37)　Liszt, Der Zweckgedanke im Strafrecht, Zeitschrift für die gesamte Strafrechtswissenschaft, 3, 1883, S. 8. 本論文の邦訳として、西村克彦「フランツ・フォン・リスト『刑法における目的思想』」『青山法学論集14巻3号（昭47年・1972年）・4号（昭48年・1973年）同『近代刑法の遺産（下）』（平10年・1998年）185頁以下参照。

38)　Stübinger, Das „idealisierte" Strafrecht, 2008, S. 162ff.

39)　20世紀におけるドイツ刑法学とHegel学派ないし主義との関係を概観するものとて、Thomas Meyer, Strafrechtliche Hegelinaner im 20. Jahrhundeert, (o. Fn 3), S. 213ff.

40)　新Kant学派の展開とアカデミズムにおけるHegelの排除に関しては、Vgl. Köhnke, Entstehung und Aufstieg des Neukantianismus: die deutsche Universitätsphilosophie zwischen Idealismus und Positivismus, 1986. この点、Jaenschによれば、自然科学的実証主義と新Kant学派価値哲学とはけっして互いに排斥しあう関係になく、むしろ補充・補完し合う関係にあり、事実上両者は共存していたとされる。Erich Jaensch, Die Psychologie in Deutschland und die inneren Richtlinien ihrer Forschungsarbeit, in: Jahrbücher der Philosophie, hgg. V. Moog 3, 1927, S. 100.; Welzel, Naturalismus und Wertphilosophie im Strafrecht, 1935, S. 42.

41)　KohlerとBerolzheimerの法哲学については、平野秩夫「新ヘーゲル学派」尾高朝雄＝峰村光郎＝加藤新平編『法哲学講座』第5巻（上）（昭35年・1960年）175頁以下。

und Wirtschaftsphilosophie（ARWP））を創刊し、そこでHegel哲学を土台とした法哲学および刑法理論を各々披瀝している[42]。しかしながら、彼らはたしかに「Hegel的」(hegelisch) ともいいうるテーマを多数取り扱ってはいるが、Hegelとの関係はなお曖昧なままであった[43]。くわえて、Hegel哲学の核心である弁証法を否定していたという点でも、いわゆる「Hegel学派」と呼称するにはいまだ値しないものであった[44]。そのようなことから、彼らは刑法学上一般的にHegel主義者として理解されておらず、最終的にその流れは途絶えてしまうこととなる[45]。

KohlerやBerolzheimerとは対照的に、Hegelとより親密な関係のもとで刑法理論を展開し、まさしく「新Hegel主義」(Neuhegelianismus) と呼ぶに相応しいのが、Julius Binderとその門下生たちである。Binderは、Hegel法哲学を綿密に研究し、その枠組みのなかで刑罰論の再構築を試みたことにくわえ、Karl LarenzやGerhard Dulckeitらの著名な法学者を構成員とする、いわゆる「ゲッティンゲン学派」(Göttinger-Schule) の旗揚げに大きく寄与した[46]。Larenzは、BinderこそがHegelの再発見者であり、復古者でもある点で、新Hegel主義の創始者に他ならないと主張するとともに[47]、

---

[42] Kohler, Neuhegelianismus, in: Archivs für Rechts- und Wirtschaftsphilosophie, Bd. 1, 1907/1908, S. 227ff.; Berolzheimer, Die deutsche Rechtsphilosophie im Zwanzigsten Jahrhundert (1900-1906), in: ebenda, S. 130ff. これをもって「Hegel-Renaissance」の到来を告げる向きもあるが、この頃は法哲学界での復興運動が中心であり、刑法学への影響はかなり限定的だったようである。Thomas Meyer, (o. Fn 3), S. 214.

[43] Thomas Meyer, (o. Fn 3), S. 215.

[44] Josef Kohler, Lehrbuch der Rechtsphilosophie, in: Archivs für Rechts- und Wirtschaftsphilosophie, Bd. 2, 1908/1909, S. 39.

[45] Rechard SchmidtもまたHegel哲学を取り上げてはいるが、その（Hegelの）刑法理論（刑罰論）は彼の時代に主張された様々な見解のうちの1つにすぎず、事実上「汎論理主義的形而上学」(Panlogistische Metaphik) を超えるものではないとする点で、Hegel主義に属するものとはいえないとされる。Richard Schmidt, Die „Rückkehr zu Hegel" und die strafrechtliche Verbrechenslehre, 1913, S.11.; Thomas Meyer, (o. Fn 3), S. 215.

[46] ゲッティンゲン学派については、Vgl. Jakob Schirmer, Die Göttinger Hegel-Schule, 2016.

[47] Larenz, Rechts- und Staatphilosophie der Gegenwart, 1. Aufl., 1931, S. 108.; ders, Rechts- und Staatphilosophie der Gegenwart, 2. Aufl., 1935, S. 127.

Kohler や Berolzheimer を新 Hegel 主義と呼ぶことに異議を申し立て、これに代えて、みずからを新 Hegel 主義の伝統に連なるものであることを公言した[48]。また彼は、当時の法学において Hegel 哲学がいまだ十分に理解されていなかったことを踏まえ、その普遍的な有用性を確証しようと試み、とりわけ Hegel の帰属概念を詳細に分析することによって、今日のドイツ刑法学において中心的なテーマの1つとなっている客観的帰属論の基礎づけに大きく貢献した[49]。くわえて、Hegel 哲学につきまとう誤解を一掃し、これをさらに発展させることを目的として、Dulckeit は、刑罰論、行為論ならびに帰属論の研究に従事した[50]。このように、1920年代から第2次世界大戦中にかけて、新 Hegel 主義はドイツ刑法学において一大勢力を形成することとなった。

　Binder、Larenz や Dulckeit とは一線を画するものの、彼らと同様、しばしば Hegel 哲学との近似性を指摘されるのが、Hans Welzel である。彼の刑法理論に関して、安易に Hegel 主義に含めることは適切でないが[51]、一定程度 Hegel 哲学から影響を受けていることもまた、疑いようのない事実である[52]。彼は、初期の著作においてすでに、刑法学における因果主義的把握に批判の目を向けていたが[53]、その後、『刑法における自然主義と価値哲学』(Naturalismus und Wertphilosophie im Strafrecht) において、Liszt の自然科学的実証主義と新 Kant 学派とりわけ西南ドイツ学派とがともに因果主義の呪縛

---

48) Larenz, (o. Fn 47) 2. Aufl., S. 72f, 127f.

49) Larenz, Hegels Zurechnungslehre und der Begriff der objektiven Zurechnung, 1927. Larenz の客観的帰属論については、山中敬一『刑法における客観的帰属の理論』(平9年・1997年) 292頁以下。

50) Dulckeit, Rechtsbegriff und Rechtsgestalt, 1936.

51) このことは、上述したように、Welzel もまた、Kohler や Berolzheimer と同様、Hegel の形而上学および弁証法を否定していたことからも推察されるであろう。Welzel, (o. Fn 40), Vorwort IX.; Vgl. Thomas Meyer, (o. Fn 3), S. 231. また、彼自身は否定しているが、Nicolai Hartmann からの影響も看過しえないところである。Roxin, Strafrecht Allgemeiner Teil, Bd. 1, 4. Aufl., 2006, S. 243.

52) Roxin もまた、Welzel の目的的行為論と「Hegel の行為論とが類似しているのは…一目瞭然である」と述べている。Roxin, (o. Fn 51), S. 244.

53) Welzel, Kausalität und Handlung, in: Abhandlungen zum Strafrecht und zur Rechtsphilosophie, 1975, S. 19.

に囚われていることを浮き彫りにし、これに代えて、因果の連鎖を被覆決定することに行為の本質があるとする目的的行為論を提唱するに至った[54]。

　Binderを始祖とするゲッティンゲン学派とWelzelとは、Lisztの自然科学的実証主義と新Kant学派価値哲学を否定し、たんなる外界における身体的挙動とその作用としての結果との関係にすぎない因果連関（Kausalzusammenhang）ではなく、目的設定的に意欲する意志とその発露たる結果との関係である意味連関（Sinnzusammenhang）を刑法学の対象に措定しようとする点では、およそ見解の一致をみるものであった。彼らによって、19世紀のHegel学派以来、Hegel哲学とドイツ刑法学とはふたたび緊密に結びつけられたのである。

　もっとも、彼ら、とりわけゲッティンゲン学派に属する者の多くが国家社会主義イデオロギー（ナチズム）の遵奉者であったことによって、20世紀半ば以降、Hegel主義は大きくその評価を落としてしまうこととなる[55]。そして、戦後、反Hegel主義の機運が最高潮に達したのと同時に、いわゆる「Hegelからの離反」（Abschied von Hegel）が声高に叫ばれるようになった。そして、その急先鋒となったのが、先述したOssip Kurt FlechtheimとUlrich Klugである。

　1968年、Flechtheimは、「法・社会哲学論叢」（Archiv für Rechts- und Sozialphilosophie）のなかで、とりわけHegelの刑法思想に現れている法および国家観に対して強い疑念を呈し、「Hegelからの離反」の口火を切った[56]。彼は、そもそも刑法自体の廃止に好意的な立場であったが、Hegelの思弁的な刑罰概念は刑法の美化を促進するものであるとし、あらゆる「刑法の神秘化」（Mystifikation des strafrechts）は否定されなければならないと主張した[57]。

---

54)　Welzelは、本書のなかで、上述した「理性的なものは現実的であり、現実的なものは理性的である」というHegelの言葉を引用し、この非常に深遠な意味を考究することこそが自分たちの任務であり、本書の課題でもあると述べている。Welzel, (o. Fn 40), S. 86.
55)　この点に関して、平野・前掲注41) 191頁以下。
56)　Flechtheim, (o. Fn 1), S. 539ff.
57)　Flechtheim, (o. Fn 1), S. 547.; ders, (o. Fn 9), S. 132.

また彼は、その数年後、刑法改正委員会においても、Hegel からの「方向転換」(Abkehr) を声高に宣言したとされる[58]。また Klug は、同年、1962年の刑法改正草案（E 1962）に対して提出された対案（Altanativentwurf）において、「Kant および Hegel からの離反」と題する短い論稿を著している。彼は、1938年の段階においてすでに、応報刑論ならびに Hegel の刑罰論に対して懐疑の目を向けていたが[59]、本論稿でも引き続き、それらがたんなる復讐の域をでるものではないとし、「認識論的」(erkenntnistheoretisch) にも、「論理的」(logisch) にも、さらには「道徳的」(moralisch) にも、誤謬を犯すものであるとして、舌鋒鋭く批判した[60]。このような Flechtheim と Klug を中心とした Hegel 批判によって、ドイツ刑法学における Hegel 復興運動は幾分沈静化の方向に向かうかにみえた。

Ⅴ　現代ドイツ刑法学と Hegel

しかしながら、そうこうしているうちに、1980年代の前後あたりから1990年代にかけて、新たな「Hegel-Renaissance」と目すべき状況が見受けられるようになる[61]。この時期にいたってようやく、Hegel はもはや「国家至上主義の保守的な哲学者」ないし「プロイセン国家の現実に対する正当性の付与者」ではなく、「近代における最も偉大な自由の思想家」[62]であるという理解がドイツ刑法学界に広く浸透するようになる。彼の法哲学は、「自由を約束するだけでなく、その時代のなかで認識可能なものとする」「理性の法」を展開しようとするものであるとみなされた[63]。このような観点から見る

---

58) Thomas Meyer, (o. Fn 3), S. 238.
59) Klug, Die zentrale Bedeutung des Schutzgedankens für den Zweck der Strafe, in: Skeptische Rechtsphilosophie und humanes Strafrechts, Bd. 2, 1981, S. 16ff.
60) Klug, (o, Fn 2), S. 41.
61) Klesczewski もまた、この頃を「現代的復古」(gegenwärtige[n] Renaissance) の時代と呼んでいる。Dietheim Klesczewski, Die Rolle der Strafe in Hegels Theorie der bürgerlichen Gesellschaft, 1991, S. 19.
62) Klaus Vieweg, Das Denken der Freiheit, 2012, Vorwort S. 6.
63) Tomas Sören Hoffmann, Georg Wilhelm Friedrich Hegel, 3. Aufl., 2015, S. 427.

と、Hegel は現代ドイツ刑法学においていまもなお生き続けているということができる[64]。

1970代の終わりから現在にいたるまで、Kurt Seelmann は、繰り返し Hegel 哲学を取り上げ、Hegel の「法哲学」(Grundlinien) と初期の論文とで刑罰基礎づけの根拠が異なることを論証し、批判的な検討を試みている[65]。Wolfgang Schild もまた、1970年代末以来、Hegel 法哲学を詳細に分析し、刑罰、帰属およびそれらの現代的展開について独自の見解を提示している[66]。これに対して、Reiner Zaczyk は、Hegel 自身ではないが、Hegel 哲学の前提をなし、互いに緊密な関係にある Fichte 刑法理論の研究に取り組んでいる[67]。また、Ernst Amadeus Wolff は、1985年に、Kant-Fichte 哲学に一定程度依拠しながらも、刑罰の一般予防機能について Hegel 的な観点から考察をおこなっている[68]。このように、Zaczyk と Wolff はどちらかというと Fichte の研究者とみなすこともできるが、より Hegel 刑法学との親密な関係を鮮明に打ち出しているのが、Michael Kohler である[69]。Roxin もまた、新 Hegel 主義の刑法理論を発展させるとともに[70]、みずからの「身元保証人」(Gewahrsmann) が Hegel であることを明らかにしている[71]。さら

---

64) Stübinger, (o. Fn. 38), S. 35.
65) Seelmann, Anerkennungsverlust und Selbstsubsumtion, 1995. この点、Seelmann は、Hegel による刑罰の基礎づけに関して、「法律根拠」(Gesetzesargument) と「承認根拠」(Anerkennungsargument) とを区別することができるとする。ebenda, S. 88.
66) Schild, Aktualität des Hegelchen Strafbegriffes in: Heintel (Hrsg.), Philosophische Elemente der Tradition des politischen Denkens, 1979, ders, Der Strafrechtsdogmatische Begriff der Zurechnung in der Rechtsphilosophie Hegels, Zeitschrift für Philosophische Forschung, Bd. 35, 1981, S. 445ff.
67) Zaczyk, Das Strafrecht in der Rechtslehre J. G. Fichtes, 1981.
68) Wolff, Das neuere Verständnis von Generalprävention und seine Tauglichkeit für eine Antwort auf Kriminalität, Zeitschrift für die gesamte Strafrechtwsissenschaft, Bd. 97, 1985, S. 786ff.
69) Köhler, Über den Zusammenhang von Strafrechtsbegründung und Strafzumessung erörtert am Problem der Generalprävention, 1983.; ders, Begriff der Strafe, 1986.
70) Roxin, (o. Fn 51), S. 206.
71) Roxin,Täterschaft und Tatherrschaft, 9. Aufl., 2015, S. 700.

に、Klesczewski は、Hellmuth Mayer によってすでに Hegel の刑法理論は「法哲学」(Grundlinien)における「抽象的な法（権利・正義）」、「道徳」の領域だけでなく「人倫」をも含めた全体を貫くものであることが指摘されてはいたが[72]、とりわけ「市民社会」(Die bürgerliche Gesellschaft)における刑罰論の分析がいまだ行き届いていないことを指摘し、これを主題として取り上げている[73]。くわえて直近では、Günther Jakobs[74]、Michael Pawlik[75]、Heiko Hartmut Lesch[76]、Stephan Stübinger[77] らもまた、Hegel 哲学および刑法理論に対して肯定的な態度を表明しており、その研究成果は大きな関心を集めているところである。

Ⅵ　おわりに

以上の考察から、ドイツにおいて、Hegel 法哲学および刑法理論は、時代思潮の変遷に伴う批判の嵐に度々晒されてはきたものの、その理論的な透徹性ならびに柔軟性によりそれらを幾度となく耐え抜き、現在様々な観点から再評価されていること、そして、さらなる発展の可能性を秘めていることが、きわめて概略的にではあるものの、明らかにされたかと思う。個人の自由、人格、社会や国家との関係を問題とする刑法学において、それらをもっとも広く、かつ深く洞察した Hegel 法哲学を避けて通ることはおよそ不可

---

72)　近時、Shild も同様の指摘をおこなっている。Schild, Geschworenengericht und Strafrechtsinstitution in: hgg. Seelmann/Zabel, Autonomie und Normativität, 2014, S. 207.

73)　Klesczewski, (o. Fn 61), S. 19. Klesczewski は、とりわけ「法の回復」である Hegel 刑罰論の意義を再検討し、「人倫」における「市民社会」でもそれは妥当しうるものであると主張する。

74)　Jakobs, Der strafrechtliche Handlungsbegriff, 1992. In: hgg. Michael Pawlik, Strafrechtswissenschaftliche Beiträge, 2017, S. 581ff, 602. 本論稿の邦訳として、松宮孝明「刑法の行為概念」松宮孝明編訳『ギュンター・ヤコブス著作集［第1巻］』（平26年・2014年) 1頁以下、27頁。

75)　Pawlik, Das Unrecht des Bürgers, 2012.

76)　Lesch, Der Verbrechensbegriff, 1999. S. 75ff. Lesch の見解については、松生・前掲注16) 19頁以下。

77)　Stübinger, (o. Fn 38).

能である。今後、わが国の刑法学においてもまた、Hegel 法哲学および刑法理論のとらえ直しが必要となるであろう。本稿がほんのわずかでもこれに寄与できれば幸いである。

　本稿は、生前、篠原先生から、刑法と Hegel との関係について書いてみないかというお誘いをいただいたことがきっかけで、着想を得たものである。もともとは先生の古稀記念に献げるつもりであったが、よもやこのような形で発表することになろうとは思いもよらず、残念極まりない。先生の謦咳に接した身として、慎んでお悔やみ申し上げるとともに、その教えを引き継ぎ、みずからの研究の礎としていきたいと思う。

裁判員裁判と「市民」の参加

吉開多一

I　はじめに
II　裁判員候補者の出頭義務
III　「市民」の参加に向けて
IV　おわりに

I　はじめに

　篠原敏雄教授は、自らの市民法学における「市民」について、次のように位置づけられている。
　「…一方で、個人の精神活動の自由、経済活動の自由、人身の自由等から成る国家からの自由の担い手であること、他方で、参政権に代表される近代立憲主義および生存権に代表される現代的な権利から成る国家への自由の担い手である」、「即ち、ここでの市民は、国家・権力との関係で言えば、最も強大な他者である国家の強制から、自己の内面的世界を守り抜くのであり、その意味では、干渉・介入する国家・権力に対抗するということが重要な意義を持ち、他方、市民が、国家の場で具体的に現象する市民的公共性へ参加するということも、重要な意義をもつ」、「対抗と参加というこの2つの属性が、市民を形作る原理的なものなのである」（傍点は筆者）[1]。
　しかしながら篠原教授は、「現在のわれわれの国家と市民との関係は、『国

家に対する対抗』ということの方が、『国家への参加』よりも人々の意識にのぼっており、日常的な意識となっているのではないか…。『国家への参加』は、人々の意識ではずっと後景に退き、人によっては消失しているかのように思われる」との危惧も示されていた[2]。

　こうした篠原教授の危惧が現実化しているようにみえる問題の一つとして、本稿では裁判員裁判の現状を取り上げたい。裁判員裁判は、平成21年5月の施行から、10年を経過したところである。しかし、裁判員候補者の辞退率の上昇・出席率の低下が、最近では問題になっている。具体的には、平成22年には53.0％だった辞退率（辞退が認められた裁判員候補者の総数を分子とし、選定された裁判員候補者数を分母として計算した割合）が、平成29年には66.0％に達しており、平成22年には80.6％だった出席率（選任手続期日当日に出席した裁判員候補者数を分子とし、選任手続期日に出席を求められた裁判員候補者数を分母として計算した割合）が、平成29年には63.9％に低下している[3]。すなわち、現在では選定された裁判員候補者の3人に2人が辞退し、選任手続期日に出席を求められた裁判員候補者の3人に1人が出席していないことになる。

　立法担当者の解説によれば、裁判員制度の意義として、①司法に対する国民の理解や支持が深まり、司法がより強固な国民的基盤を得る、②裁判がこれまでより迅速に行われるようになる、③国民にとって分かりやすい裁判が実現される、の3点が指摘されている[4]。このうち②及び③は、公判前整理手続の実施、連日的開廷の実現、口頭主義・直接主義の徹底、「見て、聞いて、分かる」審理に向けた法曹三者の努力等により、これまでの10年間で相当程度実現されてきた。裁判員裁判の導入なしに、今日のような刑事司法

---

1) 篠原敏雄『市民法学の可能性』（2003年、勁草書房）204頁、同『市民法学の輪郭』（2016年、勁草書房）77-78頁。
2) 前掲篠原（2016年）・79頁。
3) 裁判員制度の運用等に関する有識者懇談会（第30回）配布資料2「裁判員裁判の実施状況について（制度施行～平成30年3月末・速報）」5頁、http://www.courts.go.jp/saikosai/vcms_lf/80830002.pdf（2018年12月26日アクセス）。なお、平成22年を比較対象としたのは、1年間を通じて裁判員裁判が実施されているからである。
4) 辻裕教「『裁判員の参加する刑事裁判に関する法律』の解説」曹時59巻11号（2007年）55頁。

の改革が実現したとは思えず、そのことだけを見ても裁判員裁判の与えた社会的インパクトは大きいと評価できる。その一方で、最近の辞退率上昇・出席率低下からは、①が依然として道半ばであると言わざるを得ない。

裁判員の参加する刑事裁判に関する法律（以下「裁判員法」という。）によれば、呼出しを受けた裁判員候補者には選任手続期日への出頭義務があり（29条1項）、正当な理由がなく出頭しなければ10万円以下の過料に処せられる（112条1号）。本稿では、このように裁判員候補者に出頭義務が認められる理論的根拠を考察しつつ、「市民」の参加に向けた方策について検討することにしたい。

II　裁判員候補者の出頭義務

立法担当者の解説では、「裁判員に選任された者は、辞退事由（第16条〔筆者注：裁判員法16条〕）が認められない限り、その職務に就くことを拒むことができないという意味で、裁判員となることは『法律上の義務』である」と明言されている。こうした「法律上の義務」が認められる根拠は、「広く国民の参加を求めることが制度の趣旨である上、現実に相当多数の国民の参加を得る必要があることや国民の負担の公平を図らなければならないという合理性のある要請…に基づくものである」とされている[5]。裁判員候補者に選任手続期日への出頭義務が認められるのも、「裁判員となる国民の負担の公平を図るとともに、できる限り幅広い層から裁判員が選任されるようにするため」であって、「裁判員となることは義務であるとする以上、裁判員等選任手続期日への出頭義務は当然に必要となるともいい得る」とされ、裁判員となる義務と裁判員候補者の出頭義務とが不可分のものとして位置付けられている[6]。

裁判員法の立法過程に関する詳細な先行研究によれば、裁判員となること

---

[5]　前掲辻・60頁。
[6]　同・「『裁判員の参加する刑事裁判に関する法律』の解説（2）」曹時59巻12号（2007年）96頁。

を法律上義務付けることの是非について、立法過程での議論は低調であったという[7]。参議院において行われた、関連する数少ない答弁では、政府参考人から次のように義務付けの理由が説明されている[8]。

> 先ほど大臣からも御答弁ございましたように、裁判員、できるだけ幅広い層の国民の中から選任される必要があるわけでございます。そうなりますと、裁判員となることを義務とすることはこうした要請を制度的に担保するものでございまして、また、それによりまして国民の負担が平等なものになるというふうに考えられるわけでございます。
> これを義務としないということなりますと希望者のみが裁判員となるという制度になってしまうわけでございまして、そうなりますと、最終的に選任される裁判員の資質あるいは考え方、これに偏りが生ずることも懸念がされると、こういう点を考えまして義務付けをしたということでございます。

こうした立法担当者の解説及び政府参考人の答弁からすると、立法段階では、①広く国民の参加を求めるという裁判員制度の趣旨、②国民の負担の公平あるいは平等化の2点から、裁判員となることを法律上義務付ける必要性、合理性があり、そうである以上は裁判員候補者の出頭も当然に義務付けられると想定されていたといえよう。

必要性、合理性があるのだとしても、裁判員及び裁判員候補者への義務付けを正当化する理論的な根拠は、どこに求められるのであろうか。

まず、国民主権原理から説明する立場がある。「立憲主義的な国民主権論は、多数者がその都度の政治的意思に直接基づいて裁判を行うという意味において裁判所を民主主義フォーラムにすることを要請するものではないが、憲法の趣旨に照らしてよりよい司法制度となるように、憲法の枠内において必要かつ合理的な参加を求められれば、それに応じるのが、国民主権原理に内在するところの主権者たる国民の責務でありまた権利であると解することができるように思われる」とする見解[9]や、「司法というものも本来、国民

---

7) 柳瀬昇『裁判員制度の立法学』(2009年、日本評論社) 245頁。
8) 第159回国会参議院法務委員会会議録第15号5頁。
9) 土井真一「日本国憲法と国民の司法参加」長谷部恭男ほか編『岩波講座憲法4 変容する統治システム』(2007年、岩波書店) 273頁。

の総意に基づいて存立するものであり、国民自身のものである。国民のものであるということは、国民はそれによって利益を受けると同時に、責任も分担しなければならない立場にいるということを意味するはず」とする見解[10]があげられる[11]。

これに対して、裁判員及び裁判員候補者への義務付けを正当化する理論的根拠を、いわゆる討議民主主義（deliberative democracy）に求める立場がある[12]。討議民主主義については様々な理解があるが、「およそ、公共的な事項の決定・検討にあたっては、十分な情報に基づく個人の内心における熟慮と他者との間の討議という過程によって形成される選考を重視すべきであるとする民主主義理論であり、…個人の加工されていない直感的な生の選好を集計し、その最大化を図るべく、公共的な事項が決定されるべきであるとする、多元主義に基づく選好集計型の民主主義（aggregative democracy）理論への対抗理論として登場したもの」とされている[13]。このような討議民主主義を実現するため、憲法上の諸権利は「市民としての地位（citizenship）」を保障するためのものと再構成され、裁判員及び裁判員候補者としての義務は、討議民主主義を維持するために支払うべき当然のコストであるのみならず、「公共的な事項に参加する自由」あるいは「公共の問題に関与する権利」としての意味も有することになる[14]。

ところで、篠原市民法学においては、立憲主義と共和主義とが大きな2

---

10) 佐藤幸治ほか『司法制度改革』（2002年、有斐閣）332頁〔井上正仁発言部分〕。
11) 最高裁調査官もこれらの見解を支持している。判解刑事平成23年度324-325頁参照。
12) 前掲柳瀬・248-250頁、緑大輔「裁判員制度における出頭義務・就任義務と『苦役』」一橋法学2巻1号（2003年）305頁以下、「裁判員の負担・義務の正当性と民主主義」法時77巻4号（2005年）40頁以下。
13) 前掲柳瀬・8頁。「熟議民主主義」と訳されることもある。関連する文献は多数に上るが、代表的な論者の1人によるものとして、キャス・サンスティーン著（那須耕介編・監訳）「共和主義の復活を越えて」『熟議が壊れるとき』（2012年、勁草書房）76-135頁、日本の研究者によるものとしては、前掲柳瀬・150-201頁、田村哲樹『熟議民主主義の困難』（2017年、ナカニシヤ出版）等がある。
14) ただし、憲法上の諸権利を討議民主主義に基づくものとして一元的に理解する必然性があるかについて、前掲柳瀬論文と前掲緑論文との間に見解の相違がある。前掲柳瀬・249頁（前掲土井・283頁も参照）。

つの柱となっていて、「立憲主義なくして共和主義はなく、共和主義なくして立憲主義はない」という関係に立つ[15]。ここで立憲主義とは、権利の保障及び権力分立をいい、共和主義は、①個人の自立と国家の自立を不即不離のものとし、②伝統、共通の文化、習慣、人倫といった国家共同体の「共通の善」が存在し、③そうした「共通の善」の形成、維持に参加することは、その構成員の倫理的な義務である、という3つの内容に即して理解するとされている[16]。

前述したように討議民主主義には様々な理解があることに加えて、共和主義の概念も多義的であることから[17]、両者の関係を断定的に述べることはできない。しかし、「共和主義的憲法理論の主要な理論は、いわゆる討議民主主義理論において、1つの理論群を形成している」との指摘からしても[18]、討議民主主義と共和主義とは親和性を有する考え方であるということはできるであろう[19]。少なくとも、裁判員候補者としての出頭義務は、自由主義の立場からは十分に説得的な説明を行うことは困難であり[20]、「公共的な事項

---

15) 前掲篠原（2016年）・232頁。
16) 同上・228-229頁。
17) 前掲篠原（2016年）・229頁で引用されている、佐伯啓思・松原隆一郎編著『共和主義ルネサンス』(2007年、NTT出版) 36頁によれば、共和主義のキーワードとして、おおむね「(1)『共通の善』をめざす政治、(2)『美徳』をもった市民、(3) 自立した自由な個人と国家、(4) 愛国心と政治的義務、(5) 市民としての対等性・平等性、(6)『法』による支配、(7) 権力の堕落・腐敗への批判、(8) 政治体制としての権力の分散、混合政体、(9) 商業や金銭主義的な市場競争社会（商業社会）への警戒」があげられている。他方、大森秀臣『共和主義の法理論』（勁草書房、2006年）43-51頁によれば、現代の共和主義の再定義として、「①『私的なもの』と『公的なもの』とを結びつける、②審議への参加を重視する、③公民的特性（civic virtue）の陶冶を重視する、④シティズンシップ（citizenship）に関心をもつ、⑤『自我』をアイデンティティによって構成される存在として捉える、⑥自己統治を自由として理解する、⑦古典古代期のギリシャに政治の本質を求める、⑧法制化の要求をもつ」が要素としてあげられている。
18) 前掲柳瀬・162頁。
19) 討議民主主義の代表的論者の1人であるキャス・サンスティーンは、「リベラルな共和主義」を主張している。前掲サンスティーン・103-111頁参照。
20) 安念潤司「自由主義者の遺言」藤田宙靖ほか編『憲法論集』（2004年、創文社）371頁以下では、「根っからの自由主義者」の立場から裁判員制度を「反自由主義のモニュメント」の一つと位置付けているが、純粋な自由主義からは裁判員候補者及び裁判員への義務付けを否定的に考えるのが自然であろう。

に参加する自由」という共和主義における自由を前提として、そのような自由の意義を理解していない国民に対しては、喪失している自由を回復するために一定の義務付けが認められる余地があるという主張[21]には、説得力があるように思われる。このように、裁判員及び裁判員候補者の義務を認めた裁判員法は、「国家への参加」をも国民の権利の1つと位置付ける共和主義と、それに基づく討議民主主義の考え方を理論的な根拠にしていると考えるべきだとすれば、裁判員候補者の出頭は、義務であるばかりではなく権利でもあると位置付けられる。

裁判員裁判が憲法に違反するか否かが争われた最大判平成23年11月16日刑集65巻8号1285頁は、裁判員としての職務に従事し、又は裁判員候補者として裁判所に出頭すること（以下「裁判員としての職務等」という。）が憲法18条後段の「苦役」にあたるかという問題につき、裁判員としての職務等「に…より、国民に一定の負担が生ずることは否定できない。しかし、裁判員法1条は、制度導入の趣旨について、国民の中から選任された裁判員が裁判官と共に刑事訴訟手続に関与することが司法に対する国民の理解の増進とその信頼の向上に資することを挙げており、これは、この制度が国民主権の理念に沿って司法の国民的基盤の強化を図るものであることを示していると解される。このように、裁判員の職務等は、司法権の行使に対する国民の参加という点で参政権と同様の権限を国民に付与するものであり、これを『苦役』ということは必ずしも適切ではない」と判示した上、裁判員法16条は、国民の負担を過重にしないという観点から、裁判員となることを辞退できる者を類型的に規定し、さらに同条8号及び同号に規定するやむを得ない事由を定める政令（平成20年1月17日政令第3号、以下「政令」という。）において辞退に関し柔軟な制度を設けていること、出頭した裁判員又は裁判員候補者に対する旅費、日当等の支給により負担を軽減するための経済的措置が講じられていることなどの事情を考慮すれば、裁判員としての職務等は、憲法18条後段が禁ずる「苦役」に当たらないことは明らかであると結論付けた。

---

21) 前掲柳瀬・250頁。

最高裁は、「一定の負担」という表現を用いて、裁判員となることが「法律上の義務」であることを明言せず、さらに「参政権と同様の権限」といったあいまいな表現を用いている。これは裁判員制度がまだ制度として安定した段階に至っているとはいいがたい現状で、最高裁が裁判員及び裁判員候補者の義務性を明言することや、裁判員の職務等を「国家への参加」に向けた権利として明確に位置付けることに躊躇し、政策的な判断からあいまいな表現を用いたのではないかと推測される。最高裁が判決の最後に、「裁判員制度は、司法の国民的基盤の強化を目的とするものであるが、…その目的を十全に達成するには相当の期間を必要とすることはいうまでもない」（傍点は筆者）としていることからも、裁判員制度が未成熟な段階にあると認識していることがうかがえる。

しかしながら他方で、最高裁が辞退に関して柔軟な制度が設けられているということを「苦役」に当たらない理由としてあげたことは、裁判員候補者の辞退率上昇・出席率低下が続いている現状において、「最高裁判所がこの制度の設計に深く関与し制度を推進する立場でもあることに思いを致すとき、政策に対する態度に一貫性がないとの批判が想定される」との指摘もなされている[22]。この点はどのように考えるべきであろうか。次項で検討することにしたい。

Ⅲ　「市民」の参加に向けて

裁判員候補者の出頭義務が、共和主義に基づく討議民主主義の考え方から理論的に根拠付けられるとしても、多様化、複雑化している現代社会において、原理的な考え方を何ら修正しないまま、現実の問題解決に適用できることは稀であろう。ここに、「現実―理想」の二段階構造ではなく、「現実―行動目標―理想」の三段階構造によって、実現可能性を考慮しながら「現実」が「理想」へと向かっていくために必要な「行動目標」を検討する必要があ

---

[22] 柳瀬昇「裁判員の職務等と被告人の裁判選択権をめぐる憲法問題」日本法学82巻4号（2017年）21頁。

る[23]。

　裁判員候補者の出頭義務についても、義務性を肯定できるから直ちに履行を強制すべきであると単線的に考えることは、「現実」を踏まえていない考え方であろう[24]。他方で、「現実」を肯定するばかりでは、安易な現状肯定論に堕してしまう。国民の多様な意見が反映され、負担の公平化が図られ、「市民」の「国家への参加」が保障されているのが「理想」だとすれば、そこに向かうためにどのような「行動目標」を設定するべきかが議論されなければならない[25]。

　前掲最大判平成23年11月16日が、出頭義務を含む裁判員としての職務等が「苦役」にあたらない理由として、辞退に関し柔軟な制度が設けられていることを挙げたことは、最高裁がある程度の辞退率上昇を容認したとみられてもやむを得ないように思われる。しかしその評価は、辞退制度の意義をどう考えるかに係ってくる。

　立法担当者の解説によれば、「裁判員は本人の意向にかかわらず無作為に選任され、裁判員となることは義務であるところ、国民の負担を加重にしないとの観点や、義務負担の公平を図る観点から、また、他の重要な公務を全うする必要から、一定の事由を辞退事由として定め、これに該当する者は裁判員となることを辞退することを認めることとされた」と説明されている[26]。少なくとも裁判員の義務性を肯定した上で、こうした義務と衝突する

---

[23]　須々木主一「刑事政策の主体と客体」団藤重光ほか編『刑事政策の現代的課題』（1977年、有斐閣）19-25頁。

[24]　今崎幸彦「共同研究　裁判員等選任手続の在り方について　辞退事由の判断の在り方を中心にして」判タ1266号（2008年）7頁は、「裁判員になることは国民の義務」であるとしても、「多くの国民にとって、裁判員に選ばれ、その職務を務めることが、社会生活上かなりの支障・負担となることは否定できない。裁判所が、辞退事由の判断に当たり、国民の社会経済生活の実態に配慮することなく硬直的な運用をした場合には、強い不満・批判を招き、裁判員制度自体に対する支持を失う危険性もある」とする。

[25]　篠原教授は、「いかに立派なことを述べている理論でも、社会・国家の中に生きる普通の人々の心に届かないものでは、存在する価値すらないだろう。だからと言って、理論が通俗に走り、普通の人々に迎合するようなものになっても駄目である」と指摘されていたが（前掲篠原（2016年）・23頁）、法的思考においてはこうしたバランス感覚が不可欠であるように思われる。

裁判員候補者の利害関係との調整策として、辞退制度が設けられているということはできそうである。

「国家への参加」を権利・自由として理解していない国民に対して、喪失している自由を回復するために一定の義務付けが認められる余地があると考えるならば、本人が裁判員になることを望まないという理由での辞退を認めないことが一貫した考え方であろう。他方で、わが国には「国家に対する対抗」を優先する自由主義の立場もあり、そうした主義・主張はまさに思想・良心の自由として、憲法上保障されている。裁判員候補者の出頭義務が、共和主義に基づく討議民主主義によって理論的に根拠付けられると理解すべきだとしても、現実の問題解決を図る上で自由主義の立場をまったく無視することは、原理的にすぎよう。「国家への参加」と「国家に対する対抗」が相克する場面があることを認め、両者の調整を図っていく必要があると考える。

思想・良心の自由や信教の自由に抵触することを理由に、裁判員又は裁判員候補者となることを辞退できるかという問題は、「国家への参加」と「国家に対する対抗」が相克する象徴的な場面だといえる。政令6号は、いわゆる包括条項として、政令1号から5号には該当しないものの、個別具体的な事情にかんがみ、「裁判員の職務を行い、又は裁判員候補者として…裁判員等選任手続の期日に出頭することにより、自己又は第三者に身体上、精神上又は経済上の重大な不利益が生ずると認めるに足りる相当の理由がある」とき、辞退を認めるとしている。政令6号と思想・良心の自由や信教の自由との関係については、「裁判員としての職務を行うという外形的な行為が、ある者の思想・良心等から生じる心情との間で精神的な矛盾や葛藤を生じさせ、その結果として、その者が裁判員としての職務を行うことが困難となるような精神上の重大な不利益が生じるとき」には辞退が認められることになると説明されている[27]。

---

26) 前掲辻（2）・57頁。
27) 馬場嘉郎「『裁判員の参加する刑事裁判に関する法律第16条第8号に規定するやむを得ない事由を定める政令』の解説」法曹時報61巻4号38-39頁。

こうした制度設計からすれば、裁判員法及び政令に基づく辞退制度は、「国家への参加」と「国家に対する対抗」とが相克する場面における「調整弁」として機能するように期待されているといえるであろう。調整弁であるから、常に開放しているわけではないが、緊張が一定の段階に達したとき、辞退を認めることによって裁判員制度への信頼が損なわれないようにする機能があると考えられる。裁判員制度への信頼は、「市民」の参加を確保する上での必要条件であるから、逆説的かもしれないが、辞退制度は辞退を認めることによって、裁判員制度への信頼を維持し、将来的、継続的な「市民」の参加に向けた貢献をしていると評価できる。辞退制度の機能・役割をこのように考えるとすれば、裁判員制度そのものが未成熟な現時点において、最高裁が辞退率の上昇をある程度容認したとしても、否定的にのみ考える必要はないのではなかろうか。

　むしろ真の問題は、出席率の低下であり、選任手続期日に出席を求められたにもかかわらず出席義務を果たしていない裁判員候補者ということになろう。前述したとおり、裁判員法112条1号は、正当な理由がなく出頭しない者は10万円以下の過料に処すものとしている。しかしながら、この規定がこれまでに適用されたことはないようである。この規定の適用は、「国家に対する対抗」と「国家への参加」との間で強い緊張を招くものであるが、このまま死文化させてよいとも思えない。不出頭の裁判員候補者全員を過料に処するのは困難であるとしても、どのような場合に過料に処することができるか、議論を始めてもよいのではなかろうか。

　当面の出席率上昇に向けた行動目標としては、まず環境の整備、具体的には広報活動と法教育を充実させていくことが考えられる。ここでは詳細に検討する余裕がないが、いくつかの提案をしてみたい。

　第一に、出席率の上昇に向けた広報活動等の評価基準の見直しである。出席率が低下し続けている現状は、広報活動等のインプット→アクティビティ→アウトプットがなされていても、それがアウトカムに結びついていないことを示している。出席率の上昇というアウトカムに結びつけるには、アウトカムから逆算してインプットやアクティビティを考え直す必要がある。政府

機関が公費によって活動をする以上、「○○をやりました」というだけではなく、「○○をやって、××の成果が出ました」という説明責任を果たせるように、発想を転換していかなければならないように思われる[28]。

　第二に、裁判員裁判の広報活動の中心となるのは、裁判員と直接・密接に関与する裁判所にならざるを得ないであろう。しかし、これまでの裁判所による広報活動で紹介される裁判員経験者の声は、「いい経験になった」といった紋切り型のものが多く[29]、裁判員候補者になりうる「市民」への遡求効果が高くないように思われる。今後も出席率が低下し続けるようであれば、裁判所による広報活動に民間の考え方を大胆に取り入れる方策も検討する必要があるのではなかろうか。

　第三に、筆者の拙い経験から、法教育にあたっては講義形式のものよりも模擬裁判形式のものが有効であるように感じられる。体験型の授業は、最近のアクティブ・ラーニング重視の教育界の方針とも合致する。法曹三者に関するテレビドラマが溢れていて、模擬裁判を初めて体験する学生・生徒たちは、「法廷」「刑事裁判」に多かれ少なかれ関心をもっている。しかし、教育関係者からは、法教育はまだ「難しい話」として敬遠されている様子があることも否定できない。「難しい話」をいかに「興味深い話」に転換できるか、法教育をする側の問題意識とたゆまぬ努力が求められる。

　いずれにしても、裁判員候補者の出頭義務の理論的根拠を討議民主主義に求めるのであれば、理想的な裁判員裁判に向けた行動目標について、法曹三者、とりわけ中心となるべき裁判所の内輪話に陥ることなく、外部の声を含めた多種多様な意見を取り入れることによって、充実した討議あるいは熟議

---

[28] こうした評価基準の考え方については、マーク・J・エプスタイン＝クリスティ・ユーザス／鵜尾雅隆＝鴨崎貴泰監　訳、松本裕訳『社会的インパクトとは何か』（2015年、英治出版社）148-153頁、G8 社会的インパクト投資国内諮問委員会「社会的インパクト評価ツールセット実践マニュアル」（2016年）4-11頁参照。特にアウトプットとアウトカムの違いについては、高木麻美「PFIとソーシャルインパクト・ボンド」塚本一郎＝金子郁容『ソーシャルインパクト・ボンドとは何か』（2016年、ミネルヴァ書房）85-86頁参照。

[29] www.saibanin.courts.go.jp/topics/h29_jissi_matome.html（2019年1月29日アクセス）

をしていくほかはないように思われる。

Ⅳ　おわりに

　篠原市民法学の「市民」像と、共和主義及び討議民主主義との関係から、裁判員裁判の現状と課題を分析するというテーマに挑んでみたものの、無謀な取組みであったかもしれない。しかし、今回の検討を通じて、共和主義及び討議民主主義という大きなテーマについて考えることができたのは、今後の自らの研究を進めていく上で貴重な機会をいただけた。これも篠原教授の御学恩の一つと考えている。改めて感謝申し上げるとともに、御冥福を心からお祈りしたい。

　篠原教授は「外敵から防衛すること」、「国家共同体内部の秩序を維持すること」は、国家共同体に不可欠のものであって、これらなくして国家共同体は存立不可能であるとも指摘されている[30]。今回はかなわなかったが、刑事法を専門とする立場の人間として、後者の問題をいつか検討してみたいと考えている。

---

30)　前掲篠原（2016年）・239頁。

「文明の裁き」に応えようとした法哲学者
―― 東京裁判弁護団長 鵜澤總明 ――

牛村　圭

I　鵜澤總明とは
II　東京裁判弁護団
III　検察側証人の満州国皇帝に対峙して
IV　「東洋哲学を緯とし、国際法学を経として」を検証する
V　東京裁判に思想で立ち向かおうとした人

I　鵜澤總明とは

　長い生涯をおくり、いくつもの分野で足跡を残した人がいる。かかる先人を前にすると、どう形容してよいのか往々にして戸惑う。19世紀末から大東亜戦争後の昭和30年代までの60年以上を活躍の舞台とした鵜澤總明もその一人である。『國史大辞典』の当該項目より主要な箇所を引く。

　　鵜沢総明（1872-1955）　明治から昭和時代にかけての法学者、政治家……明治三十二年東京帝大法科大学を卒業、ただちに生涯の業としての弁護士を開業。明治末より、花井卓蔵と併称される手腕を発揮し、太平洋戦争後は極東軍事裁判日本側弁護士［人］団長をつとめた。明治三十四年明治法律学校（のちの明治大学）講師となり……昭和九年総長となり、以後四回改選された……主たる学問分野は法律哲学で、中国古典哲学の造詣のうえに、独特の体系を構築し、明治四十一年には法学博士の学位を受け、民間学者としては稀有な例と評された……明治四十一年衆議院議員に当選し……六回連続して議

席にあった……昭和三年貴族院議員に勅撰された。同十年政友会を離れ、永田鉄山暗殺事件の弁護にあたり、十二年には貴族院を辞し、政界を去った。[1]

鵜澤自身は晩年インタビューに答えて「私の専問(ママ)は法律かと聞かれるがそうではない。これも私の研究の十分の一ぐらいのもので、易もやった、老子の研究もした……国際法廷でも東洋の思想について冒頭陳述したのもそれだ」[2]と語った。また、植村正久に私淑し一番町教会に通う敬虔なプロテスタントでもあった。その世界観は「豊富な儒教的教養によって培われ、キリスト教の信仰によって完成された」[3]と形容してよいのだろう。漢籍に通じた弁護士にして教育者[4]、政治家として歴史に名を残すはずだった鵜澤が、昭和の世の大変転で引き受けることとなったもうひとつの役回りが極東国際軍事裁判（東京裁判）での弁護人の務めだった。この小論では、弁護団団長を務めた老法律哲学者の東京裁判へのまなざしを顧みて検討を加えてみたい。

II　東京裁判弁護団

敗戦国日本の国家指導者による戦争犯罪を断罪するという空前の企てであった東京裁判は、ほぼ同時期に開廷されたニュルンベルクでのドイツの指導者たちを裁いた国際軍事法廷と多くの類似点をもつ。だが、いくつか違いも存在した。弁護団に限定して記すならば、ニュルンベルクではドイツ人弁護人のみが被告たちの弁護にあたった一方、東京では、英米法に不慣れな日本側からの要望と「勝者の裁き」の批判を薄めようという占領軍の思惑とが一致して、被告それぞれにアメリカ人弁護人がつけられた[5]。各被告の主任弁

---

1) 『國史大辞典』第一巻（吉川弘文館、1979年）68頁。項目執筆者は、日本近代史家の松尾尊兊。
2) S・O生「訪問記第1回　鵜澤總明氏」『自由と正義』1950年1月号、15頁。
3) 島田正郎「鵜沢総明の人と業績」『法学セミナー』1969年164号、138頁。
4) 明治大学付属明治高等学校・中学校の初代校長をも務めた。同校には、鵜澤の名を冠した「鵜澤総明ホール」という講堂がある。
5) アメリカ人弁護人をつけるに至った経緯については、日暮吉延『東京裁判』（講談社

護人は日本人が務め弁護方針について主導したのは日本側[6]だったが、英米法に基づき英語が飛び交う国際軍事法廷[7]で活躍を見せたのはアメリカ人弁護人であった[8]。ブレークニ、ファーネス、カニンガム、ローガン、ジョージ山岡等々の名は、東京裁判史に燦然と輝きを放っている。

　日本人弁護団については、弁護方針に対立があったことはよく知られている。占領開始からまもなく戦争犯罪人容疑者の逮捕が続くなか日本政府は積極的な関わりを避けたため、容疑者たちは「個人個人が裸で対抗しなければならぬような形勢」[9]だった。そのなかで財界から資金を集めて「内外法制研究会」が戦犯裁判の弁論に必要な資料を集める機関として出来上がった。一方、弁護士連合会も動き出した。この「研究会」[10]と「連合会」が、被告の弁護を主とするか、あるいは日本国家の弁護を優先するか、という基本方針を巡って争う[11]こととなったうえに弁護団団長問題も浮上した。法廷2

　　　現代新書、2008年）161-163頁参照。
[6]　鈴木貞一の主任弁護人を務めた高柳賢三は「僕は主任弁護人ということになっていて、アメリカの弁護人は僕のいうとおりになる。それはね、実に感じた。それはいっちゃいけない、というといわないし、それからこれをいえといえば、相当きびしいことでも、ちゃんと法廷でいいましたよ……」と語っている（「ビー・サイレント！」（『証言私の昭和史6』旺文社文庫、1985年）172頁。
[7]　法廷用語は原則として日本語と英語とされ同時通訳の提供があったとは言え、11名の判事はみな日本語を解しなかったことを考えると、英語が法廷を支配する言語だった。
[8]　米人弁護人は、「東京へ行って戦犯の弁護に当れ」という命令を受けただけで、弁護の方針については何ら指令を受けていなかった（住本利男『占領秘録』（中公文庫、1988年）597頁）。
[9]　住本前掲書、594頁。
[10]　弁護人となったいきさつを高柳賢三は「私は当時の吉田外相や岩田法相などに、国際問題だからやってくれ、といわれて仕事に当った。弁護人という形にならないと主張ができないから、弁護人になった」としている（住本前掲書、605頁）。
[11]　実際は、個人弁護か国家弁護かという単純な二者択一ではなかった。「研究会」の代表格である高柳弁護人は「日本のやったことが政治的意味で侵略戦争であるかどうか、というようなことが裁判所で問題になっているのではない。侵略戦争とか自衛戦争とかいう区別いかんにかかわらず、国際法はそれを処罰することはできない、というのがわれわれの立場でした。国際法で被告人は無罪だと主張する立場をとらなければ、国際裁判ではいけない。法廷で、日本の過去にやったことを弁護に使ったり、自衛戦争なりというだけでは、戦術としても拙劣だという見解でした。われわれは無罪を主張する点では同じだけれど……ただ自衛戦争なりという主張をするのでは、何ら意味

日目（昭和21年5月4日）には、清瀬一郎が自らは東條英機の主任弁護人であると断った上で、日本人弁護人それぞれの紹介を行なった[12]。この時点では、実質的な団長は誰もが清瀬と思ったことであろう。団長選出までの経緯について、「連合会」の有力メンバーである林逸郎[13]の回想をまず引く。

> 米国人弁護団長コールマン大佐から、日本人弁護団にも団長を置くことを要請してきたので、総会を開いたところ、満場一致で先生（鵜澤のこと）を推すことに決定した。統轄指揮に当たる団長はできたが、さて、作戦用兵の任に当たる副団長をどうするかが激しい問題となつたが、幸にして、僅差で自衛戦争派の清瀬一郎博士が当選した。少しも無理をせられない先生の統轄指揮により、裁判は難航をつづけながらも、大過なく進行し、国民をして賠償のために塗炭の苦に陥らしむることもなく、後世の史家の為めに物笑の種を残こすこともなくして済んだ[14]。

だが実状にはかなりの紆余曲折があった。弁護士として法曹界に身をおく島内龍起[15]は、外交官や軍人といった弁護士資格のない者たちが被告の弁護人となることに疑念を抱く点[16]では、同じ塚崎直義弁護士門下[17]の先輩の林に賛同するものの、団長選出経緯については憤懣を込めて後年書き記し

がないのではないか。宣伝のむしかえしと見られるだけだ、というのがわれわれの主張で、それを一部の人は侵略戦争を是認している、というふうにとっているなら間違いだ。われわれは全部を無罪と主張している」と語っている（住本前掲書、604-605頁）。

12) 『極東国際軍事裁判速記録』第2号3頁。この日の速記録は2ページのみから成るが、付されたページ数はなぜか3と4となっている。おそらく、速記録第1号からの連続ページを誤って付したのであろう。
13) 林逸郎（1892-1965）は東京帝大法学部出身の弁護士。戦前は血盟団事件や515事件の弁護を担当、東京裁判では橋本欣五郎の主任弁護人を務めた。
14) 林逸郎「鵜沢先生と東京裁判」『自由と正義』1955年12月号、38頁。
15) 島内龍起（しまのうちたつおき）（1906-1991）は東京帝大法学部出身の弁護士。東京裁判では大島浩の主任弁護人を務めた。
16) 「正副あわせて百人に近い日本人弁護人中には、訴訟の実務や刑事弁護の経験が全くない人が多数いた……彼等の中には純粋な軍人もおれば、最近まで外交官であり行政官であった人も多く、学者、政治家、右翼主義者、被告の親戚までいるというありさまで、被告を代表すべき主任弁護人の中にさえ弁護士の経験のない人が五、六人いた」（島内龍起『東京裁判』[日本評論社、1984年]）30頁。
17) 島内前掲書、44頁。島内を大島浩の弁護人に推薦したのは、師である塚崎弁護士であったとも記している。

ている。

> 議長の役は鵜澤總明博士が勤めたが、彼に対して反感を抱き彼の行動に信服しない主任弁護人が少なくなかった……（鵜沢は）主任弁護人の資格がないまま居残って、主任弁護人二十数名の昼食時の総会での選挙で、東条英機弁護の清瀬一郎博士と争って、不公正な手段を用いて日本人弁護団の会長ということになった。そして、全被告から委任状を集めて、東京裁判全被告の弁護人だということになった。副議長の役は清瀬が勤めた。鵜澤と清瀬は仲が悪く、総会の席で何かの問題で鵜沢が大声で「それだから君は出世できないんだ」と感情も露骨な罵言を浴びせかけ、清瀬が即座にまた大声で「出世しようがしまいが、世話をやいてもらわんでもよい」とやり返したこともあり、二人はいつも半ば身体を背けるようにして、議長席と副議長席に坐っていた[18]。

島内による回想の傍証となる資料はないが、常に醒めた目で周囲を眺めて記録に残していたこの東京裁判日本人弁護団での最年少弁護人の記録は、信ずるに足るものと思われる。当初鵜澤は松井石根、白鳥敏夫両被告の主任弁護士として法廷に臨んでおり、法廷2日目にはそう紹介されていた[19]。鵜澤没後の追悼文には「鵜澤君は天性だか、修養だか判らぬが、喜怒哀楽が容易に現れぬ人」[20]とあり「感情も露骨な罵言」とは相容れぬ思いもするが、島内の回想は鵜澤總明の人間臭さを活写している稀有な記録と考えてよいのだろう。

林逸郎は「公判がはじまると、自衛戦争派が日本人弁護団の主流をにぎった」[21]とも回顧している。これは清瀬一郎の活躍ぶりを念頭に置いているのであろうが、実際は「時がたつにつれて裁判の焦点は、自衛権の論争よりも誰が絞首刑を免れるか、という個人の罪の軽重に集まってきた。それに法廷が開かれてからは、米人弁護人の影響が大きくなって、自然に個人弁護の傾きをもってきた」[22]というのが実状だったと言ってよいだろう。

---

18) 島内前掲書、40頁。
19) 『極東国際軍事裁判速記録』第2号3頁。
20) 竹内金太郎「鵜澤總明君を偲ぶ」『自由と正義』前掲号、35頁。
21) 住本前掲書、602頁。
22) 住本前掲書、602頁。

Ⅲ　検察側証人の満州国皇帝に対峙して

　東京裁判は、昭和21（1946）年5月3日に開廷、23年4月16日に結審した。この間、鵜澤總明は発言台に二度立った。一度目は検察側立証段階で登場した満州国皇帝溥儀への反対訊問の折である。当初弁護側は「彼が以前友邦満州国の皇帝陛下であったことに敬意を表して反対尋問はしないことにしようという奇妙な申し合わせ」[23]をしていた。だが溥儀の証言が、皇帝への就任は関東軍の圧力によるもので、在任中も全く自由意志を持てなかったという趣旨とわかるに及んで方針を変更、「もう溥儀に敬意を表する必要はない、各弁護人は反対尋問勝手たるべし」[24]ということになった。昭和21年8月20日から5日半にわたり、日米7人の弁護人が反対尋問に立った。

　まず鵜澤總明が発言した。漢学者として、と思える鵜澤の反対尋問は、康熙、乾隆帝時代の「王道ノ事業」を現代でも実現可能と考えるか、といった内容が主であり、ウェッブ裁判長が口をはさんで "This is too remote to be of any value to the Tribunal.（本法廷に対しては、何も価値がないほどに余りに縁遠い）"[25] と指摘すると、鵜澤は「反対訊問ノ余リニ現代的ナノニ実ハ老人ノ私ハ驚キマシタノデ、是ダケノ東洋文化ノ立場モ、斯ウ云フ法廷ニ現ハレルベキモノト考ヘマシテ此ノ質問ヲ致シタ次第デアリマス」[26] と答え発言台をおりた。鵜澤は謙遜のつもりでこう口にしたのだろうが、「現代的な反対訊問」に驚いており弁護人の務めは果たせないと白状しているに等しかった。この発言は、As a matter of fact, an old man such as I have [sic] been very much surprised and astonished by the modernity of this court...[27] と同時通訳によって訳されて、ウェッブの耳に届いた。聞いた裁判長もまた「驚キマシタ」という感想を持ったことだろう。

---

23)　島内前掲書、184頁。
24)　島内前掲書、184頁。
25)　英文速記録4054頁。
26)　『極東国際軍事裁判速記録』第51号7頁。
27)　英文速記録4055頁。

なお鵜澤總明没後に刊行となった伝記は、この溥儀に対峙した折の鵜澤本人の回想に基づく記述を載せている。

> 「あなたの祖先には愛親覚羅の祖先で康熙乾隆という立派な王者が出ておつたのだが、これはどう思う」というと、ウエッブ［ブ］裁判長が、「それは何年位前の人ですか」、「それは四百年から五百年位前でしようね」といつたら、検事側が、そんな古いことを聞いてもしようがないからというので、直ちに異議を申しましたが、ウエップ［ブ］裁判長は「まあ聞いてもよろしい」というものですから、それを聞いたら、「いやもう、康熙、乾隆帝の政治はまことに結構なものとおもう」と答えた。そこで孔子の話しが出たものだから、「孔子は二千五百年位前になるが、これを聞いてもよいか」といつたら、ウエップ［ブ］裁判長が、「それはちよつと昔過ぎますね」というので、その点は検事側でも「そんな古いことはいかん」といつておりました[28]。

速記録と併せ読むと、記憶とはかほど頼りにならないものか、と思わざるを得ない。ウェッブ裁判長の発言内容も事実とは異なる上に、検察側が異議を申し出たということまで創られての回想だからである。伝記の執筆者は速記録で確かめることもなく鵜澤の回想を鵜呑みにして「鵜沢の［が］聞くだけのことについては、溥儀皇帝はすべて承認した。ところが、あとで細かな問題をアメリカの弁護人やなにかが聞くと……以後の答弁では溥儀はすべてあいまいな答弁に終始している。鵜沢の溥儀に対する訊問は巧妙を極めたものであつた」[29]と、反対訊問が成功裡に終わったらしい旨までも記している。たしかに続く米人弁護人ブレークニの問いに対し溥儀は「あいまいな答弁」を続けはしたものの、最後には自らの意思に反して満州国皇帝に就いたという主張を覆す資料を突きつけられ、法廷で狼狽することとなった。被告の一人重光葵はその獄中日記にこう記した――「法廷、ブレークニー反対訊問最高潮に達し、終日盡きず、溥儀の正体遂に曝露さる」[30]。「理論と速さ」[31]の世界である東京法廷で「巧妙を極めた」のは、鵜澤ではなくブレークニだった。

---

28) 石川正俊『鵜澤総明――その生涯とたたかい――』（技法堂、1956年）285-286頁。
29) 同書、286頁。
30) 重光葵『巣鴨日記』（文藝春秋新社、1952年）33頁。
31) 島内前掲書、28頁。

Ⅳ 「東洋哲学を緯とし、国際法学を経として」を検証する

　鵜澤二度目のそしで最後の舞台は、昭和23年3月2日火曜日の午後3時5分過ぎに訪れた。この日法廷は検察側最終論告を終え弁護側最終弁論へと移った。その「総論」担当として一番手に発言台に立ったのである。裁判所はもとより占領軍最高司令官へも「懇切なる寛容、御援助御指導」に対する謝辞を述べたのち、「主席検察官は最終弁論に於て我々は、『門戸を閉鎖する』段階に到達したと述べられた。若し卑見を許されるならば、我々は理性及法律の支配への門戸を開放すべき段階に到達したと申上げたい」と口にした。謙譲を旨としながらも、この国際法廷が被告の有罪無罪を決定するだけに止まるような「歴史並に人類の永い経験に基く教訓に背馳するものであってはならぬ」[32]と検察側の有罪立証のみを念頭に置く皮相な論告にやんわりと釘を刺して始動した。

　一万字に垂んとする「総論」を、鵜澤は午後4時2分まで55分ほどをかけて読んだ。かなり緩やかな朗読だったことが分かる。「世界の危機と東亜の不安」「正義と責任」「平和と王道」の三部からなる鵜澤弁論を、嶋田繁太郎被告の副弁護人を務めた瀧川政次郎は以下のように解した。

> 日本人を裁こうというなら、日本人を知らなければならない。被告の育った環境、思想を諒解せずに、刑事被告人を裁判するという法はない。西洋には「万人に対する万人の敵」というような思想があるが、東洋にはそういう思想はないのだ。東洋の理想は、『大学』にある「治国平天下」で、二千五百年の昔から一貫した平和思想であるのだ……東洋をはかるのには、東洋の物差しではからねばならぬ。西洋の物差しだけでこの裁判をやろうとするところに、この裁判の根本的誤りがある[33]。

　後年鵜沢他界の折に記された追悼文には以下の件（くだり）があった。

　　ここに特筆したいのは、例の極東軍事裁判に於ける、心血をそそがれた、博

---

32)　『極東国際軍事裁判速記録』第384号28頁。
33)　瀧川政次郎『新版 東京裁判を裁く（上）』（創拓社、1978年）72頁。

士一生の大弁論である。之れは博士専攻の東洋哲学を緯とし、国際法学を経として詳密に綴られた雄論であつて、被告人の弁護と言わんよりは、寧ろ日本国家の弁護人として、日本国民の言わんと欲するところを言い尽したものであり、正に法曹としての博士の晩年を飾るに、ふさわしい貴重な弁論であつた[34]。

　瀧川政次郎も有馬弁護士もともに鵜澤の発言を賞讃している一方、公判の場で鵜澤の「総論」を聴いた被告の重光葵は獄中日誌にこう記した――「鵜澤主席弁護人立ちて八紘一宇の日本精神と王道を学びたる被告等に悪事を目的とする筈なきことを一時間に亙りて論ず。弁護士段階の緒論なり。客観主義の米国法廷に於ける主観主義の日本的考へ方の矛盾を晒らした」[35]。手厳しい評語が綴られた。東京裁判は英米法に依拠して進行した。明治以来大陸法に基づいて構築された近代日本の法体系からすれば広義の異文化の裁きでもあった。しかし鵜澤は英米法と大陸法との差異に着目するのではなく、東洋と西洋という図式を持ち出した。本稿冒頭に引いた鵜澤本人の回想「国際法廷でも東洋の思想について冒頭陳述した」の通りだった。英米法という相手の土俵から降りて、大陸法ではなく東洋という別の基準の存在を指摘することを主眼としたのである。有馬弁護士が記すように「東洋哲学を緯」とはしたものの、「国際法学を経」にはしていないことは明らかであろう。相手を凌駕しようとするのであれば、相手の土俵で、つまり相手のルールに則って闘わなくてはならない。言辞をもってその闘いを実行するのが、法廷での弁護人の務めのはずである。有馬忠三郎弁護士の讃辞と重光葵の酷評のどちらが正鵠を射ているかは、おのずと明らかであろう。

　東京裁判閉廷直後の寄稿のなかで、英米法の法廷儀式とも呼べる「罪状認否」をアレンジメント[36]、英米法の犯罪概念である「共同謀議」をコンサル

---

34) 有馬忠三郎「鵜澤総明博士を憶う」『自由と正義』前掲号、34頁。
35) 重光前掲書、355頁。
36) 鵜澤總明「國際裁判を顧て」(『速報 先見経済』1948年20号) 6頁。正しくは、アレインメント (arraignment)。arraignment の定義を専門書より引く――「罪状認否手続　刑事訴訟において、起訴後裁判所に被告人を出頭させ、公開の法廷で(通常は起訴状の朗読という形で)被疑事実を告げ、これに対する被告人の答弁を求める手続」(田中英夫編修代表『英米法辞典』[東京大学出版会、1991年] 63頁)。

テーション[37]、とそれぞれ確かめもせずに記すことを憚らなかった鵜澤の国際法学への無理解ぶりをも考えあわせると、重光の指摘は決して度を過ぎてはいないことが分かる。「反対訊問ノ余リニ現代的ナノニ老人ノ私ハ驚」いたにもかかわらず、新たに学ぶことをしなかった守旧派老法学者の姿を、ここに看取できるのである。

V　東京裁判に思想で立ち向かおうとした人

　だが鵜澤總明の「総論」には取捨できない特徴もあった。それを論じて結びとしたい。東京裁判開廷から約1か月後の昭和21年6月4日、首席検察官ジョゼフ・キーナンによる検察側冒頭陳述が行なわれた。そのなかでキーナンはこう訴えた──「裁判長閣下、是は普通一般の裁判ではありません。何故ならば我々は現にこゝで全世界を破滅から救ふ為に文明の断乎たる闘争の一部を開始しているからであります」[38]。「文明」の語を持ち出したため、この冒頭陳述は一層注目され、占領軍の検閲下にあった日本の国内紙もキーナンの論調を大きく取り上げ紹介した。もっとも、「文明の裁き」はキーナンのオリジナルではなかった。先例があった。ニュルンベルクのジャクソン首席検察官の冒頭陳述にも、そして19世紀のさまざまな国際条約の条文にも、「文明」の語は躍っていた。いわば正義を僭称するさいの常套句だったのである。

　ドイツ文学者の竹山道雄は、文明である戦勝国が非文明で野蛮の敗戦国日本を裁くという見取り図に反駁を加え、「持てる国」に現れたときは善行を、「持たざる国」に出現したさいには悪行を働くという近代文明の二面性の考察こそ肝要という趣旨の一文「ハイド氏の裁判」を、キーナン冒頭陳述が行なわれた同じ年の秋に書いた[39]。検閲のため直ちに活字となることはなかっ

---

37)　前掲誌、8頁。正しくは、コンスピラシー（conspiracy）。
38)　『極東国際軍事裁判速記録』第9号附録1頁。
39)　「ハイド氏の裁判」については、牛村『「文明の裁き」をこえて──対日戦犯裁判読解の試み』（中央公論新社、2001年）所収の第5章「竹山道雄の東京裁判」を参照。

たが、もっとも早い「文明の裁き」への critique ではあった。

一方、東京法廷では、キーナンの発した「文明の裁き」に改めて言及する者はいなかった。法廷は検察側が提示した訴因の立証をめぐっての論戦ゆえ、当然の成りゆきではあった。そしてこのまま結審となり、判決を待つだけとなるかと思わせた。しかしキーナンの冒頭陳述から1年4か月後、突如キーナン冒頭陳述が法廷に再び姿を見せた。日本弁護団団長の鵜澤總明が触れたのである。

> 戦争殊に主権国家の間の戦争は何れも欲せざる戦争である。然も事実上回避不可能の戦争である。自然界の破壊力として暴風があり洪水があり地震があり噴火山の爆発がある如く、人類の歴史を通じてこれに類するものがある。その最も大きなものは戦争である。昭和二十一年六月四日極東国際軍事裁判所に於て、首席検察官は劈頭陳述に「裁判長閣下、是は普通一般の裁判ではありません。何故ならば我々は現にこゝで全世界を破滅から救ふ為に文明の断乎たる闘争の一部を開示して居るからであります。此の破壊の脅威は自然力から来るのではなくして、支配に対する無謀な野心を以て、此の世界に時ならぬ破壊を進んで持ち来す人々の入念に計画された努力から齎らされるのであります。」と断定されて居る。この陳述はわれ等に研究主張すべき多くの事を示したものである。被告等の間に或行為が有つたか無かつたかと云ふ問題を拾ひ上げて、それ等を解剖学的に結び付けただけでは、到底立証せらるべき学理上の根拠を有するものと言ひ能はぬ。元来戦争は人類社会に於ける事象であるが、それは社会学に更に一歩を進めて社会法学的に取扱はるべき性格を多分に有する……[40]

やや無理なこじつけとも思えるが、検察側冒頭陳述で言及された戦争をもたらした「支配に対する無謀な野心を以て、此の世界に時ならぬ破壊を進んで持ち来す人々の入念に計画された努力」との比較の前提となっている自然の破壊力に、自らの主張との共通点を見出し、戦争という自然の破壊力に類したものを如何に考察の俎上に載せればよいのかを訴えようとしたのである。「元来戦争は人類社会に於ける事象であるが、それは社会学に更に一歩を進めて社会法学的に取扱はるべき」という主張だった。文飾に過ぎないとも言える1年以上前の自らの冒頭陳述への言及を耳にして、当のキーナンは

---

[40] 『極東国際軍事裁判速記録』第384号29頁。

気恥ずかしい思いさえしたのではないか、とも推察される。

　鵜澤弁護人の主張は重光が記すように「主観的」ではあるが、一般論としては、戦争を社会法学的に把握することは戦争の再来を防止するためにも必須であろう。しかしながら、極東国際軍事裁判所は学説を発表する輝かしい学問の舞台ではなかった。学会ではなかった。「極東国際軍事裁判所憲章」という法的枠組みのもと、検察側が提出した起訴状の各訴因について証拠を以て被告が無罪であることを証するのが弁護側の使命だった。求められたのは漢籍に通じた碩学の法学博士ではなく、英米法に精通した有能な弁護人だったのである。ひょっとして鵜澤總明はこのことに気づいていなかったのではないか。七十年を経て東京裁判をふり返るとき、かかる思いを禁じ得ない。

自然科学者から観た市民法学

大西直毅

I 序文に代えて
II 自然科学者から観た市民法学
III 新たな市民法学の地平として

I　序文に代えて

1　はじまり

　私のように理論原子核物理学を専攻しているものが、全く専門外の「市民法学の新たな地平」という課題に文を寄せることに、不審を抱く方もおられると思うので、自己紹介と篠原敏雄先生（以下先生）と言葉を交わすようになった経緯を最初に説明しておこう。

　1999年3月、東京大学大学院総合文化研究科を定年退職し、山梨大学工学部に新しくできた循環システム工学科で教授公募があり、それに応募し採用され4月から就任し、2004年3月までの5年間務めることとなった。まもなく、亜細亜大学の非常勤講師として「環境科学」を担当するため、甲府から武蔵境に通うことになった。先生は「市民法社会学」を教授しておられ、講師控室や、その頃武蔵境駅の傍らにあったうどん屋、私の東京での住まいの鶴川には国士舘大学町田キャンパスがあり、授業に向かわれる先生と鶴川駅

でばったりお会いするなど、全く偶然的なきっかけで顔見知りになった。先生の講義案内にはヘーゲルのことが書かれていて興味を抱くようになり、市民法社会学について表面的にお聞きしたことがきっかけで、互いに話すようになった。

　先生は法学者、哲学者という硬い一面、シャンソン歌手という柔らかい他面をもっていて、そのテーマは「愛、出会いと別れ」などで、毎年1・2回リサイタルに誘われることになり、この柔らかい一面からお付き合いがはじまった。そのうち年末や夏休み前に、ビールを飲みながら歓談するようになった。ときには、英語を担当されていた同じ非常勤講師仲間の花岡民子先生を誘い、彼女が日本アグネスティで活躍していたこともあり、自然、話題が段々硬い方に傾いていき、私はどちらかといえば彼女の側にたって激しい論争にもなった。3.11の東日本大震災に続く東京電力福島第1原子力発電所の事故で放射能が飛散し、彼女は東京も危ないと思い実家のある京都に避難され、お付き合いが途絶えてしまった。その後、先生と二人で飲み会を続け、硬軟まじえた話題で盛り上がることになった。

　先生は、仕事柄新著書をよく読んでいて、その紹介をしてくれ、ときにはそれを買って読み、久しく離れていた文系の知識もインプットするようになった。著書では、マイケル・サンデルの「これからの正義の話をしよう」、百田尚樹の「カエルの楽園」、ケントギルバートの「まだGHQの洗脳に縛れている日本人」・「やっと自虐史観のアホらしさに気づいた日本人」、北村稔の「南京事件の探究―その実像をもとめて」、江崎道朗「コミンテルンの謀略と日本の敗戦」などと、先生の土俵に引き込まれ、核心に触れるものが多くなってきた。いまから思えば、私を「洗脳する」教課程であったのかもしれない。一番衝撃を受けたのはジョン・アール・ヘインズ＆ハーヴェイ・クレア、中西輝政監訳の「ヴェノナ」であった。一つは、日米開戦の端緒となったハル・ノートの起草者がハリー・ホワイトとういソ連のスパイであったことと、二つには原爆製造に協力した一部の科学者・技術者が情報をソ連に流していたことであった。これらの諜報活動「ヴェノナ計画」が1995年はじめて公表したことであった。これに関係するが、先生が紹介してくれた映

画「イミテーション・ゲーム」は天才的数学者チューリングの戦時中、ナチスの暗号システム「エニグマ」を解読しながら「解読されたことが相手に知られては困る」ことから上部に知らせなかった話も非常に興味をそそられた。仕事柄、数値計算のプログラミンをしていたので、チューリング・マシンには馴染み深かったこともあった。

2 おわり

このようにはじまり、付き合いが深まっていくが、そのおわりは突然やってきた。2017年11月2日開催された第2回「東京裁判」シンポジュウムが先生の企画のもと開かれたが、明らかに普段に見られない身体や行動の異常を示す兆候を見た。心配になり午前中のセッションが終わったとき、壇上脇のデスクに控えていた先生に、「大丈夫ですか」と聞くと「ぜんぜん、元気、元気」と普段を装い返された。しかし、強がりをいってるだけ何か隠していると直感した。その短い会話が先生との最後となった。いまから思えばあのシンポジュウムの開催と講演は死を覚悟しての最後の仕事だったのだろう。

12月3日開催予定の「蟻んこ」でのリサイタルの案内が来ないと案じながらも、毎年のように年賀状を出した。1月中旬、奥様から先生の死を知らせて頂き、やはりそうだったのかと悲しくなった。8月のおわり突然電話がかかり、いつもと違ってこちらの都合も聞かず、すぐに会いたいといってきた。ヨーロッパでヘーゲルとマルクスのゆかりの場所を訪れ、撮った写真のアルバムを見せてくれた。先生は毎年ヨーロッパを旅行し、哲学史、政治史などにまつわるところを訪問していたのでその一環と思ったが、それも自分の命の終わりを察知して訪問先を選んだのかと思えた。

II 自然科学者から観た市民法学

1 市民法学のであい

2016年3月、先生は「市民法学の輪郭」を出版し、まもなく勁草書房から著者謹呈として本が届いた。理系の研究者の業績はレフェリー審査のある専

門誌に英文で書く論文であるが、文系の場合は専門誌の論文の他、著書であると了解し、祝意を込めて定価の2.7倍ほどを祝辞とともに差し上げた。著書を頂くだけでは申し訳ないと思い、一週間かけて通読した。でも、法学は半世紀も前、教養部で教職課程の必須科目の「憲法」を習って以来で、読んでいても十分把握することは不可能であった。しかし、読んだというアリバイ作りもあり、質問もかね2000字ほどの読書ノートを先生に提出した。そのこともあってか、福永清貴先生から古希祝賀論文集に寄稿するよう、篠原先生からのメモと一緒に、執筆のお誘いがあった。勿論、お断りすることもできたし、そうすることが妥当だと思ったが、先生直々、読書ノートのようなことでいいからとのことでお誘いに乗ってしまった。先生の急逝で古希祝賀論文集が追悼論文集になり悔しいばかりだ。

　読書ノートは読み返すと言葉遣いに関することが多く、特にヘーゲルの日本語訳による難しさについて書いてあった。例えば先生は「本質」をドイツ語そのままでWesenを使っていることをおこがましくも称賛していた。

　古希といえば70歳だが、私は2018年8月で80歳の傘寿を迎えた。先生とは10年違うことになる。私が1960年学部学生のころ、60年安保闘争に巻き込まれたが、先生は70年安保に強く関与したのではと想像する。この2つの安保は当時の若者の精神に全く異なった後遺症を残したのではないかと想像する。私は残念ながら70年安保は、アメリカの片田舎で過ごし、その精神性の変化を直に経験することができなかった。1968年10月16日に羽田空港を出発したが、その直後、「新宿騒動」が起り、翌年1月18～19日の「安田講堂陥落」は現地の日本人から聴かされた。

　3年後の1971年10月に帰国するが、同僚や院生達の雰囲気が信じられないほど変化していたことを思い出す。翌年まもなく、あさま山荘事件、続く内ゲバによる殺人事件などが起こり学生運動は急速に終息することになる。お互いの過去についてはあまり詮索しないようにしていたので、先生が中央大学で何をしていたのかわからないが、学生運動に何らかの形で参加し、マルクス主義に感化されていたと想像するに難くない。

　先生が西洋の哲学者や思想家、すなわち、ルソー、カント、ヘーゲルやマ

ルクスなど古典に戻り、それらを基礎として独自の市民法学を展開された一つの契機は、それまで読みこなしたマルクス・エンゲルスの「ドイツ・イディオロギー」のアドラッキー版は事実上偽書に等しいことが発覚したことで、マルクス・レーニン主義への不信・懐疑をましたことと思った。

2 ヘーゲルの難しさ

（1） ドイツ語とその訳語　　教養部のころ友人に紹介され、エンゲルス著（田辺辰太郎訳）「自然の弁証法」、エンゲルス著（松村一人訳）「フォイエルバッハ論」などを読んだ。その中で盛んに出てくるヘーゲルに興味をもち、松村一人訳「小論理学」を読んだが、自分の国語力の弱さもあって、直ぐに顎を出してしまった。ずっと後になって、William Wallace 英訳の Hegel's Logic を手に入れ読んでみると、少しはわかるようになった。これをドイツ語で読むともっと解かりやすいかと想像したが、ドイツ語は欠点をとって再試験で単位をもらったくらいで、とてもその勇気はでなかった。各節が同じ番号づけなので、日本語と比べて見たりもした。どう見ても誤訳かと思われるところもあったが、基本的にドイツ語を日本語に翻訳するのは、訳者だけの責任でもなさそうだと思った。ドイツ語の造語法と日本語の造語法の違いが大きいと思った。日本語といってももとは漢字であるが、90％以上の漢字の成り立ちは、意味を表す部首と音を表す部位の組み合わせる形声文字で、残りは二つの意味を表す部首からなる合意文字である。哲学など抽象性の高い用語は2字熟語が普通のようである。

　読書ノートにも書いたが、ヘーゲルの論理展開の秘密武器である aufheben は哲学用語として「揚棄」とか「止揚」と邦訳される。auf という「上へ」という「偏」と heben「持ち上げる」「高める」という「旁」から成り立っているが、aufheben の日本語訳は①拾い上げる②保存する③廃止する④相殺するという一見矛盾するものが含んでいる。そのドイツ語の利点をヘーゲルは巧みに選んでいるように思われた。これは全く素人判断だが、私なりに納得している。日本語に変換するとき、それに対応する熟語がないので哲学用語として造語しなければならない。その意味は、結局、全体を把握

してからわかることであり、最初に読んだとき、意味不明のまま、「お預け」の時間があまり長く続づき途中で沈没してしまうのが落ちである。「小論理学」で気になる訳語の一つが「直接」で頻出する。英語では immediate (Unmittelbar) でその意味は「媒介しないで」ということになり、mittelbar に否定の前綴 un を付けているだけで直接となり間接が基本となっている。

造語法の違いの他に構文や関係代名詞の有用性も目立つ。ドイツ語は英語より関係代名詞（定冠詞）が豊かで、数と性で対応が明確である。日本語のように助詞で語の役割を決める膠着語ではドイツ語を翻訳すると関係性が分からなくなり難解になってしまうのではと思う。

（２）体系にする無理　　私のように理系の人間が口出すのは全く的外れと思うが、私のヘーゲル哲学についての素人考えを吐露してみたい。上野公園の一角にロダンの地獄門があり、その上部中央にある「考える人」がある。この「考える人」はその習作ともいわれむしろ印象的だと思う。いくつかの修作を集めた地獄門はグロテスクとも思える。理論物理学でも「最終理論」や「統一理論」を求めたがる物理学者もいる。カミオカンデは、最初は素粒子論のある「統一模型」の結論である「陽子の寿命」を検証するべく多額の研究費をつぎ込んで作った装置であるが、その統一模型が予測した寿命より長いことが分かり、理論とともに役割を終えた。ところが、その装置をニュートリノの観測に使うことによって、2つのノーベル賞につながる実験ができた。自然はそう簡単に全貌を見せないのであろう。

漫画チックな言い方だが、ヘーゲル哲学の功績の一つは、カントが展開したカテゴリー（思考要素対の分類）がアンチノミーとして二元論に陥り、動きの取れなくなった窮地から弁証法という思考上のトリックで、いつまでも思考が止まらないで活動できるよう救ったことにしたのだと思おう。絶対理念 (Absosolute Idee) が自由に自動運転できる装置を備えさせ、外界の自然は理念の外化 (Entaeusserung) したものとして一元論的な体系を創ろうとしたと考える。このヘーゲルの仕掛けを頭において、各部分の言説・定言を理解しないととんでもない誤解が生まれるのではないのだろうか。エンゲルスの「フォイエルバッハ論」のはじめに指摘しているが「理性的なものはすべて

現実的となり、現実的ものはすべて理性的となる」(Was vernünftig ist, wird wirklich, und das Wirkliche wird vernünftig) という一文がいろいろな解釈と理解がされ、混乱をもたらしたとしている。これはその典型的なものに思える。

もう一つの功績は概念またはカテゴリーの進化を先行する哲学の類的継承と限界性の除去、それに伴う新しい概念の導入（止揚）の歴史とて捉えたことかと思われる。自然科学（特に物理学）もそのような足蹠を辿って発展してきたように感じる。しかし、自然科学者は単純にそれらの認識はすべて、外界すなわち観測や実験の結果からもたらされると思っている。これらの解析、さらにそれらを包括する概念、物理量、それらを関係付ける方程式、その間の整合性などの思考過程を通して、歴史的に展開してきている。

絶対理念＝神（無限者）として展開するヘーゲルの一元論的世界観は完全な観念論で、ある意味神秘主義的で、マルクスはこの観念論の夢から完全には目覚めていないで、エンゲルスがむしろ冷（覚）めているのではと思う。それはエンゲルスが言っているように、どの時代の哲学も当時到達していた自然科学の成果が反映していると考えられる。

（3）**現代科学から観たヘーゲル哲学**　20世紀の4半世紀、相対論と量子力学が確立し、自然観はガラリと変わり、その成果として産業技術も一変し、後半世紀は生物学とコンピューターが飛躍的に進歩した。哲学的には因果律が変わり、この宇宙は時空とも有限であることとなり、AIには目を見張るものがもたらされている。ここ30年ほどの脳科学の進歩で、すべての思考は脳細胞がシナップスを通じて情報を交換し相互に刺激して、ある単位の部位が情報を交換し処理することが分かってきている。このようなカテゴリーによる認識のやり方も、いずれ情報処理の脳神経の回路（モジュール）とパルスの動きで解明されるであろう。これも言語野のように特別の部位にあるのかも知れない。この部位の構成が遺伝情報に組み込まれていれば、先験知の存在もあきらかになる日も近いと思われる。したがって、絶対理念などの装置は必要ないと思われる。

（4）**自由と必然**　益川敏英氏が小林誠氏と南部陽一郎氏の3人でノーベル賞を授与されて、益川氏が首都大学東京で講演したとき「自由とは必然

性の洞察である。」という言葉を紹介し、これはヘーゲルが言い出した言葉であるようなことを述べている。おそらく、この言葉は益川氏の指導教官である坂田昌一著の「物理学の方法」からの紹介であろう。しかし、これはエンゲルスの「反デューリング論」で述べたものである。私の理解では、ヘーゲルが述べたのは松村訳の「小論理学」で本質論から概念論へ移る158節「必然性の真理は自由であり、実体の真理は概念である。」である（This truth of necessity, therefore, is Freedom.: and the truth of substance is Notion.: Diese Wahrheit der Nothwendigkeit ist somit die Freyheit, und die Wahrheit der Sabstanz ist der Begriff: Encyklopaedie der Philosophischen Wissenschaften ss. 106)。

先生がマルクスからさらにヘーゲルまでさかのぼったのは、マルクス・エンゲルス・レーニン主義3人並べるのではなく、まず、レーニンを切り離し、次にヘーゲルを深く理解していないエンゲルスを切り落とし、マルクスの心の里ヘーゲルを取り込んで市民法社会学の再構築を志したのではないかと思っている。

Ⅲ　新たな市民法学の地平として

先生が展開してきた市民法学で物足りない点について、単純で低俗な理系人間から二三述べたい。カント、ヘーゲル、マルクスの時代の世界は実質上欧米と考えられる。第1次世界大戦、第2次世界大戦、の体験も知らないヘーゲルやマルクスの世界とは違い、とくに、21世紀に入ってからの世界は、インターネットを通して瞬時に情報が地球全体に伝わり、多様な人種・宗教・社会体制での国の在り方を考えなければならない。私が携わったことのある専門分野から考えてみる。

1　原子核エネルギー

（1）原爆　　原子爆弾（以下原爆と略す）の開発は、ナチス・ドイツに先駆けて作るべく、ヨーロッパでの迫害から逃れてきた優れたユダヤ系の科学者が中心となり、ルーズベルト大統領が差配できる約20億ドルもの秘密の予

算を使い完成した。従来の爆弾と桁外れの破壊力があることを、空爆などの戦火に破壊されていない広島と長崎に落とし、市民をできるだけ有効に殺傷することで証明し、核抑止力の名のもとに戦後の世界秩序の準備をし、第2次大戦を終結した。広島型はウラニウム235を使い、長崎型はプルトニウム239を使って、核分裂の連鎖反応を起こさせるもので、後者は前者に比べ安くつくが、効率よく起爆させるには格段の技術が必要で完成が1945年7月15日の実験まで時間がかかった。戦後のことを考える後者の成功を確かめる必要があり、異なる2発の原爆の使用が必須であった。

　ヨーロッパ戦線は5月8日23時01分に停戦が発効されて終わった。当初、ユダヤ系の科学者が目論んだナチス・ドイツに先駆けてという目的は、それより以前にドイツでは嵩む戦費のため原爆開発は財政的に無理と放棄していたことも分かっていたし、終戦により完全に無くなっていた。さらに原爆開発を続けた根拠は多額の秘密予算が証のないまま戦後追及されるのを恐れたことと、原爆を完成し、その威力と成功を確かめ自分の名声を残したかったある科学者によるものと聞いている。ハンガリーからナチスに追われアメリカに亡命したユダヤ系の物理学者、原爆製造を進言する手紙を書き、アインシュタインの高い名声を見越して署名させたシラードでさえ、原爆開発を中止するよう運動したが、かの物理学者は多くの反対する研究者を説得し、完成まで邁進させた。

　原爆投下による効果は、女子供を含む10万以上の市民を一瞬にして殺戮できたことを世界に知らしめ戦後の核兵器による世界支配の体制ができることになる。このことで、原爆製造に協力した研究者の社会的地位があがり、全米の有名な大学教授の地位を占めることになる。よく知られたアメリカ東部にあるバーバード大学ではある時期、85％の教授や研究者がユダヤ系の学者で占められたといわれる。その中から多くのノーベル賞受賞者を出している。私は1975年から2年間MIT（マサッチュセッツ工科大学）のCTP（理論物理学センター）で研究生活を送ったが、やはりユダヤ系の研究者が半数以上いた。私の共同研究者の教授もカナダ出のユダヤ系のであった。彼は共著の論文の私が作った文献表を見て、「このドイツ人の書いた論文を挙げる必要が

あるか」などと牽制したが、私はガンとして載せた。

（2）原子力エネルギー　私が大阪大学の理学部物理学科に進学した3年の1960年、安保条約改定を国会を通過させるため、岸首相が国会に警官隊を導入しての強硬採決をしたことにより、世の中が騒然となり、そのころ理学部学生自治会の書記をやっていた私は、教授会に乗り込み教授の先生方にデモに参加するよう呼び掛けた。後に大学院の指導教官となる伏見康治先生が理学部長で、理解を示され多くの教授を引き連れデモに参加された。そのこともあって、伏見先生の研究室に入れてもらい、原子核理論物理学を専攻することになった。ちょうどその頃、伏見先生は関西研究用原子炉の設置に奔走され忙しく、ほとんど物理の議論はできなかった。反対運動の指導者の一人、久米三四郎氏は放射化学の研究者であったが、プルトニウム239の強い毒性の理解もしていなかった状況である。

2011.3.11の東日本大震災のあとに起こった福島第1原子力発電所の原子炉の事故は、原子核物理を専攻してきた私にとって大変なショックであった。地震による送電線の破壊により交流電源が喪失という原子炉とは関係ない初歩的なことに始まり、補助蓄電器の津波による水没、結果制御不能となった。まだ、手動による退避は可能だったが、所長はじめ所員の非常時の対策の訓練・準備不足など重なり、あのような取り返しのつかない最悪の事故になってしまった。伏見先生はすで亡くなっていたが、長年原子力でともに苦労された先輩の大塚益比古氏は非常な落胆ぶりだったと聞いていたが、まもなく失意のまま亡くなった。

この事故は日本の原子力体制が作った複合的な人災だと思われる。原子核物理学で功績のある森永晴彦氏が「原子力発電のように高度な専門知識が必要な技術の問題を、政治や政局に絡めた騒乱のなかで議論するものではない」といった内容のことを述べられていたが、原子炉の安全性の議論が専門家の間で多面的に冷静な思考と議論で行われなかったのではと思われる。これには、関西研究用原子炉を設置する過程で、用地の候補地に茨木市の阿武山が選ばれたとき、ある核物理学者が理解のできない住民の不安に付け込み反対運動を始めたのが反原発運動の原点になっている。伏見先生はよく「絶

対反対というのは困るんだよな」とよくこぼしておられた。現在、原子炉物理の基礎的な実験も非常に制限された環境でしなければならない事情のため、核ゴミ対策の基礎研究も不可能の状態である。安全性を担保しながら、基礎研究ができる法体制が望まれる。

2　地球温暖化

　ある自然科学の一つの専門家（ここでは気象学）が出した結果が地球環境問題に重大な影響があると予測されつとき、社会はどう受け止めるかは、また、どのような法を定めるかは自然科学者には手に負えないことである。まして、地球環境問題のように一国の対策の努力ではどうしようもない場合、国際的な規制が必要になる。

　地球温暖化（global warming）は、人間の活動によって排出される温室効果ガス、主にCO_2、が太陽光によってもたらされた熱を電磁波（主に赤外線）によって宇宙に放射冷却するのを妨げ、地表に熱エネルギーとして溜まり、温度が上がり異常気象が起こるという現象である。これはすでに30年以上まえから気象学者によって予想されていたが、いろいろな方面から防止対策への反対がでて、国際的な取り組みが遅れている。

　この問題は自然現象の多様な要素が互に複雑に関係していて、気象学の中でも「放射伝達」という狭い専門知識が要求される。そのため、気象学者の中でも少し専門が違えば理解できない。特にCO_2排出など産業の基幹にかかわり、政治的にも反対する勢力はまだまだ衰えない。このような、地球規模で対策しなければならない問題の解決策の法を基礎づけてほしい。

　先生が亡き今となっては、お願いすることもできないのは返す返す残念に思う。ただ、先生のご冥福を祈るばかりである。

【あとがき】　専門外を承知で寄稿させてもらったが、内容も課題に相応しくなく的外れで日本語もままならないことに気づいて、後悔すること頻りである。唯々、生前の篠原敏雄先生との友情の証として駄文を捧げる次第である。

原爆投下の残虐性を中和するための東京裁判と、その効果を持続させる日本国憲法に関する論考

関野 通夫

Ⅰ 日米の戦争を生起させた要因
Ⅱ 東京裁判
Ⅲ 日本国憲法の欺瞞性
Ⅳ 日本人と欧米人の法意識の差

　篠原先生は、国士舘大学法学部で教鞭を執られる一方、数回の東京裁判シンポジウムを主催され、また「東京裁判英文公判記録要約」の作成を発案され、日本の東京裁判論議に大きな足跡を残されました。惜しくも一昨年突然逝去されましたが、そのご努力は、必ず将来実を結ぶことと思います。

　東京裁判と日本国憲法は、戦後の日本をおかしくしている二大欺瞞であり、共に違法あるいは非合法に行なわれ、あるいは制定されたことが共通点です。ともに、日本人を洗脳する占領軍のWGIP（ウォー・ギルト・インフォメーション・プログラム）につながります。私は、WGIPを解説した著書で、「東京裁判はWGIPの一丁目一番地である」とか「東京裁判はWGIPのショウウィンドーである」と書きました。「東京裁判史観」あるいは「自虐史観」という言葉は一般的に使われます。そこで、この「史観」という言葉を、更に深く捕らえ、「史観」はどこから生まれるのかを考えて見ました。

　少し古いのですが、1997年（平成9年）に邦訳本が出版されたC. ハムデン・ターナーとA. トロンペナールスの共著『七つの資本主義』（原題：The

Seven Cultures of Capitalism)』の結語の始めに「人々は、自らを育んでくれた文化というものから決して本当の意味で自由になることはできない。本書の著者である我々は、二人ともアメリカで教育を受けており、従って、アメリカ流の資本主義にさまざまな異議を唱えているとはいえ、本書はどこまでもアメリカ的である。本書の考え方はアメリカ的な企業運営のやり方の枠にとらわれていないと言っても、われわれ二人とも、新世界のアメリカン・ドリームに共感を抱いている」と書いています。フーヴァー元大統領のように、フランクリン・ルーズヴェルトと真逆の立場の人もいましたが、日本と戦争を起したルーズヴェルトのようなアメリカ人の考え方は、どこから出てきたのか、その背景にある宗教や文化はどこから出てきたのか、それを真に理解するためには、白人キリスト教徒の思想の基になる、ユダヤ教の考え方、ユダヤの律法を受け継いだ旧約聖書以来のキリスト教の思想の変遷なども知る必要があります。宗教その他の、いわば文化とでも言うべきものをかなり理解した上でないと、それぞれの「史観」の理解も浅いものになるでしょう。

　私は、もともと工学部を出た技術屋です。それが上記の意味での文化、或いは文化の違いに興味を持つに至ったのは、フランス駐在時代の部下との会話から、そう広くないドーバー海峡を隔てた英仏両国民のものの考え方が、お互いに理解出来ないと言わせるほど違うことが分かってからです。

　11世紀には、フランスのノルマンジー地方の王様がイングランドを征服し（ノルマンコンケスト）、フランス語が多量に英語に入ったにも拘わらず、庶民は相変わらずアングロ・サクソンだったせいか、考え方は、イギリス人とフランス人では非常に違います。このことに興味を惹かれたのが、私の文化の違いへの興味の始まりでした。

　歴史観の違いというのも、このような考え方の違いが先鋭的に現れる局面なのでしょう。そこで、昭和の時代の出来事で、日本に大きな影響を与え、今でもその影響が残っている三大凶事、日米戦争、東京裁判、日本国憲法について、私の歴史観を語らせて頂くことにしました。

I 日米の戦争を生起させた要因

　私の父は、日米の激闘を働き盛りの海軍士官として戦った世代です。その父がよく言っていたのは「戦争は、一方が一方的に悪くて起こるのではない、双方に原因がある」でした。この戦争の原因を、冷静に分析してみました。よく分析で使われる横軸・縦軸に分ける、或いは四つの象限に分ける分析手法でやってみました。先ず、1.アメリカ及び日本以外の要因と2.日本側に起因する要因です。次にa.意図的な要因とb.偶発的な要因と分け、それらの組み合わせで、1a、1b、2a、2bの四分類になります。順に考察します。

1a（アメリカ側あるいは日本以外の意図的な要因）
（1）ユダヤ教に起因し、旧約聖書に引き継がれ、宗教改革におけるカルヴァンの思想がイギリス国教に伝わり、その中の極端な思想を持つピューリタンがイギリスでは迫害されアメリカ大陸に逃れ、良くも悪くもアメリカのWASP（白人、アングロサクソン、プロテスタント）の思想となり、自分達は神から選ばれた民で、西へ西へと領土を広める義務があると云う選民思想を生み、具体的には1845年にジョン・オサリバンが唱えた「マニフェスト・デスティニー」の思想となりました。ペリーが日本に来たのは、それから僅か8年後です。
（2）フランクリン・ルーズヴェルトの容共、反日、好戦、親中思想とセオドアも含むルーズヴェルト一家にも、少なくとも潜在的にはあったのではないかと思われマニフェスト・デスティニーの思想は、特にフランクリン・ルーズヴェルトに、この思想が顕著だったと思われます。それは、フーヴァー元大統領が、その回想録『裏切られた自由(Freedom Betrayed)』で、「あの戦争（第二次世界大戦）は、一人の狂人（フランクリン・ルーズヴェルトのこと）によって引き起こされた」と指摘し、またルーズヴェルトの大きな間違いとして、ソ連を承認し、スターリンに対し好意的だったことを指摘しています。また、アメリカ政府が

日本に対して行なった禁輸政策については、アメリカ海軍の高官も「自分が日本なら、南アジアに石油等の資源を取りに出る」とコメントしており、またアメリカ議会にも一般市民にも知らされなかったハルノート（アメリカでは10項目の提案—Ten-point proposal to the Japanese Ambassador in Washington）を、隠れ共産党員のハリー・デクスター・ホウイトに起草させています。この題名自体、議会から文句が出た際に言い逃れが出来るように、最後通告ではないかのような題名を付けています。真珠湾攻撃後の対日宣戦布告を熱烈に支持したアメリカ連邦議会の一議員は「ハルノートのことを知っていたら、宣戦布告には賛成しなかった」と語っています。

（３）共産党あるいはコミンテルンは、ルーズヴェルト政権への浸透を図り、日本と戦わせようと策謀しました。

（４）蒋介石政権は、自分達の生き残りをかけ、日米を戦わせようとして、アメリカ政府に執拗に働きかけ、ハル国務長官がうるさいと感じるほどでした。

１ｂ. 日本以外で起きた偶発的な要因

（１）1921〜1922年にかけて行なわれたワシントン会議において、日英同盟が廃棄されたこと。或いは、日英同盟廃棄に対する日本側の抵抗が弱かったこと。ワシントン会議における話題としては、主力艦の米：英：日の比率５：５：３が話題にされることが多いのですが、私は、長期戦略的には、日英同盟廃棄のほうが大きい影響を与えたと思います。

（２）1924年の排日移民法が、グレーブ・コンシクエンス事件により成立を見てしまったこと。駐ワシントンDCの日本大使が、アメリカの国務長官に送った書簡に、グレーブ・コンシクエンス（重大なる結果）という言葉が含まれていたため、それまで親日、反日が拮抗していたアメリカ世論が急変し、排日移民法が可決されてしまい、日本側も反米世論が高まったのです。

（３）1929年に起きたニューヨーク証券取引所の株価暴落（暗黒の木曜日、悲劇の火曜日）から発生した世界大恐慌により、1933年フーヴァー大統領の

再選がならず、フランクリン・ルーズヴェルトが大統領として登場してしまったことは、日米間の戦争に決定的な影響を与えました。フーヴァー大統領の政策は、アメリカが直接攻撃されない限り、ヨーロッパでもアジアでも戦争には介入しないというものでしたから、世界大恐慌が発生しなければ、ルーズヴェルトの登場もなく、日米間の戦争も起こらなかった可能性が大きいと思います。

（4）蒋介石の誤判断が幾つかあります。第一に、1936年12月に起きた西安事件です。張学良の裏切りに気付かず、西安まで督戦に出かけていって、まんまと捕まってしまい、日本と戦うことを第一にする第二次国共合作に同意させられてしまいました。そして、8ヶ月後の1937年8月には、ドイツから派遣されていた軍事顧問ファルケンハウゼンの唆しにのって、第二次上海事変を起し、日本との本格戦争に突入しました。日本軍にも損害を与えましたが、蒋介石の国民政府軍も精鋭を失いました。また、同年12月のトラウトマンの和平工作では、日本は、最大に相手に譲った和平案を提案しましたが、蒋介石は欲を出し、逡巡している間に千載一遇の和平のチャンスを逸しました。

2a. 日本側の戦争を意図した行動

日本側からアメリカとの戦争を意図した行動は、一切ありません。日本側は、政府も軍部も、アメリカの強大さや、日露戦争当時戦費の調達をアメリカに頼ったことは知っており、日本側から、進んでアメリカに戦争を仕掛けたことはありません。戦後、日本で流布した日本原因説は、アメリカが意図的に流布したフェイクニュースで、まさに「東京裁判史観」です。

2b. 日本側に発生した偶発的な要因

（1）1905年の、桂―ハリマン協定のキャンセル（流産）は、アメリカを反日に追いやる失策でした。いやしくも首相の立場にある人が、伊藤博文のような元老の同意も得て約束したことを反故にすれば、アメリカが怒るのは当然でしょう。日本としても、満州の経営にアメリカを引き込んでおけば、満州がらみのその後の外交の展開も、まったく変わっていた可能性があります。いかに小村寿太郎が日本の外交に功績があ

ったとしても、元老の同意も得た桂首相が、なぜ自分のした約束を取り下げたのか私には謎であり、残念です。

（2）1939年（昭和14年）に起こった天津事件の時に、イギリスが発したと思われる親日のシグナルを見落としたのではないかと思います。私の母方の祖父は、天津事件が起きた当時、第4艦隊の司令長官として、青島を根拠地として、天津もその責任区として勤務しており、天津事件は陸上のイギリス及びフランス租界に関することなので、当然陸軍が主務者でしたが、当事者のイギリスも艦隊を派遣しており、海軍同士として、イギリス艦の艦長とは接触があったようです。祖父が残した日記によれば、イギリスは、非常に強硬な態度に出てくると予測していたところ、東京で開かれた日本の有田外務大臣とイギリスの駐日大使クレーギーとの会談において、全く予測に反して、イギリスは、日本に対し全面的に妥協してきたました。祖父は非常に驚いとと日記に書いています。しかし、アメリカは、日英の妥結の直後、イギリスの対日接近を牽制するため、日米通商航海条約の破棄を通告してきたのです。通商航海条約を破棄して無条約になると言うことは、宣戦布告の一歩手前と考えてもよく、日米どちらが戦争を望んでいたかは、このことからも明らかです。イギリスは、日本と協力することを考えていた節があります。それは、第一次世界大戦の折、地中海方面でのドイツ潜水艦による潜水艦戦に苦しんだイギリスが、日本に助けを求め、日本は第2特務艦隊を派遣して対応、大いに連合国側を助けたという経験があり、ドイツとの雲行きも怪しくなりつつあった当時、日本と組むことも考えた可能性もあると思います。日本と組めば、アジア植民地の防衛のために兵力を割く必要もなくなり、イギリスには大きなメリットがあったので、日英の同盟というのは、合理的な戦略であり、一方、アメリカにとっては、日英が組まれると、日本との戦争がやりにくくなるので、イギリスを牽制するために、日米通商航海条約の破棄を通告したと考えてもおかしくないと思います。

これを見逃した日本政府は、外交に関する勘が悪かったのではないで

しょうか。アメリカに取っては、日英同盟があると、日本に戦争を仕掛けるのは難しかったと思われます。
（3）日独伊三国同盟の締結は、日独とも、大したメリットも得られず、アメリカにしてみれば、日本と開戦すれば、日本と同盟しているドイツも半自動的にアメリカと開戦することになるので、対日開戦の理由を与えただけという結果を生んでしまいました。ドイツと組むなら、ソ連を挟み撃ちにしてこそ意味があったのですが、それもせず、「バスに乗り遅れるな」という戦略無き同盟になり、日本に取ってはマイナスの同盟でした。

Ⅱ　東京裁判

　東京裁判は通称で、正式名称は「極東国際軍事法廷（International Military Tribunal for the Far East 略称 IMTFE）です。この東京裁判については、二つの視点から論じてみます。第一は、法的な視点、第二は、アメリカはなぜ東京裁判を必要としたかです。

　私が数年前、日米関係の研究家としても名を知られているジム・アワー（James Auer）氏から聞いたことですが、アメリカで世論調査をすると、東京裁判の正当性については否定する人が多かったとのことです。今では、この裁判は、近代刑法の大原則である「遡及法の禁止」や「罪刑法定主義」に反し、さらに、もっと基本的な、この法廷が、これらの罪を裁く法的権限を意味する裁判管轄権（jurisdiction）を有するかという弁護人の質問に、裁判長は、最後まで答えられませんでした。また、アメリカ或いは占領軍が、この裁判に法的正当性を見いだせなかったことを自ら証明している文書があります。それは、1945年（昭和20年）12月21日に GHQ 幕僚部民間情法教育局（CIE または CI&E）の初代局長ケン・ダイク名で発行された極秘文書で、タイトルは「連合国最高司令官」となっています。その要点を下記に示します。

　先ず初めに、「下記の情報計画は、戦犯容疑者の逮捕と裁判に関連して使用される」とあり、東京裁判に関するものである事が明示されています。次

の「背景」の所で、A、B、C、各級の戦争犯罪の定義が書かれ、A級とC級が遡及法であることが分かります。次の「目的」の所では、A、B、C、Dの四目的が書かれ、そのAで、「侵略戦争を行なうために、それを計画し、準備し、開始する謀を巡らすことで有罪と見なされた人々を罰する道徳的に正しい根拠があることを示す」となっています。ここでは、「道徳的に正しい根拠」と言っていますが、「法的に正しい根拠」とは言っていません。裁判なら、まず法的根拠を明確にすべきですが、それを言わずに、「道徳的根拠」と言ったことは、占領軍自身が、東京裁判の法的根拠を見いだせなかった証拠になります。例えば、殺人は道徳的に悪いから、殺人犯が裁判に掛けられるのではなく、殺人罪が法で規定されているから裁判に掛けられるのです。

では、こんなに無理をしてまで、東京裁判を行なわねばならなかったアメリカの理由は何でしょう。私は、WGIPに関する第1作で、「東京裁判は、WGIPの一丁目1番地だ」とか、「東京裁判は、ショーウィンドーだった」と書きました。3期に渡るCIEのWGIP活動の主眼は、第2期になると、原爆投下に対する批判対策と東條さんの「東京裁判は勝者の裁きだ」という発言対策になりました。このプロパガンダの主力が、東京裁判だったのです。これも、CIE文書の中で、はっきり書かれています。

1948年（昭和23年）2月8日付けのCIE文書には、「広島、長崎への原爆投下や、戦犯裁判における東条元首相の証言に関して日本人が持っているか、或いは持つかも知れない態度に対する対策としての情報或いは何らかの活動を具現化したWGIPの第3期の活動を行なうことを提案する」となっており、3月3日付けのCIE文書には下記のような記述があります。

Ｉ．目的として、
1．有る一部の日本人が現在持っており、或いは持つことが懸念される広島と長崎への原爆投下が残虐行為であり、広島でのアメリカの復興計画は償いの気持ちから出たものであると理解する考え方に対する対策を講じること。
2．東条元首相が果たした役割と、日本の侵略政策を正当化しようとする感

情が拡大しつつあるが、その感情の背後にある誤った考え方を、正しく説明すること。
3．占領の終結時に、占領中に為された民主的な進歩を帳消しにするかもしれない、超国家主義的考え方の発生を未然に防ぐこと。

Ⅱ．計画の基本に関する考察として、
1．現在入手可能な情報によれば、超国家主義と原爆投下を残虐行為であるという考え方は、少数派として封じ込められている傾向がある一方で、直接的で正面攻撃的な情報攻撃は藪蛇になり、日本人大衆の多数意見を刺激し（アメリカにとって望ましくない方向に）固めてしまう可能性があることに最大級の注意を払うよう指示されている。
2．略
3．「東条元首相の裁判と広島、長崎の「残虐行為」の話は、「戦争犯罪」計画の見出しの下に来るように適切に考えるべきである」というのが共通認識である（常に、中和剤とともに報道する）。

　上記のⅡの3の「常に中和剤とともに報道する」は、オバマが来日した折、原爆の話の時にフィリピンの「死の行進」の話を引き合いに出したことに、今に生きていることが分かります。いずれにしても、アメリカ自身が、本音としては、原爆投下は残虐行為であることを自覚していたことを示しており、東京裁判で、日本の戦争犯罪を作り上げたのも、この残虐行為を「中和」したい一心から出たものだと解釈することが出来ます。戦犯にされた人達は、アメリカの原爆投下の言い訳のために処刑されたのです。

　さらに、東京裁判の法理論的な不当性から見て、A級戦犯などは、今は法的には存在せず、A級戦犯合祀の故に靖国神社への総理ほかの参拝に反対する根拠は、全くないといえます。

　戦犯の実質的否定は、1953年（昭和28年）日本の国会に「戦犯赦免決議」が上程され可決され、旧戦犯に対する恩給の支給が開始されたことを見ても、日本が国家として、「戦犯」を犯罪人とみていなかったことは明らかです。それでも、戦犯云々と言う人は、正しい法意識がないと言わざるを得ません。

Ⅲ　日本国憲法の欺瞞性

　憲法は国の基本法です。憲法が欺瞞的であれば、国民も欺瞞的になります。これは、改憲論、護憲論に関係なくいえることです。それを解説します。

　私には、日本で行なわれている、改憲・護憲の論争は、どちらも重要なことを論ぜず、いわばピント外れな議論をしているように見えます。「日本国憲法」というのは、民主的な環境の中で、合法的に制定されたのでしょうか。幾つかのおかしい点を列記します。

（１）当時、日本人は、一人として主権を持っていませんでした。主権を持たない人々が、独立国の憲法を制定できるのでしょうか。
（２）陸戦の法規慣例に関する条約（陸戦条規）43条では、特別な事情がない限り占領地の法律は変えないことになっています。ポツダム宣言やバーンズ回答には、憲法を変えろとは、一言も書いてありません。

・GHQ が作った「報道規制30項目」の第３項に、日本国憲法に GHQ が関与したことを報道してはいけないとあります。今では、護憲派の人達でも、日本国憲法の制定に GHQ が大いに関与したことは認めるでしょう。そして、それを批判どころか、関与を報道することも禁止されていたのです。これが民主的な環境と言えるでしょうか。護憲派の人に問います。護憲を論じてはいけないという規則の下で改憲されたら、何と言うのでしょうか。それと同じ事が、日本国憲法制定時行なわれたのです。

・「日本国憲法有効論を唱える人の一部は、これだけほっておいたから有効になっているという説をとなえる人います。つまり、無効は時効になっていると言いたいのでしょう。しかし、殺人罪に時効はありません。憲法に時効があるとは誰が決めたのでしょう。決める権限はあるのでしょうか。また、有効に転じたと言いたいなら、何時有効になったか言えるのでしょうか。要は、９条がどうしたこう

したと言うような問題より、本当はもっと大事なことです。仮に時効で、今は有効だとしても、国家の基本法が非合法に決められたもので構わないのでしょうか。つまり、日本国憲法というのは私生児以下の存在だと言うことです。

日本をよく知るアメリカ人の意見を参考に引用します。それは、1977年アメリカのルイジアナ州生まれで、幾つかのアメリカの大学で学んだ後、名古屋大学や早稲田大学でも学び、すでに約10年日本に在住するジェイソン・モーガン氏が2016年に出版した『アメリカはなぜ日本を見下すのか』の190ページ「日本国憲法は即刻廃止すべき」の一説です。「いや9条だけではない。憲法自体がダメだ。こんなものは、さっさと破ってゴミ箱に投げ捨てたほうがいいと思う。現行の日本の憲法は、「日本国憲法」とは名ばかりで、正体はアメリカが作った憲法である。(中略)それが2016年の現在まで続いているという事実は、誤解を恐れずに言えば、日本の恥である。」

・皇室典範の改定にも、同じような論理が適用できます。

日本人は、現日本国憲法と皇室典範が、真に有効なのかどうかを、根本に遡って議論すべきです。例えば、これらが有効であるとするならば、何故、何時から有効なのかを、真面目に議論すべきです。これをせずに有効だとするのは、朝鮮軍の満州への越境を「やってしまったのだから」として不問に付したのと同じではないでしょうか。

Ⅳ　日本人と欧米人の法意識の差

私は、欧米という意味では、2ヵ国に合計14年以上暮らしました。そこで見聞した欧米人の法意識は、日本人のそれとは随分違います。一見同じように法を守っているよるようでも、その意識は随分違います。最後に、この意識の差を論じて締めくくりとします。

1．アメリカのスーパーで目撃した事実と、罪と罰か恥かの問題

　ある日、スーパーの出入り口で、(多分) 私服警官に両腕を取られた若者とすれ違いました。顔にコートを被されるわけではなく、胸を張って堂堂としていたので、両腕を拘束されていることに気付かなければ、何かの被疑者だとは気付かなかったでしょう。日本なら、コートか何かで顔が分からないようにした筈です。またあるとき、テレビが刑務所の中に入り、囚人にインタビューしていました。その囚人は、実に堂々と、その主張をまくし立てていました。これらを見て、よく言われることですが、欧米人は、罪に対して罰を、日本人は罪に対して恥を思うという説です。ですから、欧米人は、何か罪に問われれば、敏腕の弁護士を雇い無罪を勝ち取れば万々歳となるのです。私がフランスとアメリカで最も頻繁に聞いた言葉は、「それは私のミスではない（英語：It's not my fault、フランス語：c'est pas ma faute.)」です。この語は条件反射のように出てきます。あまりまともに取ってはいけません。これは、欧米社会は責任追及が厳しい社会なので、その反作用として、言い訳文化が発達するのです。ゴーンが、「私は無実だ」というのは、ほとんど条件反射のように出てくることです。一方、日本人は、何かと言うと「済みません」と謝ります。これも条件反射のようなもので、本心謝罪しているかは分かりません。

2．東北・北関東の大津波による災害とニューオーリンズの水害時の略奪の発生

　この大津波による災害時の地元日本人の秩序正しい行動は世界中の賞賛の的になりました。異なる地方から来た空き巣狙いはいても、現地住民による店舗の略奪などはありませんでした。一方、ニューオーリンズが台風による水害に襲われて水浸しになったことがありましたが、略奪などがかなり発生したそうです。結果として、日本人の順法精神が称揚されたのですが、私は、順法精神というよりは、倫理・道徳的に、「悪いことをすれば、自分が知っている、他の人が知っている、お天道様が知っている、だからしない」という考えからではない

かと思います。同じ地に長年同じ民族が住んで培われた精神であり、他民族の移民が増えれば、良い悪いではなく、このような精神は失われていくものと思います。「移民法」に反対する大きな理由です。

WGIPを実証する対日占領文書

髙橋史朗

Ⅰ　はじめに
Ⅱ　ボナー・フェラーズ文書に見る対日基本心理作戦
Ⅲ　CIE文書におけるWGIP関係基本文書の全容

Ⅰ　はじめに

　ウォーギルト・インフォメーション・プログラム（WGIP）の主要目的は、日本兵捕虜の聞き取り調査に基づく、敵の士気を消失させる対日心理作戦によって、軍国主義者の罪を暴露し、軍国主義者と国民の間にくさびを打ち込むことにあった。

　WGIPは1945年10月2日にGHQが出した一般命令4号の「各層の日本人に、彼らの敗北と戦争に関する罪、現在及び将来の日本の苦難と窮乏に対する軍国主義者の責任、連合国の軍事占領の理由と目的を周知徹底せしめること」と同年11月3日の「日本占領及び管理のための降伏後における初期の基本的指令」に基づくものであった。

　WGIPについて筆者は、拙著『検証　戦後教育』（モラロジー研究所）、『歴史教育はこれでよいのか』（東洋経済新報社）、『歴史の喪失』（総合法令出版）、『日本が二度と立ち上がれないようにアメリカが占領期に行ったこと』（致知

出版社)、『「日本を解体する」戦争プロパガンダの現在―WGIP の源流を探る』(宝島社)、『WGIP と「歴史戦」』(モラロジー研究所) の 6 冊の著書と論文「WGIP と後遺症」(アパ懸賞論文、平成30年 8 月) で紹介した

　これは GHQ 文書に含まれている CIE (民間情報教育局) 文書の中の39頁 (明星大学戦後教育史研究センターが保管している約240万頁に及ぶ CIE 文書のマイクロフィッシュ 3 万枚 (1 枚に約80頁の資料が収められている) の中の 2 枚に収められている) の原史料など米英加の国立公文書館所蔵文書に基づいて書いたものである。本論文では、これらの著作を踏まえて、WGIP の基本文書の補足を行いたい。

　1942年 7 月に OSS (戦略諜報局) に配属され、1943年の同南西太平洋地域総司令部参謀第 5 部長となり、1944年 6 月に新設された心理作戦戦部 (PWB) の部長として対日心理作戦を先導したボナー・フェラーズは、同年11月、同司令官 (マッカーサー) 軍事秘書官、1945年 6 月米太平洋陸軍司令官 (マッカーサー) 軍事秘書官に任命され、対日心理作戦のプロたちを占領軍の CIE (民間情報教育局) の幹部に登用し、対日心理戦略を CIE に引き継ぐ役割を果たした。

　米情報調査局 (COI) から OSS、OWI に受け継がれた対日心理戦略は、国務省の戦後計画委員会 (PWC) と国務・陸・海軍 3 省調整委員会 (SWNCC) という対日占領政策の最高決定機関を経て、GHQ の民間情報教育局 (CIE) に継承され、WGIP として結実したのである。このような歴史的経緯を経て、WGIP の策定を主導したのは、フェラーズであった。

II　ボナー・フェラーズ文書に見る対日基本心理作戦

　1945年 4 月12日にフェラーズが記した対日基本心理作戦によれば、「戦争についての真実を特定の人々に知らせるビラや放送を実践すること。死者と壊滅状態が続いているので、心理作戦の継続努力を地域的に拡大し、市民に死なないためには平和を求めることだということを順次思い起こさせることだ」「日本人の行動パターンを知ることは心理作戦に有効だ。我々が広める情報に日本人は冷静に効果的に方向づけられる」として、以下の15項目を

「日本人の行動パターン」として列挙している。

(1) 劣等感
(2) 騙されやすい
(3) 思想統制…「彼らは、白人は軟弱で贅沢におぼれ節度がなく野蛮な好色家で、わがままで物質的な人間であると教えられてきた。東洋が衰退しないように日本軍が白人の支配から東洋を救出するのが当然であると信じさせられてきた。フィリピンで我々が遺したことはこの洗脳が間違いであることを示した」
(4) 過誤の傾向…「日本国民は戦争の真実を知らされていない」
(5) 自作自演…「軍指導者は自らを偉大な司令官として演出することで嘘を報道し自慢した。山下司令官の驕りが良い例である」
(6) 強烈な責任感
(7) 極度の攻撃性
(8) 残忍性…「1876年には拷問は合法であり、未だに行われている」「中国とフィリピンでの日本人の暴虐は残虐の歴史の暗黒の頁である」
(9) 頑固一徹…「戦闘における死か自決が唯一の代替案である。当初の計画を進めるという硬直性は、司令部から兵士個人にも蔓延している」
(10) 自滅の伝統…「極端な逆境に接すると日本人は自殺することがある。武士は名誉、忠誠、献身という名誉の武士道を生み出した。自ら処することのできないことに対しての究極の抗議を表明する名誉ある手段として切腹がある」「過去の戦闘において、自滅という日本の伝統は資産であり、敵にとっては負債である」
(11) 迷信…「原始的な迷信が日本人のメンタリティーに蔓延している」「災害があると多くの日本人は、国の不道徳に対する神様の懲罰であると信じている」
(12) メンツを重んじる傾向…「国民は自ら難局に対して責任があるのではなく、軍部の失策だと国民が信じさせられるならば、それは精神的重荷を逃れるのだ」
(13) 極度の感情性…「空腹、恐怖そして秘めていた感情が抑えられなくなった時、極端に感情的になり、ヒステリック、狂信的になり、予想もつかない行動を引き起こす。兵士が精神的コントロールを失うと、弱気になって簡単に敵の犠牲になる」
(14) 国と家族に対する執着…「日本人ほど家族の絆が強い民族はいない。彼らの信仰の根源は親孝行である」
(15) 天皇崇拝…「日本社会の基盤を為すものは従順と忠誠である」「日本人全ては、天皇すなわち『天子（Son of Heaven）』に精神的に従属し忠誠を尽くす」「戦争終結後、天皇に何が起ころうとも、もし天皇が我々の条件に沿った平和を是認すれば、それは兵士の生涯の摂理となるであろう」

そして、「日本人の生活を再方向付け」するために、「結論」として次の3点を列挙している。

(1) 日本人を説得して士気を弱体化させる。
(2) 軍部に戦争責任を負わせる―①本国、戦場での無能力②戦争に関して嘘を報道した③人種偏見を説いた④西洋人を誤解させた⑤軍部に国の災難の責任を負わせる⑥天皇と国民との間にくさびを打つ
(3) 国民に次のことを啓発する―①自己救済②国に残されたものを救済するよう約束する③軍部を崩壊させ平和的政権を樹立する④アメリカの慈悲に頼る⑤我々の条件に基づいて平和を求める。

具体的な「心理作戦の方法論」としては、以下の「作戦」を指示している。

(1) 真摯に真実を語る。決して間違った情報を伝えない。
(2) 説得力ある話し方をし、自慢をしない。
(3) 弱点を突くように仕向ける。決して敵の戦力を攻撃しない。
(4) 敵の暴漢を攻撃する。決して日本国民を攻撃しない。
(5) 軍部を嘲笑する。国民を嘲笑したり、傷つけたりしない。
(6) 作戦目的を婉曲に訴える。極度の宣伝をしない。
(7) 「出口」を示す。結果を示さずに問題提起をしない。
(8) 天皇を攻撃せず、適切な時期に作戦目的遂行に利用する。天皇を攻撃して国民の反感を持たせないようにする。

また、同年3月28日付メモによれば、「日本人の態度の変化」について次のように指摘している。「戦争に反対している日本人の一団がいるが、軍部によって陰に追いやられている。このグループは日本に残すべきものを守ろうとしている」「平和主張グループは、天皇統治を容認すればアメリカの提示する平和を認めることに資すると指摘する。ドイツが敗戦し、ソ連が太平洋戦線に参戦すると、平和主張グループは軍部反対に行動を起こすだろう」

さらに、同年5月7～8日にマニラで開催された対日心理作戦会議では、フェラーズの開会の挨拶、ウィロビーのG-2の状況予測に続いて質疑応答が行われ、1945年までATIS（連合軍翻訳通訳部）司令官を務めたSidney Mashbirが「日本人の心理」について、次のように説明した。

(1) 日本人の思想洗脳手段は中国伝来の7世紀から普及しているHOKOとい

う社会組織に手がかりがある
(2) 八紘一宇の解釈…次のような世界構想を描いた。「世界の統治者の中で世界中隅々まで高貴な輝かしい統治のできる者は誰か。それは天の意にかなったものであり、外交関係で全ての国々の覇権を確固たるものにする。…わが国威は高揚し世界は天皇を偉大な統治者として崇める。

　また、「武士道」について、「日本人は武士道、大和魂によって躾られている。牛若丸と弁慶の話が引用される。両者は敵同士であったが、弁慶が負けると、彼は牛若丸の忠実な家来になる。このように敵対者の家来にもなるというのが日本の武士道である。忠誠を尽くし死もいとわない。日本兵は生きている限り敵に与しないが、任務を完遂できないと日本兵でなくなり、第二の人生を求め別人になる。かくして我々の捕虜は弁慶のように生まれ変わる」と述べ、以下のように結論づけている。

　「我々が陸軍空軍壊滅と惨めな状態を示す真実を告げたビラを投じる。本土のあらゆるところに真の情報が行き渡り、崩壊が迫れば国民が軍部を打倒するだろう。平和が何らかの形で得られるならば、日本人は戦争を止めるだろう。戦争を止めさせることのできる人物は唯一天皇だけである。天皇の命によって本土決戦を避けられる。これは完全に信任された勅命として発せられるのでなければ国民は信じない。天皇を殺害して2500年にわたる国民の天皇崇拝を阻害してはならない。」

　続いて、日本兵捕虜から得た情報に基づき、Munson 大尉が「日本兵の心理」について報告があり、対日心理作戦の方法についての論議が行われた。

Ⅲ　CIE 文書における WGIP 関係基本文書の全容

　CIE 文書には WGIP に関する以下の19の基本文書が含まれている（下線は筆者）。
(1) 1945年10月14日、ダイク CIE 局長宛覚書
(2) 同年10月16日、Capt. Dodd より Bradford Smith 宛チェック・シート
　　「組織的計画と特別企画班の要員を10月19日までに当局に提出すること

を要請する。それには、担当グループがWar guiltのような企画のための適切な条項を加味することを示唆する。また、反軍国主義者、青年、女性その他の組織も含めること」

(3) 同年10月17日、ダイク局長宛覚書―主題「特別企画班要員の要請」…War guilt担当官（Damgaard, Lt.）

(4) War guilt報告書…冒頭にSWNNCC 150/4/A、Part III, 1「現在及び未来にわたり国民を困窮に至らしめた陸海軍指導者及びその他の協力者が担った役割を国民に知らしめる努力をすること」を引用し、この規定に基づき各分野の実践項目が次のように明記されている。

① War guiltの基本は、日本国民に戦争の真実の歴史を、戦争と敗北の責任を負うべき個人と集団の告発を具体的に説得力あるように提示し、効果的に提示することである。…実際に起きた日本人の残虐行為の事実証拠を示すことが重要で、時系列で提示されるべきである。

② 次のメディアを通した事実に基づく歴史（『太平洋戦争史』）がドラマティックに一般大衆に語られるべきである。

　a、新聞紙上：『太平洋戦争史』を最後まで毎日の特集としてシリーズで掲載するよう新聞社に命令すること。

　b、雑誌：『太平洋戦争史』の特集号は全ての有力紙に掲載すること。

　c、ラジオ：歴史の人気番組は全てのラジオ局で定期的に放送されること。

　d、映画：戦史に関する特集フィルムシナリオは日本の映画関係者によって既に進行中である。US Signal Corpsのドキュメンタリー映画は日本語のサウンドトラックを付けて特集として放送予定である。

　e、学校教育：学校、大学、団体及び図書館に歴史（『太平洋戦争史』）が冊子の形で配布される。

③ 蛮行や軍上層部の狂信的行動を生き生きと描いた日本兵の日記を新

聞やラジオで特集として発表すること。
　④　戦犯：全面公開により全ての<u>戦犯の裁判</u>、有罪が明らかにされる。政治団体がこの問題について討議し、具体的犯罪者の罰を求めるよう奨励している。
(5)　1945年12月26日、トレイナーCIE教育課長補佐よりダイク局長宛覚書「CIEの任務規定―<u>ウォーギルトの認識</u>「CIEの任務は日本人に戦争の真実と、指導者の演じた役割の真実を語ることである。これには、日本社会がそれを可能にした範疇も含まれる。従って、その社会の変革が必要である。積極面は世界平和に向けて日本の構築を強調することである。」
(6)　1946年7月24日、対日占領1年間の成果に関する民間情報局長への報告案情報計画…「ラジオ、新聞、映画、その他のメディアを利用し、日本人に占領の目的と政策を周知させる。特に、<u>ウォーギルト</u>、戦争の真実の報道…が強調された」
(7)　基本指令任務の結果（日付なし）
　　<u>「日本人にウォーギルトを意識させる」</u>
(8)　1945年12月21日、ダイク局長覚書「戦犯容疑者の逮捕と裁判に関して採用される」
　　Ａ、新聞及び雑誌…〈東京裁判以前〉―⑴新聞、雑誌編集者と法務局代表との会議、⑵新聞・出版部は<u>ウォーギルトに関する他のメディアの活動</u>を公表、⑶日本の新聞に毎日「太平洋戦争史」掲載を継続…〈<u>東京裁判期間中</u>〉―⑴新聞・出版部は記者会見で日本人の質問に答える、⑵15分の<u>東京裁判の要約を放送</u>する、⑶日本の編集者と定期的会合をもつ、⑷東京裁判記録の作成
　　Ｂ、ラジオ…〈裁判以前〉「週刊ドラマショー・戦史『真相はこうだ』」
(9)　<u>WGIPの第一段階の実行</u>（1945年10月－1946年6月）
　　〈新聞〉
　　①　太平洋戦争の歴史記事（約15000語）は歴史の真実を記載、CIE提供、G-3承認。ほとんどすべての日本の日刊紙に1945年12月8日からシ

リーズが終わるまで掲載。戦争の発端となった犯罪、これまで日本人に知らされなかった歴史の真実を暴露し、日本人の残虐行為、特に南京とマニラにおける残虐行為を強調。

② 太平洋戦争史の公開以前に、マニラの山下裁判に関連して戦争の残虐行為を強調する情報提供企画がある。12月8日以降、横浜で逮捕起訴された戦争犯罪人のリストを発表。WGIPには以下の活動がある。

a、「マニラの略奪」約1000部をCIEが日本の報道機関に配布し、この文書をいつでもどの部分でも日本の残虐行為の事実を明らかにするために、掲載することを強く求めた。

b、「マニラの破壊と日本の残虐行為に関する報告書」からの引用と写真の使用を強く勧告して日本の報道機関に提供。

c、この他に、強姦、市民の大量虐殺、捕虜の虐待、首切りその他の証拠を没収した日本の書類にある写真を加える。日本の書類に引用されている多くの虐殺の話が翻訳通訳部（ATIS）によって提供され、1945年11月から12月に新聞報道される。

③ 1945年12月の後、ラジオ放送「真相はこうだ」が新聞発表され、1946年2月9日、戦争犯罪人の逮捕とその罪状の詳細が共同通信により全新聞に配布。

〈書籍〉

① 『太平洋戦争史』（172頁）が翻訳され、高山書店から10万部発行

② ラジオ番組「真相箱」に基づいて以下の書籍を出版

a、「真相箱」、太平洋戦争の政策、外交、地上、海上、空域を記述した書がコスモ出版により2万部発行、販売

b、『真相はこうだ』連合出版より2万部発行、販売

〈雑誌〉

① 降伏文書要旨、降伏条件と日本の立場を述べた記事が1946年2月に全ての雑誌に掲載。記事全体は入手不可であるが、広く報じられていない証拠が記載されている。

②　全国放送「真相箱」が1946年6〜8月に雑誌『日本歴史』に掲載。6〜7月号はサンゴ礁、ミッドウェイ、アリューシャンの戦闘、8月号には南京虐殺を記載、各月5500部発行。

(注；第二期WGIPは1946年6月から1948年2月までで、民主化が進む一方、ウォーギルトや超国家主義の記録を排除したわけではないが、1946年6月のCIEと関係部局及び主な新聞社との会議では、B級戦犯裁判に関する情報が報道の主題となり、ラジオ部門では主に東京裁判、B級戦犯に関する記述を残すのみである。)

〈ラジオ〉

①　歴史のドラマ化、「真相はこうだ」が1945年12月9日から1946年2月10日まで10週シリーズで放送

②　CIEは、聴衆が参加して質問するという形式の「真相はこうだ」「質問箱」として知られている全国放送を開始。終了後は「質問箱」は「真相箱」となり、41週継続し、1946年12月4日終了。毎週900〜1200通の手紙による当時の日本では高い比率の聴取者の反応があった。

〈映画〉

①　CIE管理下でこの時期に以下のドキュメンタリー映画が製作され上映された。

　　a、「人々を戦争に導いたのは誰か」理研製作、1946年5月16日封切、約100万人の観客を動員。この2リールの短編ドキュメンタリー映画には、国民を戦争に駆り立てた陰謀とエピソードの話が時代を追って示されている。

　　b、「東京裁判シリーズ（1）」日映製作のニュース映画、同年同日封切、約180万人の観客を動員。1リールの短編ドキュメンタリー映画には、東京裁判で明らかにされた恥辱的な事実がハイライト。

②　次の特集映画がCIEの助言と指導の下に製作、上映された。

　　a、「犯罪者は誰か」大映製作、1945年12月27日封切、観客約300万人。軍国主義者の迫害にもめげず、勇敢に転向を拒否し戦争に

　　　　　　反対した勇敢な政治家の物語。
　　　b、「喜劇は終りぬ」松竹製作、1946年1月10日封切、観客約350万人。日本の戦時の官僚制と軍国主義的圧政に向けられた風刺映画。
　　　c、「人生画帖」松竹製作、同年1月18日封切、観客約300万人。時局迎合的な戦時の恐喝者の風刺と、そうした者の戦後の活動を、その使用人で日本再建に努力している者と対照させる風刺映画。
　　　d、「大曾根家の朝」松竹製作、1946年2月21日封切、観客約400万人。軍国主義の台頭のために自由を失うが、降伏の日に圧政から解放された平和主義一家のドラマ。
　　　e、「民衆の敵（1）」東宝製作、同年4月24日封切、観客約200万人。戦争に反対した日本人と軍国主義者と財閥の悪を描いたドラマ。
⑽　1948年2月8日、CICからCIE宛覚書、主題「WGIP」
　　①　CIEのWGIPに続き、実践時期を通知
　　②　第一期　1945年後期から1946年初期まで
　　　　第二期　1946年初期から現在まで
　　③　第三期は、広島と長崎の原爆投下と戦犯裁判での東条の超国家主義的証言に関する日本人の態度に対抗する情報などを進める。
⑾　1948年3月3日、CIE局長宛覚書、主題「WGIP」
　　①　問題提起
　　　　次の情報活動開始が最優先であると決定
　　　　a、日本人とアメリカ人の一部に広島の原爆投下を「残虐行為」だと考えている情報を発信。
　　　　b、東京裁判の判決を日本人に知らせる。
　　②　問題点
　　　　a、一般命令第4号他基本指令などを提示
　　　　b、上記の任務達成のためCIEは、1945年10月から1946年6月まで

全ての公的情報機関、新聞、書籍、雑誌、ラジオ、映画を通してWGIPを開始

c、1946年初めに第二期のWGIPを開始し、今日まで継続。この時期は民主化政策が中心であるが、戦争の原因、ウォーギルト、戦争犯罪を再考。

d、最近のG-2からの情報及びその他の情報源によると、

　　a、日本の個人と団体が、科学者、宗教家、作家、ジャーナリストそして米専門家の著作に刺激を受けて、広島、長崎の原爆投下を「虐殺行為」と決めつけている。これらのアメリカ人の間には、日本人の感情に沿ってこのような批判に「償い」の精神でアメリカの資金で教育的、慈善的活動がなされるべきであるという思いがある。

　　b、特にこの侵略や超国家主義を正当化しようと世界に訴えようとし、東条が説得力ある陳述をした。彼の勇気を賞賛すべきだという日本人の感情が増大している。これは彼の処刑が殉教だとさえも思わせている。

　　c、これは、占領終結後、超国家主義の国家再建を求める静かな力の源を形成する。

③　結論

a、WGIPがCIEによって推進されているが、広範囲にわたって集中的に新しい情報活動が展開される必要がある。現在のあるいは想定される広島、長崎の原爆投下、戦犯裁判、東条の役割についての間違った解釈に対抗する政策、そして間違った解釈の結果生じる全体主義の可能性に対抗する政策が必要である。

b、このような情報活動の実施は、初期占領目的などの達成のために、またこれに敵対しないように特に注意を払ってなされるべきである。

⑿　1948年3月3日、CIEが提案したWGIP（第三段階）

① 目的

○広島、長崎の原爆投下を残虐行為だと認識する一部の日本人の態度に対処すること。そして、アメリカが贖罪を意図した広島の復興事業をするべきであるという風潮に対処すること。

○東条の役割を正しく解釈し、日本政府の侵略政策を正当化しようとする考えが増大する背後にある虚偽の思想を説明すること。

○占領中に進展した民主主義を否定した超国家主義的思想の台頭を未然に防ぐ。

② 基本計画の考察

○情報計画が逆襲として機能し、目前に迫った直接攻撃が究極の注意を喚起する。

○政治の混乱があるかどうかという問題も、全面的な戦争犯罪情報宣伝計画遂行に関連して考慮されるべきである。現在の政策は日本の経済的再建、早期講和が望ましいとするものである。これらの問題に「正面からの攻撃」をするプログラムを設定するにあたって、占領軍はアメリカ人に日本人は信頼ならない。従って経済的援助は考えものであり、早期講和は望ましくないことを戦術的に認めている。

○東条裁判と広島、長崎の「残虐行為」は WGIP の冒頭に適切に掲げられるよう考慮することに合意。しかし、対処は次の計画にあげる具体的方策に従って多様になるであろう。

③ 採用されるべき一般的方法

○超国家主義の対策として政治情報と政治教育に重点が置かれるべきである。（この点はこれまでも現在も広範囲に行われているが、さらに集中的計画が展開され、承認待ちである。）

○超国家主義運動の再発を示すような具体的運動が出現した場合、その運動の背後にいかがわしい思想がある場合、その運動の必然的結果が出た場合は、全面的に報道すること。

○労働、農業、教育、政治等の分野における影響力のある編集者や指導者に常時接触し、そこで全体主義国家に対する自由社会の長所を強調すること。

○進歩的リベラルな集団の発展を促進すること。
④　利用すべき具体的方法とメディア
　〈新聞〉
　　① CIE の新聞出版班は特別報道官を任命し、その唯一の任務は日本の編集者と連絡を取り、彼らに別紙に記載されているイデオロギーを示唆するばかりでなく、広島プロジェクトと東条の最終弁論と判決並びに他の戦犯裁判に関する客観的論説を促し、及びニュース報道を奨励することとする。
　　② 東京裁判で新聞出版班は東条の判決概要に特に力を入れ、自由な新聞の目的と任務に関する情報活動を続ける。
　　③ 新聞出版班は1948年4月に広島で行われる追悼式典に報道代表を派遣し、日本の報道が正確な解説をするよう示唆する。
　　④ ニュース報道にふさわしい材料は、東京と広島段階の双方について、以前に言及された印象に対抗する助けとなるよう、関係部局から要請があろう（マッカーサー元帥の声明が非常に役立とう）。
　〈ラジオ〉
　　① CIE ラジオ班は「ウォーギルト」のテーマを継続し、戦犯裁判の継続と概要をレギュラープログラムにのせ、他のプログラムでもこの企画を常時継続すること。
　　② 東条裁判の概要と判決は、大きく報道する。
　　③ 国民に正確な解釈を助言・指導する CIE ラジオ班の特別代表は、広島の4月の追悼式典に派遣される。
　〈出版〉
　　戦犯裁判と占領目的を含む新しい太平洋戦争史を書くため、有能なアメリカ人歴史家を CIE のコンサルタントとして日本に派遣する可能性があるか、特別に考慮されるべきである。目的は原稿を日本の出版社に無料で提供し、商業ベースで発行許可することである。
⒀　1948年3月25日、G-2 から CIE へ
　（要約：1948年3月3日、CIE が G-2 に対し暫定的な WGIP に関するスタッフスタ

ディのコメントを求めたことに対する回答。東京裁判の報道強化を示唆)

① 全般的にG-2は同意
具体的な方策と利用すべきメディアに関し、G-2のコメントを次の考察として提示。

② 新聞…日本人が他の世界ニュースの内容に関心を示しているので、東京裁判の判決発表の直後に新聞社に入手可能なニュースを提供する一項を設けること。現代の世界ニュースを報道する一方、東京裁判の報道がなされる十分なスペースを確保すること。

⑭ 1948年3月25日、G-2からCIEへ
(要約：有効な記事を日本人に広く報道することができるように、CIEのパンフレットによる広報より有力な雑誌による報道を示唆すると同時に、現在50万部を発行する『リーダーズダイジェスト』を推奨。)

⑮ 1948年5月10日、CIEから東京裁判へ
(要約：1946年6月3日の一般命令27号に基づいて、東京裁判の裁判と判決を報道することがCIEの任務の一つであるWGIPに含まれるので、東京裁判に防音装置のある新聞とラジオのブースを法廷内に設けるよう依頼。東京裁判と判決の場面に日本人を同席させることはウォーギルトの情報周知に重要である。)

⑯ 1948年5月24日、CIEからG-4宛チェックシート「東京裁判報道のための日本の報道施設について」
(要約：連合国軍最高司令官の任務の重要性に鑑み必要な追加報道施設を要求。法廷と報道機関を繋ぐ電話ブース、電話回線など。)

⑰ 1948年6月21日、民間通信局覚書、主題「東京裁判の報道を行う日本の公共報道施設（要約：日本の報道機関に提供されている施設、商業電話回線、直通電話回線等。)

⑱ 1948年10月7日、ニューゼントCIE局長の記録用覚書
(筆者注：極東軍事裁判所の全面的協力の下に、周到に準備され管理された勝者の側に立った一方的な裁判報道が行われた)

① 1948年8月5日、CIEはウェッブ裁判長宛の極秘文書で、担当者研究及び東京裁判最終裁判概要の報道計画を示唆した。

② 明確な論理的、簡潔な裁判の要約が報道その他情報メディアに配信されなければ、正確で有効な報道が阻害されるとCIEは確信している。
③ これはポツダム宣言、アメリカ及び最高司令官指令に示された占領目的を日本人に対してCIEが3年間実践してきた結果導かれた結論である。直接の関心は戦犯被告の裁判の結果がもたらす結果が日本人に影響を及ぼすことである。特に1946年6月3日の27号に規定されたCIEの使命遂行すべき義務に対してである。
④ CIEが使命遂行に際し、日本の公共報道のメディアを駆使して<u>3年間、WGIPを遂行してきた。</u>CIEは連絡将校を毎日東京裁判の任務に付け、日本の新聞、ラジオその他のメディア裁判を効果的に正確に報道できるよう援助してきた。さらに、渉外局（PIO）と日本の情報メディアを通し、横浜でのB級裁判に密着取材して裁判の報道を拡大してきた。
⑤ 8月12日、ウェッブ裁判長はCIEの提案を裁判員と討議し、極東軍事裁判所のアメリカ代表、同裁判所の事務局長、総司令部法務局長、CIE局長と陸軍省において会議を開いた。ウェッブ裁判長はCIEの提案に好意を示したが、以下の同意を得るべく修正を求めた。
  a、裁判所は、提案に関連して準備、内容、事前の朗読、人選に関する責任なしとする。
  b、本企画は服部ハウスでの判決準備に干渉したり遅延させたりしてはならない。
  c、CIE渉外局要員は、当地の人員過剰気味の状態を悪化させないようにできるだけ遅い時間に服部ハウスに入ること。
⑥ その他の2点の提案を修正案に含めることが全体的に望ましい。
  a、適切な翻訳官を採用するため、CIE渉外局チームの増員
  b、チームの書記官として弁護士に代わり新聞の経験のある専門家の任命。

⑦ ウィリアム・ウェッブ卿は、CIE の修正案は提出前に極東国際軍事裁判所事務総局と協議することを要請した。これは数回にわたって為された。

⑧ 本計画はその後、チーム拡大を除き、彼の特定したあらゆる条件を満たすよう改訂された。…この修正案は CIE 局長が署名し、渉外局が正式に同意した1948年9月7日付機密覚書で同裁判長に提出された。

⑨ 同裁判所事務総局とさらに協議した。「便宜の供与が可能であれば」修正案に同意するという書簡は、9月20日に同裁判長によってサインされ、当日付の機密チェックシートを通じて CIE 局長に伝達された。

⑩ 総司令部副官は服部ハウスでの宿割りの調査後。CIE 渉外局チーム3名であれば便宜供与は可能であると CIE に伝えた。

⒆ 1948年10月25日、CIE 局長から G-2、CIS 宛チェックシート、CIS の援助助成

① (要約；CIS 調査分析官、コルトンを WGIP の重要な任務であるハットリハウスでの取材班に。)

② (要約；最終判決の報道は正確な情報提供をする CIE の任務)

③ (要約；CIE の計画はウェッブ裁判長と総司令部公共情報局の同意を得、10月10日に参謀長の承認済み)

④ (要約；コルトンの適格性)

(注；本要請は予算削減のため却下)

篠原敏雄先生　略歴

昭和23年	（1948年）	出生
昭和46年	（1971年）	中央大学法学部法律学科卒業
昭和51年	（1976年）	東京都立大学大学院基礎法学専攻博士課程単位取得
昭和52年	（1977年）	東京都立大学法学部助手
昭和58年	（1983年）	東京経済大学兼任講師
昭和58年	（1983年）	國學院大學法学部兼任講師
昭和59年	（1984年）	関東学院大学経済学部兼任講師
昭和59年	（1984年）	横浜市立大学文理学部兼任講師
昭和60年	（1985年）	法学博士（東京都立大学）
昭和62年	（1987年）	立正大学法学部兼任講師
昭和63年	（1988年）	高崎商科短期大学助教授
平成2年	（1990年）	高崎商科短期大学教授
平成5年	（1993年）	群馬県立女子大学兼任講師
平成6年	（1994年）	国士舘大学法学部教授
平成6年	（1994年）	高崎商科大学非常勤講師
平成7年	（1995年）	群馬大学社会情報学部非常勤講師
平成11年	（1999年）	亜細亜大学法学部非常勤講師
平成17年	（2005年）	中央大学法学部非常勤講師
平成28年	（2016年）	群馬県立県民健康科学大学非常勤講師

国士舘大学大学院・法学部教授（市民法学、法哲学、法社会学、法思想史）

篠原敏雄先生　主要業績目録

Ⅰ　著書（単著）
- 『市民法の基礎構造―法・国家・市民社会―』（論創社、1986年）
- 『市民法学の基礎理論―理論法学の軌跡―』（勁草書房、1995年）
- 『市民法学の可能性―自由の実現とヘーゲル、マルクス―』（勁草書房、2003年）
- 『市民法学の輪郭「市民的徳」と「人権」の法哲学』（勁草書房、2016年）

Ⅱ　著書（共・編著）
- 『ファシズムへの道―ワイマール裁判物語―』〔清水誠氏と共著〕（日本評論社、1978年）
- 大澤正男編『現代法学25講』（成文堂、1997年）
- 横井芳弘・篠原敏雄・辻村昌昭編『市民社会の変容と労働法』（信山社、2005年）
- 『新・東京裁判論：GHQ戦争贖罪計画と戦後日本人の精神』〔櫻井よしこ・阿比留瑠比・高橋史朗・西修・加瀬英明・篠原敏雄、国士舘大学極東国際軍事裁判研究プロジェクト〕（産経新聞出版、2018年）

Ⅲ　論文・書評
- 「民法605条と日本資本主義―「市民法の論理的構造と歴史的構造」序説―」東京都立大学法学修士論文（1973年）
- 「ワイマール司法の軌跡1　序章　ワイマール司法の開幕　ルクセンブルク・リープクネヒト虐殺事件」〔清水誠氏と共著〕法学セミナー通号209（1973年4月号）（1973年）
- 「大統領は反逆者か？　エーベルト大統領に対する名誉棄損事件（ワイマール司法の軌跡11）」法学セミナー通号221（1974年3月号）（1974年）
- 「ドイツ国会放火事件1　事件の概要（ワイマール司法の軌跡21）」法学セミナー通号237（1975年4月号）（1975年）
- 「『ドイツイデオロギー』と川島法社会学」民主主義科学者協会法律部会編　法の科学〔民主主義科学者協会法律部会機関誌3（3）〕（日本評論社、1975年）
- 「ドイツ民主共和国新市民法典における新しい不法行為規定について（法令解説）」公害研究5（4）（岩波書店、1976年）
- 「国家・法の理論研究所編『ML主義国家・法の理論』（東独）」民主主義科学者協会法律部会編　法の科学〔民主主義科学者協会法律部会機関誌4（4）〕（日本評論社、1976年）
- 「「市民法の論理的構造」把握のための一試論―「市民法の論理的構造と歴史的構造」序説―」東京都立大学法学会雑誌　第17巻第1号（1976年）

- 「市民法の存立構造に関する一考察」日本法社会学会編　法社会学　第36号（有斐閣、1984年）
- 「法の体系的分析と戒能法社会学の思想的意義」民主主義科学者協会法律部会編　法の科学［民主主義科学者協会法律部会機関誌］第13号（日本評論社、1985年）
- 「市民法学理論体系序説―市民法の三層把握試論」東京都立大学法学博士論文（1985年）
- 「ドイツ民主共和国における市民法典（ZGB）論争史研究（1）」東京経済大学会誌　第146号（1986年）
- 「ドイツ民主共和国における市民法典（ZGB）論争史研究（2）完」東京経済大学会誌　第147号（1986年）
- 「市民法の基礎構造」民主主義科学者協会法律部会編　法の科学［民主主義科学者協会法律部会機関誌］第15号（日本評論社、1987年）
- 「西ドイツにおける社会主義法研究に関する方法論議の一断面」国学院大学紀要　第25巻（1987年）
- 「若きヘーゲルと市民法論」高崎商科短期大学紀要　創刊号（1988年）
- 「市民法論と社会理論」日本法社会学会編　法社会学　第41号（有斐閣、1989年）
- 「若きマルクスと市民法論―『ヘーゲル国法論批判』・「ユダヤ人問題のために」・「ヘーゲル法哲学批判序論」に即して―」高崎商科短期大学紀要　第2号（1989年）
- 「若きマルクスと市民法論―『経済学・哲学草稿』と「ミル評注」に即して―」高崎商科短期大学紀要　第3号（1990年）
- 「ヘーゲル国家論と市民法論―ヘーゲル時事論文に即して―」高崎商科短期大学紀要　第4号（1991年）
- 「法の一般理論とレギュラシオン理論―市民法論の現代的展開―」立正大学法学部編『現代の法と政治：立正大学法学部創立十周年記念論集』（日本評論社、1992年）
- 「市民法論への序章」高崎商科短期大学紀要　第5号（1992年）
- 「市民法論とレギュランオン理論―平田清明『市民社会とレギュラシオン』を読む―」高崎商科短期大学紀要　第6号（1993年）
- 「市民法学の方法論上の諸問題―市民法学の性格と市民法学における人間像―」東京都立大学法学会雑誌　第35巻第1号（1994年）
- 「市民法学と労働法論―西谷敏『労働法における個人と集団』に即して―」中央大学法学会編　法学新報　第101巻9・10号（1995年）
- 「市民法学と社会・歴史認識―戦後法学の批判的検討・序論―」国士舘法学　第

28号（1996年）
・「よみがえる３つの出会い」清水泰夫編『学問文芸共和国：追悼平田清明』（非売品）（1996年）
・「ヘーゲル法哲学・マルクス歴史理論・市民法学―特に、市民社会と国家をめぐって―」国士舘法学　第29号（1997年）
・「市民法学における市民像と市民社会論」国士舘法学　第30号（1998年）
・「市民法学と法社会学」日本法社会学会編／六本佳平責任編集『法社会学の新地平』（有斐閣、1998年）
・「法学とレギュラシオン理論」『Régulation Institutions & Contemporary Economies』第11号（1998年）
・「基礎法を学ぶ魅力」法学セミナー通号598（2004年10月号）（1998年）
・「ヘーゲル法哲学・市民社会・市民法学」飯島紀昭・島田和夫・広渡清吾編集代表『市民法学の課題と展望：清水誠先生古稀記念論集』（日本評論社、2000年）
・「市民法学の法哲学的基礎―市民社会論と自由の実現」河内宏・大久保憲章・采女博文・児玉寛・川角由和・田中教雄編『市民法学の歴史的・思想的展開：原島重義先生傘寿記念論文集』（信山社、2006年）
・「新刊ガイド『不撓不屈』―これは現代版「権利のための闘争」である」法学セミナー通号622（2006年10月号）（2006年）
・「二つの独裁国家の光景―ライプツィヒ・ブーヘンヴァルト・ベルリン」法学セミナー通号624（2006年12月号）（2006年）
・「市民法学・市民法論の現在」法律時報通号990（2007年12月号）〔清水誠氏と共著〕（2006年）
・「自衛隊における法の支配―法務幹部の実際」法学セミナー通号639（2008年３月号）（2008年）
・「市民法学における「市民」をどう捉えるか―「マルクス主義市民法学」でもなく「近代主義市民法学」でもなく」中央大学法学会編　法学新報（中央大学）第115巻９・10号（2009年）
・「市民法学における「市民」と「市民社会」の基礎法学的考察―ルソー、カント、ヘーゲルの思想との関連で」東京大学社会科学研究所紀要　社会科学研究　第60巻５・６号（2009年）
・「市民法学とホロコースト―アウシュヴィッツ・ミュージアムのガイド・中谷剛氏のこと」法律時報82巻７号（2010年６月号）（2010年）
・「ワークショップ概要・ヘーゲルと現代社会―法・国家・市民社会」日本法哲学会編・日本法哲学会年報　功利主義ルネッサンス（有斐閣、2012年）
・「カント、ヘーゲルと市民法学」『原島重義を語る』（原島重義先生を語る会）

（2014年）
・「ヘーゲル法哲学における国家論―『市民法学の輪郭』の視座から」角田猛之・市原靖久・亀本洋編『法理論をめぐる現代的諸問題　法・道徳・文化の重層性』（晃洋書房、2016年）

執筆者紹介（掲載順）

青山 治城	（あおやま　はるき）	神田外語大学イベロ・アメリカ言語学科教授
＊新谷 眞人	（あらや　まさと）	日本大学法学部教授
宇佐美 誠	（うさみ　まこと）	京都大学大学院地球環境学堂教授
江﨑 一朗	（えさき　いちろう）	熊本県立大学総合管理学部教授
神原 和宏	（かんばら　かずひろ）	久留米大学法学部教授
木原　淳	（きはら　じゅん）	関西大学法学部教授
小林 正士	（こばやし　まさし）	国士舘大学法学部非常勤講師
＊酒匂 一郎	（さこう　いちろう）	九州大学法学研究院教授
重松 博之	（しげまつ　ひろゆき）	北九州市立大学法学部教授
宍倉 悠太	（ししくら　ゆうた）	国士舘大学法学部専任講師
陶久 利彦	（すえひさ　としひこ）	東北学院大学法学部教授
服部　寛	（はっとり　ひろし）	南山大学法学部准教授
濱 真一郎	（はま　しんいちろう）	同志社大学法学部教授
福井 康太	（ふくい　こうた）	大阪大学大学院法学研究科教授
＊福永 清貴	（ふくなが　きよたか）	国士舘大学法学部教授
松島 裕一	（まつしま　ゆういち）	摂南大学法学部専任講師
毛利 康俊	（もうり　やすとし）	西南学院大学法学部教授
矢田 陽一	（やだ　よういち）	国士舘大学法学部准教授
吉開 多一	（よしかい　たいち）	国士舘大学法学部教授
牛村　圭	（うしむら　けい）	国際日本文化研究センター教授
大西 直毅	（おおにし　なおき）	元東京大学教授
関野 通夫	（せきの　みちお）	歴史研究家
髙橋 史朗	（たかはし　しろう）	麗澤大学大学院学校教育研究科特任教授

＊は編集委員

市民法学の新たな地平を求めて
――法哲学・市民法学・法解釈学に関する諸問題――
篠原敏雄先生追悼論文集

2019年8月15日　初版第1刷発行

編集委員	酒匂一郎
	新谷眞人
	福永清貴

発行者　阿部成一

〒162-0041　東京都新宿区早稲田鶴巻町514
発行所　株式会社　成文堂
電話03(3203)9201(代)　FAX03(3203)9206
http://www.seibundoh.co.jp

製版・印刷　シナノ印刷　　　　製本　弘伸製本
©2019　酒匂・新谷・福永
☆乱丁・落丁本はおとりかえいたします☆　Printed in Japan
ISBN978-4-7923-0651-9 C3032　　　検印省略

定価（本体8,000円＋税）